二十国集团（G20）创业服务报告

高建　贾蕤稻
魏平　张开迪　著

清华大学出版社
北京

内 容 简 介

本书对二十国集团（G20）领导人杭州峰会上《二十国集团创业行动计划》颁布以来G20各成员在创业服务方面的现状和进展进行了研究观察。G20各成员应对不断变化的挑战，将鼓励创业作为经济增长和扩大就业的重要途径，结合各国的国情和优先重点，在政府服务、财税和金融支持、创业者服务和创业教育等方面采取了大量的措施。本书对此进行了研究分析，旨在帮助G20各成员进行高质量的创业服务。

图书在版编目（CIP）数据

二十国集团（G20）创业服务报告 / 高建等著. —北京：清华大学出版社，2019
ISBN 978-7-302-53405-1

Ⅰ.①二… Ⅱ.①高… Ⅲ.①国际经济合作组织－创业－社会服务－研究报告 Ⅳ.①F116

中国版本图书馆CIP数据核字（2019）第178651号

责任编辑： 高晓蔚
封面设计： 李伯骥
版式设计： 方加青
责任校对： 王荣静
责任印制： 丛怀宇

出版发行： 清华大学出版社
网　　址： http：//www.tup.com.cn，http：//www.wqbook.com
地　　址： 北京清华大学学研大厦A座　　**邮　　编：** 100084
社 总 机： 010-62770175　　**邮　　购：** 010-62786544
投稿与读者服务： 010-62776969，c-service@tup.tsinghua.edu.cn
质 量 反 馈： 010-62772015，zhiliang@tup.tsinghua.edu.cn
印 装 者： 北京嘉实印刷有限公司
经　　销： 全国新华书店
开　　本： 185mm×260mm　　**印　　张：** 15.75　　**插　　页：** 1　　**字　　数：** 287千字
版　　次： 2019年11月第1版　　**印　　次：** 2019年11月第1次印刷
定　　价： 88.00元

产品编号：083104-01

致谢

《二十国集团（G20）创业服务报告》服务于《二十国集团创业行动计划》，是落实该计划的一项必要工作。通过对二十国集团创业服务的系统研究并发布相关报告，二十国集团各成员可以系统和及时地了解自己和其他成员在创业服务方面取得的进展、存在的不足和可以借鉴的做法。

由于这是全球第一份研究二十国集团创业服务的报告，在研究过程中，研究团队经历了各种大大小小的困难，在摸索中逐步明确方向、确立内容框架和研究方式，形成了在国际上较为系统认识二十国集团成员创业服务的理论脉络。

这里要特别感谢中国人力资源和社会保障部的主管领导和国际司郝斌司长在研究和报告编写过程中给予的关心，感谢人力资源和社会保障部国际司吕玉林副司长和李绯夏处长在国际交流中的关照和付出。感谢人力资源和社会保障部培训就业司柴海山副司长对研究工作的支持。在加拿大创业服务报告的编写过程中，加拿大瑞尔森大学林小华教授给予了中肯的意见和建议。

感谢本报告编写过程中国际劳工组织、经济合作与发展组织、世界银行集团和国际货币基金组织等国际组织，以及二十国集团成员各政府部门、使馆和相关研究机构提供的资料。在此，我们一并致谢。

目录

总论

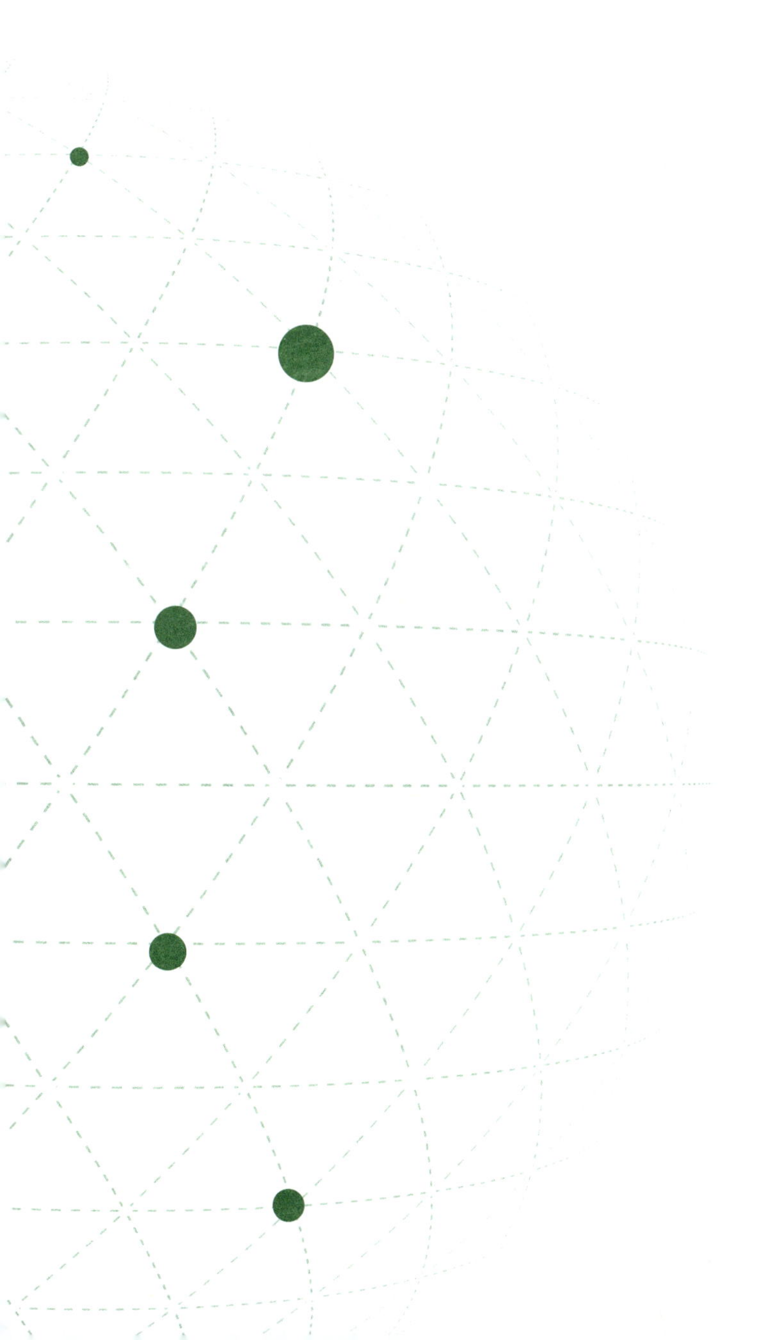

世界政治经济正经历深刻变革，充满了不确定性、不稳定性，面临很多挑战和机遇。当前，世界经济的结构性矛盾依然突出，可持续增长的动能依然不足，但新兴经济体的增长，为世界经济发展带来新动能和广阔市场；人口老龄化和年轻化在不同国家和地区同时呈现，失业率尤其是青年失业率居高不下，但人口的变化和迁徙又正在促进全球资源和产业链重置；技术创新使地球变小，优化资源配置的同时，地区、行业之间的繁荣与衰落对比鲜明，但新技术、新市场带来更多市场机会；教育的普及和新传播方式，让更多人可以平等地获得教育资源包括创业教育资源。

自 2016 年二十国集团（G20）领导人杭州峰会上颁布《二十国集团创业行动计划》以来，二十国集团各成员应对不断变化的挑战，结合国情、需求和优先重点，将创业作为就业和增长的一种途径，完善法律框架、制度和政策方法，制定经济、金融、劳动和社会政策，积极开展知识与经验交流，促进合作，在政府服务、财税和金融支持、创业者服务和创业教育等方面，努力为创业发展而不断完善创业服务。

一

提供高质量的创业服务是《二十国集团创业行动计划》的一项关键内容。在《二十国集团创业行动计划》中，创业服务既贯穿始终，又各有其表。创业者需要服务，创业需要可持续和高水平，这样的要求对于各成员国是相同的。创业环境、创业者的能力有差异，由政府、社会、教育组织提供的创业服务意愿、计划性、丰富程度和成效也是各不相同的。这表明创业服务是一项涉及面广、层次多、结构复杂、多方参与、需要长期坚持的事业。提高创业服务质量，提高创业效果，还需要二十国集团各成员在创业服务方面做更多的创新和努力。

根据我们的概括，创业服务主要包含政府服务、财税和金融支持、创业者服务、创业教育四个方面。

由于各方面原因，本次我们还对个别国家（中国）的“权益和保障”作了较深入的专题研究，其他国家（地区）暂不作论述。

政府服务

创业服务中的政府服务包括：制定促进创业的战略规划和法律法规，设立负责创业的政府职能部门、优化政府部门的职能配置，推动本国的创业发展，并采取措施消除制约创业发展的障碍，为创业营造良好的政策环境和社会文化氛围。

公共政策和政府措施是一个创业社会所需要的，因为创业要有明确的目的性，创业者需要良好的管理。同时，也要尽可能减少创业企业和创业者可能承受的行政负担，减少其导致的创业时间成本和创业社会成本，降低创业的市场风险、财务风险和人员风险。为创业企业和创业者提供服务和支持的公共服务机构要有动力和激励，以不断探索、寻找、提供更有效的具体政策和实践。

财税和金融支持

创业企业和创业者需要鼓励性的、能够促进资本形成的财税和金融政策，以减轻其最紧迫的财务问题，即现金短缺。

对创业服务的财税支持包括：中央财政在预算中安排专项基金，通过补贴、政府购买服务、奖励等方式支持创业公共服务体系和融资体系；国家设立创业基金，引导和带动国内国际社会资金支持创业发展；在税收支持方面，实行缓征、减征、免征企业所得税、增值税等，或简化税收征管程序，减轻创业企业和创业者的税收负担，或减免行政事业性收费，减轻创业企业和创业者的财务负担，提高生存和发展能力。

金融支持包括：运用货币政策工具鼓励和引导金融机构对创业企业和创业者加大信贷支持；实施差异化监管政策，引导金融机构增加对创业企业的融资规模和比重；推进和支持普惠金融，推动包括国有大型商业银行、地区性中小银行为创业企业和创业者提供金融服务，设立创业企业金融服务专门机构；国家完善担保融资制度和政策性信用担保体系，支持创业企业融资；发展资本市场体系，股权融资及债券市场，为创业提供多样化融资渠道。

创业者服务

我们从技术支持、信息支持、市场支持、创业孵化和交流平台几个方面对创业者服务进行观察和研究。创业者服务关注面向创业者创业过程需要的关键服务。政府需要鼓励创业者抓住市场和产业结构变化带来的重要机遇，为技术创新和技术转移创造便利，并通过政府采购发挥带动和引导作用。

在全球化的市场中，能够便捷地获取公开、透明的信息，对于创业者而言意味着公平和效率。利用在线平台实现更有效的信息流动，其低成本、便利性和广泛性为创业者获取和利用信息起到了不可替代的作用，是创业者服务的必备条件。

创业者通过创建企业把创意变成服务和产品，甚至是规模化、全球化的新产业，创业孵化可以提供必要的资源和支持。创业孵化的性质、内容和形式上正在发生变革。创业孵化已经超越了提供场所和便捷服务的阶段，进入无边界、全价值链覆盖的阶段。公司、科研机构和大学也把创业孵化纳入自身发展的重要力量和作为开放创新的重要平台。

搭建促进创业者的经验、技术和资源等的交流平台。通过经验交流，创业者可以提高决策的预见性，减少信息不对称；通过交流分享创业的经验教训，可以起到“实践出真知”的经验获取效果和“失败是成功之母”的教训吸取效果。技术交流提高技术商业的可行性和可实现性，有助于保护知识产权，提高创业者的商业认知能力，增强创业伙伴间的信任，发现新技术的潜力等。

创业是团队在缺乏资源的情况下追逐机会的过程。有了资源交流的平台，资源能够有效地流动起来，向生产率高、回报高、有更高效率的用途转移。目前，这方面的探索还缺乏成效，大有可为。

创业教育

创业教育包括在贯穿小学、中学、职业教育、高等教育和成人教育的整个教育和社会的培训体系中。从小学到大学，都可以开展创业精神、创业认知和创业能力等不同层面和重点各异的创业教育教学。在常规的教育体系外，其他公共和私营组织，也可以通过提供培训计划和项目为创业者提供创业教育服务，并积极促进创业文化的兴盛。

创业教育不同于传统的课堂教学和知识传授，需要不断深化对创业教育特征的认识，完善创业教育理念，重新设计课程体系、教学内容和教学方法。

更为重要的是，需要大力提高师资的教育能力，探索数字科技和其他创新型服务在创业教育和培训的应用，不断扩大创业教育的规模和范围。

政府要为创业教育和培训提供财政补贴，需要鼓励企业、社会伙伴和其他利益相关方，在从创办到成长的企业生命周期阶段，提供有针对性的创业培训，也大力支持青年人、妇女、移民和残疾人等在内的特定群体接受创业教育和培训。

二

本报告侧重于考察2016年以来二十国集团各成员在创业服务上的新进展，以及二十国集团成员之间在创业服务的不同方面采取措施的异同。对于2016年之前的措施，重点分析延续至今的意义和效果，旨在帮助二十国集团各成员进行高质量的创业服务。

基于对二十国集团创业服务的研究，我们发现：

- 将创业纳入国家战略规划将全面推进创业的发展；
- 在不同的经济发展阶段结合创业发展的特点，修订相关法规是保障和推动创业发展的重要经验；
- 专门的创业和中小企业政府机构有利于形成为创业企业和创业者提供高效的服务网络体系；
- 在经济下行压力和财政收入下行的情况下，如何运用和创新财政、税收和金融支持方式仍然是各成员面临的共同挑战；
- 培育包括技术、信息、市场开拓、创业孵化和交流平台服务、创业教育在内的良好的创业者服务力量，营造有利创业的环境方面，仍需要政府加强投入、创新模式、重视引导社会各方力量共同参与。
- 二十国集团成员的创业发展因不同国情和需求显现不平衡，二十国集团成员中发展较好的国家应继续帮助发展中国家建设更好的创业服务体系，帮助它们提高创业服务质量，使这些国家更好地实现可持续发展。

政府服务

成员国政府在战略上对创新创业给予高度重视，出台了推动创新创业的国家战略规划

二十国集团成员国出台的战略规划中，全面推进创业的有：2017年，中国政府颁布《国务院关于强化实施创新驱动发展战略　进一步推进大众创业万众创新深入发展的意见》，继续推进大众创业、万众创新的发展战略，中国国务院总理李克强在2018年政府工作报告中提出要促进大众创业、万众创新上水平，中国政府将在融资、税收、人才方面继续给予支持，进一步激发企业创造活力。印度政府在2016年提出Start-up India的创新创业计划，旨在通过促进创新创业来帮助印度经济持续发展。在墨西

哥 2013—2018 年国家发展规划中，对促进创业、加强微型和中小企业发展作出战略规划，并在“2014—2018 年科技创新特别计划”中提出了促进创新创业发展的措施计划。俄罗斯《2030 年前中小企业发展战略》（SMB Development Strategy until 2030），从国家战略层面确定了中小企业在俄罗斯国家经济长期稳定增长的重要地位。2017 年，南非政府在全国发展计划（NDP）中将中小企业发展定为优先事务。英国颁布《小企业和就业法案》（Small Business，Enterprise and Employment Act，SBEE 2015），从金融支持、监管改革、政府采购、教育等各方面提出计划措施来促进中小企业的发展。美国推出了全球创业方案（GEP），寻求通过协调私营部门和支持世界各地企业家的政府方案来促进创业和激励创新。

从经济、金融领域制订计划支持创业的有：印尼 2017 年开始实施第 16 期经济刺激计划，改善和加快各项投资许可证办理，从而改善企业创业环境，实现企业和创业的行政许可便利。配合工业 4.0 国家计划，意大利在 2017 年预算案中启动初创企业再融资计划（Refinancing of Smart & Start Italia），以及新型创业签证。配合“沙特阿拉伯 2030 愿景”，沙特政府针对创新创业、初创企业和中小企业制订了金融领域发展计划、“沙特私营部门刺激计划”。

还有重点支持研发创新和技术转移及商业化的。例如：阿根廷《2020 国家创新计划》中加大对研发的投入，计划到 2020 年对研发的投入占国内生产总值的比例提高到 1.65%。澳大利亚《国家创新和科学议程》（NISA）中通过设立专项基金、改革签证体系等措施来鼓励创业和创新，并推出企业家计划（Entrepreneurs' Program）。法国新版《法国—欧洲 2020：国家研究战略》（FRANCE EUROPE 2020），对创新技术发展、推进产学研合作以及科研成果的转化转移给予高度重视和支持。2016 年年底美国通过《美国创新与竞争力法案》（American Innovation and Competitiveness Act），鼓励私营部门创新、制造业创新、加速技术转移与商业化。

部分成员国努力提高政府服务效率、减少各级政府手续、简化注册程序，减轻新创企业的行政负担

中国政府持续推进完善公平竞争市场环境、深化商事制度改革，通过三证合一、多证合一、国税地税联合办税等措施精简涉企证照，下放或取消行政审批事项，降低创业门槛。2017 年全国新设市场主体 1 924.9 万户，同比增长 16.6%，平均每天新设 5.27 万户。2016 年全国新登记市场主体 1 651.3 万户，增长率为 11.6%。

2017 年巴西政府和小微企业发展组织（SEBRAE）、巴西银行（Banco do Brasil）合作，发起了“减少行政程序，增加信贷”的行动（Most Simple Entrepreneurship Program）。德国在 2016 年、2017 年相继推出“削减官僚主义法案”以减轻小企业的行政负担，并在 2016 年强制性实施中小企业测试（SME Test）。印度尼西亚政府在 2018 年年初对外宣布，将尽力改善经商规定，优先改善营商便利条件。意大利 Decree-Law no. 3 of 24 January 2015 从减少注册费用、提高注册效率和在线注册等方面对公司注册流程进行改革。2017 年年初美国政府通过了《监督责任法案》（The Regulatory Accountability Act，2017），旨在减轻政府部门的繁文缛节，削减不必要的烦琐的条例，促进就业、创新和经济增长。

部分成员国专门的小企业服务机构与其他机构和组织形成了分工协作、运作高效的服务网络体系

以下这些成员的做法具有一定的代表性，例如，阿根廷设立的企业家和中小企业秘书处（SEPYME），巴西的小微企业发展组织（SEBRAE），印度的中小微企业部（MSME），印度尼西亚的中小企业合作部（Ministry of Cooperatives and SMEs），日本的中小企业厅（Small and Medium Enterprise Agency），墨西哥国家创业局（INADEM），俄罗斯中小企业发展与竞争司（Department for the Development of Small and Medium-Sized Businesses and Competition），土耳其中小企业发展管理机构（KOSGEB），美国小企业管理局（SBA），欧盟的“中小企业特使网络”（SME-Envoy Network）（由每一个成员国提名一位特使加入该网络）。

部分成员国将原本多个对中小企业提供支持的部门进行精简、合并，或新成立了专门的小企业服务部门

例如：沙特阿拉伯在 2016 年设立中小企业局（Small and Medium Enterprises General Authority），支持推动创业企业和中小企业的发展。韩国政府在 2017 年将中小企业厅升格为中小企业和创业部（Ministry of SMEs and Startups），旨在推动经济结构向以中小企业和创业投资企业为中心转变。

用法律手段保障和推动创业是各成员国发展创新创业的一条重要经验

部分成员国既有中小微企业发展的基础法律，也有中小微企业经营各方面的专项法律。如防止大企业并吞中小微企业形成行业垄断，保护小企业的发明专利，鼓励与促进科研技术成果向中小微企业转让等。阿根廷、法国、德国、意大利、日本、韩国、英国、美国等为代表的国家都有比较完整的法律服务体系。

部分成员国政府根据不同经济发展阶段的要求和创业发展的特点，对创业相关的法律和政策进行及时修订，以最大限度地支持创业发展

中国政府 2018 年对《中小企业促进法》修订，新版中小企业法从财税金融支持、创新创业扶持和服务、市场拓展和权益保护等多个方面制定了促进创新创业和中小微企业发展的措施。2017 年阿根廷政府颁布《企业家法》（Entrepreneurs' Law），增加创业和创业投资活动，简化企业注册提高在阿根廷创业的便利性。澳大利亚 2017 年的《财政法修正法案》（Treasury Laws Amendment Bill），增加避免经理人因破产而导致个人责任的条款等。日本《加强中小企业管理法》（Act on Strengthening the Management of SMEs）于 2016 年生效，是日本政府提高中小微企业生产力的政策框架。2016 年沙特政府颁布新《公司法》，为投资者提供更好的投资环境，鼓励中小企业的企业家来沙特投资，增强沙特在国际市场上的竞争优势。

财税和金融支持

对创业的财税和金融服务是比较特殊的领域，和一个国家的发展阶段、经济水平、监管程度密切相关。融资难、融资贵是创业企业和创业者面临的共同难题。面对错综复杂的国际形势和各成员国内发展面临的困难挑战，如何根据各自的国情，为创业企业和创业者提供高质量的财税和金融服务，对每一个二十国集团成员而言都是一个挑战。

2016 年以来，各成员在经济下行压力和财政收入下行的情况下，仍对创业企业和创业者实施了各种税收减免等优惠政策，持续推进税收改革，切实降低创业企业和创业者的负担，鼓励企业研发创新。

部分成员实施了包含降低个人和企业所得税的税率、提高小企业的营业收入界定上限，或者提高增值税的起征点上限或免征增值税，以及降低或者减免资本利得税等措施

2018 年中国推出 7 项减税措施，全年为企业减轻税负约 90 亿美元。2017 年，提高小型微利企业年应纳税所得额上限，且企业所得减半计算应纳税所得额并按 20% 优惠税率缴纳企业所得税。之前，中国政府已出台了针对孵化器、科技型中小企业以及支持企业研发的税收优惠，并对小微企业免征增值税和营业税，减少、取消一批行政事业性收费。

法国政府在 2018 年政府预算案中对中小企业减征企业所得税，明确将在 2022 年之前将公司税（corporate tax）率降到 28%，还通过“创新竞赛”计划对创新创业进行财政补贴。

印度尼西亚政府在 2018 年初将一定规模以内的中小企业企业所得税优惠税率下调至 0.5%。2016 年初，印度尼西亚政府将中小企业所要缴纳的税种从 54 项减少为 10 项，并且全部能够在线缴纳。

2018 年 1 月，欧盟出台了针对中小企业增值税优惠的法规，以减轻中小企业的税收负担。

2017 年初，澳大利亚政府开始进行为期三年的企业税税制改革，提高小企业的营业收入界定上限，小企业企业税税率下降至 27.5%。

印度 2017 年将中小企业的公司税率下调为 25%。

日本政府持续对中小企业实施税务减免等优惠政策，主要措施包括：降低税率，提升员工工资待遇税收抵免、固定资产折旧税收优惠等。《2017 年税收改革大纲》将年收入低于约 700 万美元的中小企业在 2019 年 3 月以前企业所得税率降至 15%。

2017 年 12 月，沙特政府中小企业局（Small and Medium Enterprise General Authority）宣布，针对 2016 年至 2021 年间新成立的企业，在公司运营的前三年进行税收返还。

韩国政府对创新创业和中小企业实施税收减免、政策性贷款的激励措施。韩国中小企业的公司税可获得 5% 至 30% 不等的减免。2017 年韩国政府通过补充预算，以“中小企业政策拨款”（SME Policy Grants）的形式向中小企业提供约 7.5 亿美元的贷款。

2016 年，英国政府宣布继续实行阶段性减税，计划在 2020 年将中小企业企业所得税税率降至 17%。2017 年初，英国政府推出总额 89 亿英镑、为期 5 年的减税计划，重点支持中小企业，永久性加倍减免中小企业所得税，纳税起征点调整为 12 000 英镑。

美国政府在 2017 年底推出《减税和就业法案》（Tax cuts and Jobs Act），该法案将联邦企业所得税的八档超额累进税率（大公司平均税率约为 35%）改为采用单一税率 21%。

土耳其政府针对研发、创新创业企业和中小企业发展采取了减费、降税的激励措施，重点支持青年企业家、从事研发的私营机构、教育机构和高科技公司。根据 2016 年 1 月修订的 Law No. 6663，对青年创业企业家约 19 800 美元以内的收入三年内免征个人所得税。

南非政府自 2015 年起不断提高小企业所得税起征点，从 2015 年起征点约 5 948 美元已提高至目前的约 6 359 美元。

部分成员国对税收征收管理制度进行改革以减轻中小企业税赋负担和涉税行政负担

2016 年，阿根廷政府为中小微企业建立起了特殊税制，特殊税制的意义在于通过税务抵免进一步减轻了中小微企业的税赋负担。巴西政府在 2016 年提高纳入国家简易计税法（Simples Nacional）的小微企业收入标准，使更多的企业可以享受国家简易计税法提供的税收优惠。巴西是南美税负较重的国家之一，巴西税制简化改革减轻了小微企业的税收负担，也简化了申报和缴纳环节。2016 年俄罗斯进一步简化对中小企业的纳税环节，提高使用“简化税制”的企业年收入标准。

同时，二十国集团各成员积极采取了措施来推动解决创业企业的融资难问题，拓展直接融资渠道，培育直接融资的资本市场，为创业企业和创业者提供多样化的融资渠道。创业企业发展面临的最主要问题是资金短缺。按照正常的条件，新创企业很难从银行获得贷款，因此各成员国政府把帮助创业企业获得资金作为扶持创业发展的重点，通过制定法律，设立包括中小企业银行在内的专门金融机构、提供针对创业企业的融资项目，设立专门的贷款担保基金、建立信用担保体系多渠道解决创业企业的融资问题。

各成员还采取措施刺激创业投资的发展，如设立创业投资基金，发展股权投资基金，发展创业板，完善创业资本的投资和退出机制，鼓励和扶持有潜力的创业企业直接进入资本市场获得发展资金。

各成员政府重视优化资本市场和丰富创业融资渠道，以支持中小微企业融资

2018 年巴西政府宣布允许小额贷款的金融科技（FINTECH）公司获得经营牌照，鼓励金融科技公司参与市场。2016 年巴西颁布《天使投资法》（Angel Investment Law）以刺激巴西创投的发展。

中国通过中央财政与民间资本联合的方式，设立了国家中小企业发展基金，重点支持种子期、初创期成长型中小企业发展，在 2017 年和 2018 年出台刺激创投的优惠税收政策。

《2017 阿根廷发展战略》和《企业家法》（Entrepreneurs’Law，2017）分别推出刺激创业投资的系列措施。

2017 年加拿大启动战略创新基金支持创新企业的高速发展，发起新的创业资本催化行动（Venture Capital Catalyst Initiative，VCCI）以刺激创业投资发展，加拿大发展银行也在 2017 年出台系列措施支持小企业以及一些特殊领域的创新创业。

2017 年德国延续 INVEST - Grant for Venture Capital 计划，帮助创业企业对接投资并鼓励私人投资者提供创业投资。2016 年德联邦经济与能源部和 ERP 特别基金（ERP Special Fund）以及欧洲投资基金（EIF）联合设立总额为 5 亿欧元的德国成长联合投资基金 ERP/EIF-Wachstumsfazilität。

2017 年土耳其政府允许财政部直接投资创业投资基金，并允许在 2023 年底之前向创业投资基金投资总额不超过 5.3 亿美元。土耳其财政部承诺向土耳其成长与创新基金（Turkish Growth and Innovation Fund）注资 7164 万美元。

2016 年澳大利亚政府设立政府主导基金、为创投提供税收优惠政策发展创业投资，2017 年通过的股权众筹法案（Crowd-Sourced Equity Funding，CSEF）促进创业投资对创业创新的支持。

2016 年南非 ZAR X 证交所成立，是继约翰内斯堡证券交易所（JES）之后南非第二家证交所，也是 100 多年来南非政府颁发的首张证交所执照。

各成员国在银行贷款、担保等金融支持方式上加大对创业的支持力度

在 2017 年，俄罗斯央行放松中小企业银行的银行管制，2017 年、2018 年持续提供中小企业贷款补贴以执行“利率为 6.5% 的贷款计划”，以及通过以俄罗斯联邦中小企业发展公司（SME Corporation）为中心的担保体系扩大中小企业的融资渠道。韩国央行韩国银行分别在 2015 年和 2017 年增加了中小企业贷款额度上限。

为了帮助中小企业更容易获得贷款，2017 年德国推行标准化的担保条件，以减少中小企业的担保程序和负担、简化贷款申请流程。中国自 2016 年开始，扩大创业担保贷款范围、提供创业担保贷款贴息，帮助创业企业和中小企业解决融资问题。

创业者服务

创业需要良好的创业创新环境。2016 年以来，各成员致力于为创业者培育、提供包括技术、信息、市场开拓、创业孵化和平台服务在内的良好的创业创新环境。

各成员国政府制定具有吸引力的政策和措施，促进技术转移和市场化。例如，对创业企业的技术创新提供资金补助和税收优惠，促进新创企业和中小微企业主动进行新技术研发，并鼓励高等学校、研究机构和新创企业、中小微企业合作，促进技术转移和市场化，提高创业企业的产品质量和水平。

部分成员国通过设立基金或者项目为创新创业提供资金和技术支持

2018 年，巴西政府修订《创新法》引入公共和私营研究部门之间的合作框架，构成了新的国家创新体系，通过税收激励措施以鼓励中小企业的研发活动。中国政府提出到 2020 年设立专业化技术转移机构、市场化社会化技术转移机构，枢纽型技术交易市场，提升技术交易的质量和效益，并从健全技术转移机制，促进科技成果资本化和产业化等方面提出指导意见。沙特政府制订公共投资基金（PIF）“2018—2020 计划”，计划到 2020 年，在国际和国内前沿科技研发等方面累计投资约 560 亿美元，并将在红海边与埃及、约旦交界处建 Neom 城。

2017 年，加拿大 2017 年预算案中提出投入约 3 980 万美元启动加拿大创新解决方案（Innovative Solutions Canada）。德国发布了鼓励科技创业的 5 个重要行动领域，《德国数字战略 2025》（2016）提出到 2018 年投入 10 亿欧元启动“中小企业数字化投资计划”。

2016 年，澳大利亚《全球创新战略：促进澳大利亚产学研国际合作战略》设立 Global Connections Fund，支持澳大利亚中小企业、科研人员和国外中小企业、科研人员之间的交流合作。法国政府提出促进科技成果转移转化举措，强调高校在法国创新体系中的重要性，是联系公共科研和企业的重要主体。英国政府设立“国家生产力投资基金”（NPIF）、“产业战略挑战基金”，优先发展科技创新，加快科研成果转化，鼓励企业创新，并承诺继续加大研发投入，以保持在科技创新方面的优势。

改善公共信息和政府服务的渠道，为创业者提供高效率的信息渠道和高质量的信息是促进创业发展的关键

2016 年以来，包括澳大利亚、中国、印度、俄罗斯、英国、欧盟等在内的部分成员积极采取行动，改善公共信息和政府服务的渠道，促进信息网络资源的普及和共享等，以帮助中小微企业及时获得高质量的信息，公平参与市场经竞争。

2017 年，澳大利亚政府推出“小企业咨询服务数字解决方案”（ASBAS），支持服务提供商为澳大利亚小企业提供低成本、高质量的数字咨询服务和解决方案，颁布 2017—2018 年“国家商业简化倡议——连接政府部门的数字化服务”（National Business Simplification Initiative—Connecting Government Digital Business Services）预算，以落实 2016 年推出的国家商业简化倡议（National Business Simplification Initiative）。

中国政府部门通过互联网平台向创新创业企业和中小企业提供政策咨询和公共信

息服务。2017 年，中国移动、中国电信、中国联通三大运营商实施提速降费的专项行动，支持中小企业对互联网的运用。

在“2017—2030 年俄罗斯联邦信息社会发展战略”框架下，俄罗斯政府实施“俄罗斯联邦数字经济规划”，计划通过现代数字技术提高公共服务与产品的可用性和质量，为建设信息社会创造条件。

2016 年，印度《中小微企业发展（信息完善）条例》（the MSME Development（Furnishing of Information）Rules，2016），要求中小微企业在线完善企业信息，帮助政府监督促进中小微企业发展计划、方案的执行。

为了从强制信息共享和对接融资供需两方面来帮助中小企业从其他信贷服务方获取融资，英国政府在 2016 年底进一步明确了《中小企业（金融平台）管理条例》中指定银行和指定金融平台名单。

欧盟通过公共科研信息共享和将中小企业纳入公共泛欧洲信息化基础设施建设，从而促进中小企业共享科研信息，促进研究成果商业化。

在市场支持方面，各成员国政府和小企业服务机构通过政府采购优先照顾创业企业和中小微企业，支持初创企业和小企业产品、服务市场拓展。以及保证政府采购对小企业的及时支付，发挥政府采购引导企业加大研发投入和提升创新能力的作用。

澳大利亚、印度、日本、俄罗斯、英国、美国等国政府进一步完善政府采购制度

2017 年，澳大利亚政府宣布提高给政府提供服务和商品的中小企业的支付效率，设立数字科技市场（Digital Market Place），让新创公司和小企业更便捷了解政府采购的要求并获得政府的技术支持，与大企业在公平的环境中竞争。

2017 年英国发布《现代产业振兴战略：绿皮书》（Developing a Modern Industrial Strategy），提出完善政府采购制度，发挥政府采购引导企业加大研发投入和提升创新能力的作用。

2017 年美国通过《2017 年美国小型承包商法案》（Clarity for America’s Small Contractors Act of 2017），重点强调政府采购的公开透明，确保小企业可以公平地获得政府采购订单，小企业委员会提交众议院 Small Business Payment for Performance Act of 2017（HR 2594），确保政府采购对小企业的及时支付。

2016 年印度启动 National Scheduled Caste/Scheduled Tribe Hub 计划，以支持中小微企业成为政府公共部门供应商。2017 年开通“MSME SAMADHAAN”网站门户，以支持中小微企业、中央政府和省政府等共同监控对中小企业的支付情况。

2016 年日本发布“面向未来的贸易惯例基本政策”（Basic Policies for Future-Oriented Trade Practices），修订《禁止延迟向分包商支付分包收益法》（Act against Delay in Payment of Subcontract Proceed）的执行标准，开始“交易检查员（Subcontract G-men）门到门调查。

《俄联邦 2030 年前中小企业发展战略》提高中小企业在政府采购中的份额，2016 年俄罗斯政府确定企业名单，责成名单内企业采购中小企业研发的创新及高技术产品，以推动中小企业技术和生产能力提高。

另外，拓展全球市场，克服增长停滞。引领市场的技术发展、快速本地化以及快速应对全球市场环境变化的管理体系，是决定企业在全球市场中命运的关键因素。包括新创企业在内的许多企业在经历了一段时间的增长后，由于理念、技术的原因，在国内外市场上陷入增长停滞。

加拿大、法国、日本、韩国、欧盟等成员国促进初创企业和小企业拓展全球市场，克服增长停滞

2017 年，加拿大政府发起“加拿大出口项目”（Canada's CanExport Program），计划成立规模约 3 980 万美元基金，为中小企业扩大海外市场提供金融支持。法国启动“法国制造”（French Fab）活动，将其作为代表法国工业整体形象的品牌，重塑法国工业在国内外的形象，扩大法国工业的国际影响力。日本制定《提高农业、林业和渔业出口力战略》（Strategy to Boost Export Power of Agriculture，Forestry and Fisheries）将为创业企业和中小微企业带来可观的海外市场机会。韩国开始实施“最佳中小企业产品电商直销店计划”（Online Reverse-Direct Purchase Store Project for Best SME Products），利用大型企业的在线平台，联合中小企业与大型企业拓展海外市场。

“欧盟 2014—2020 年中小企业竞争力项目”（COSME）包括支持中小企业国际化以及进入市场、创造有利于竞争的良好环境对中小企业给予市场支持和服务。

创业孵化是二十国集团成员促进创新创业的重要部分

尽管各国对此的称谓有所差别，但实质上都是为企业创新创业提供支持和服务，可保证创业公司能够获得所需的资源、信息和网络，以便将其想法变成全球化、规模化的新产业。

创业孵化已经超越了提供场所和便捷服务的阶段

阿根廷《企业家法》（Entrepreneurs' Law，2017）中推出了支持创业孵化的措施，将向 13 个加速器项提供技术和财政援助，政府还计划与私营部门共创 10 个新的加速器帮助阿根廷企业家推动公司发展。

澳大利亚政府 2016 年开始的创客登陆计划（Landing Pads），在硅谷、柏林、上海、特拉维夫和新加坡（San Francisco，Berlin，Shanghai，Tel Aviv and Singapore）建立了五个创业中心，为澳大利亚科技类创业企业拓展海外市场提供驻在式孵化支持。

加拿大 2017 年财政预算案中提出的超级创新集群倡议（Innovation Superclusters Initiative）将重点关注高创新型产业。

2017 年，号称世界规模最大的科技初创企业孵化器 Station F 在巴黎开始运营，Station F 除了向创业者提供办公空间等硬件服务外，还设有创业孵化和加速的项目，每一个项目是一个独立的孵化器。这些项目面向全球创业者，由 Station F 单独提供或者和全球科技企业联合提供，覆盖包含数字金融、互联网健康、互联网电商平台和人工智能等在内的数字生态系统各个领域。

中国财政部、工信部、科技部、商务部、工商总局五部门联合启动"双创基地"，重点为支持小微企业创业创新提供空间。在中国，众创空间发展规模快速扩张，投融资能力得到提升。

墨西哥 500 Startup Mexico 孵化器，隶属于 500 Startup 全球孵化器的一部分，成立于 2011 年，到现在已经投资了 100 多家企业，主要投资于金融科技、交通运输、旅游、教育、电子商务、公民科技、健康等领域，在墨西哥城对孵化企业提供为期 16 周的种子计划，以及 47 500 美元现金和价值 12 500 美元的服务，并提供公开的免费投资课程。

英国约克公爵安德鲁王子在 2014 年设立的"龙门创将"创业孵化公益平台已经在全球范围内举办了多场创新创业大赛，影响深远。

2017 年由欧盟委员会资助的创业加速器"数据场"项目正式推出。根据欧盟委员会的设想，该项目将通过大量的数据信息将区域内现有的企业与组织同创业公司更好地联系起来，经验丰富的企业可以利用积累的数据帮助初创公司进行信息分析。该项目是为了在整个欧盟范围内建造一个由数据驱动的创新生态系统。

公司、科研机构和大学把创业孵化纳入自身发展的重要力量和作为开放创新的重要平台

巴西的企业孵化服务重视科技成果转移，以及创业企业、科研界和社会主体之间的合作，如巴西坎皮纳斯大学的 Inova 机构所管理的技术创新型企业孵化器对新兴技术类的创业企业提供帮助。巴西巴伊亚初创企业协会（Abastartups）也为创业者提供企业孵化，企业运营指导和投资等服务。

加拿大的一些高校孵化器结合高校自身特点而成立，如瑞尔森大学的数字媒体区利用了瑞尔森大学在媒体方面的特色和优势，是一个以数字媒体创业孵化为核心的孵化器。TEC 埃德蒙顿孵化器是区域性孵化器和加速器的代表，为新兴科技创业公司提供服务。

印度政府的 ASPIR 计划在印度成立 100 个孵化器，并在 2016—2017 财年启动了印度科技部国家创新发展与治理计划（NIDHI）建设新型研究院。2017 年 9 月，首家中印互联网孵化器“竺道实验室”在印度首都新德里成立。

统一制定孵化器服务规范，引导创业孵化提供高质量孵化服务

2018 年，沙特中小企业局（Small and Medium Enterprises General Authority）制定并颁布企业孵化器规章，孵化器需要申请该部门颁发准许证，许可证申请者必须是政府企业公司或者协会，其他申请条件包括管理部门对关于开设孵化器的可行性研究以及孵化器场地等的硬性条件要求。2017 年，中国政府出台了对众创空间的服务规范、实行国家备案众创空间措施引导众创空间持续健康发展。土耳其中小企业发展管理机构（KOSGEB）为孵化器运营制定了标准，符合评估标准的孵化器可使用商标 İŞGEM®，孵化器承租公司可获得创业资金扶持。

2016 年以来，各成员还致力于打造开放共享的创新平台，搭建服务创新创业的交流平台，提供金融投资、技术转移、展览展示、市场对接等各类服务，利用各类创新创业赛事聚集和整合人才、技术、资本、市场等各种创新创业要素，引导国内和国际社会各界力量支持本国的创新创业和初创企业的国际化。

创业教育

每个人都有创新创业的能力，应该给予每个人以创新创业的平等机会，而创业教育则是向个人提供这种机会和能力的有效且必要的途径。另外，创业教育的普及和质量的提高也体现了一个国家是否拥有积极的创业文化和良好的创业环境。

创业教育贯穿小学、中学、职业教育、高等教育和成人教育的整个教育和社会的培训体系

巴西高等教育机构的创业教育普及率较高，有针对中学生设置的创业培训项目，如“中级技术项目”（MedioTecProgram）。在开设创业教育课程的高校中，有的重视国际交流如圣保罗大学，有的重视创业文化如里约热内卢天主教大学，各具特色。德国的创业教育贯穿了中学教育和高校教育以及职业教育。俄罗斯的高等教育机构主要由国家统一管理，创业教育已经嵌入高校教育中。

韩国的“工作—学习双体系”（Work-Study Dual System）中设有专门针对高中、高等职业学院学生的培训项目。自《重建与发展计划》（1994 年）要求在教育系统中加入创业培训以来，南非政府一直对创业教育给予重视。

美国部分高校已经把创业课程融到课程体系中作为必修课，美国大学越来越多地面向所有院系的学生开展创业教育。美国还将创业教育嵌到基础教育环节，大部分州都制定了 K12 教育体系中创业教育的教学大纲。

英国政府把主动性和创业引到学校教育体系，并把创业教育纳入大学核心课程体系，现已形成较为完善的创业教育体系和课程特色。

完善创业教育理念，重新设计课程体系、教学内容和教学方法

澳大利亚高校的创业教育课程一般都在商学院开设，不仅开设了创业教育相关专业的学士学位和硕士学位课程，还有一些学校在建设创业生态系统，并重视国际合作、与产业界的合作。

加拿大联邦和各省都很重视创业教育和培训，不仅创业相关类课程得到大幅度增加，以滑铁卢大学为代表的部分高校还将创业教育列入战略规划，致力于建立一个包括创业教育、实践和研究在内的创业生态体系。另外，以劳瑞尔大学为代表，其创业教育包含科学创业和社会创业，体现出创业教育跨学科和解决社会或环境问题的特点。

法国教育部发起的学生创业行动计划将创新创业的教学模块融到整个高校课程体系中，以法国里昂（EMLYON）商学院为代表，几乎在所有的教育项目中都加入了创业教育活动。法国高校的创业教育体现出国际合作的特点。2016 年巴黎综合理工大学，法国高等技术学院（ENSTA Paris Tech），巴黎高等电信学校（Télécom Paris Tech）与中国浙江大学签订了双学位合作协议。

日本的创业教育体现出国际合作的趋势和特点，由早稻田大学主导的“下一代创业教育联盟”于 2017 年成立，纽约大学计划于 2018 年 4 月在日本开设创业技能班，

意大利政府通过各种政策和行动促进青年创业，打造青年创业的文化。例如，制订发展国家青年计划（National Youth Plans）、成立青年部（Department for Youth）、国家青年机构（National Youth Agency）和非政府组织如Confindustria等合作。

2017年以来，日本开展了一些针对青年、女性的创业培训活动，如Global Tech EDGE NEXT项目，以及由东京市政府发起东京女性创业加速计划等。日本金融公司（JFC）每年都为高中生举办"高中生业务计划大奖赛”（High School Student Business Plan Grand Prix），提高年轻人的创业能力。

在墨西哥，也有专门的机构支持女性创业。例如，女性社会创业支持组织（Crea Communities of Social Entrepreneurs）（简称Crea）主要致力于帮助女性创业者或者商界女性提高业务能力。

针对青年失业问题，南非政府和国际组织、非政府组织合作在中学阶段加入创业教育，以提高青年学生的就业和创业能力。南非高校的创业教育项目同时也向没有大学文凭的弱势青年群体提供，关心社会创业和系统改变（Social Entrepreneurship & Systems Change）是南非高校创业教育出现的新趋势。

以印度创业发展学院（Entrepreneurship Development Institute of India，EDII）和印度理工学院为代表的印度高校，不仅自身提供创业教育课程和项目，也和政府部门、企业合作向青年人、大学生和女性等特定人群提供创业培训。

在印度尼西亚，国际组织和跨国公司积极促进当地的创业教育和培训，设立了不同的项目，向青年、女性等特殊人群和高成长企业提供创业培训有，2016年国际劳工组织（ILO）的绿色创业项目（Indonesia Green Entrepreneurship Program）。Google发起的女性创业培训项目“她愿”（Womenwill），是总部在美国的非营利组织在印度尼西亚的活动。

我们很高兴地看到，部分成员国已成功将创业教育作为必修课的一部分，创业教育已经在融入高等教育体系。部分成员国正在逐步将创业型大学指导框架推广到各类高等教育机构，并将创业教育纳到包括小学、中学、职业教育、高等教育和成人教育的整个教育体系。

教育机构与企业的合作也是近年来创业教育的趋势之一。教育机构在与企业合作过程中，能够感染更强的创业精神，培养与激活企业创新文化，最终达到提高创业教育的目的。另外，创业教育应通过实际体验模式和感受真实创业经历使创业进入创业者的生活。实用的创业经验也可在教育之外获得，各成员国也鼓励年轻人通过非正式教育来获得创业思维和创业技能。

但包括妇女、移民、青年人和残疾人等特定群体依然面对创业的困难。比如，女性创业面临的困难主要表现在融资渠道、社会关系网络以及协调创业与家庭之间的关系等方面，如何有效发挥移民创业者的创业潜力，充分开发青年失业者的创业潜力也是各成员国一直在致力解决的问题。

三

考虑到主题的限制，本报告基本没有包括支持创业者履行其作为雇主的义务，努力使经营正规化，以及为创业者提供适当社会保护，并将其员工纳入社会保障体系等方面的内容。但是，我们已经开展并推进相关的研究工作。我们愿意和二十国集团各成员一起开展这方面的研究和总结最佳实践，在改善创业者的权益和增进对创业者的权益保障作出贡献。

基于共同的信念，二十国集团成员在促进创新创业方面采取了具有共性的措施，但又因为各自不同的国情，在一些具体措施方面还存在差别。近年来，尽管全球经济增长和就业前景在持续改善，但劳动力市场仍然面临各种挑战，创业数量和质量还存在较大差异，创业者素质和能力有待提高，创业生态环境也需要改善。与此同时，数字化和自动化、全球化、人口过渡、移民，以及个人和社会对于工作及福利期待的转变，带来了一系列重大变化，政府有机会在推动创业方面，创造新的政策、机制、模式和资金渠道，因此，我们认为在推进各国创业发展、提高创业服务质量方面，未来更加需要二十国集团各成员加强交流与合作，增强互学互鉴。

借此机会，本报告积极建议：

- 二十国集团各成员根据国情在创业行动计划原则指导下丰富和优化本国的创业发展战略政策，在国家就业计划自我报告中纳入创业发展方面的进展报告，继续促进《二十国集团创业行动计划》的实施。
- 二十国集团各成员根据国情和优先重点，在实施创业行动计划过程中与利益相关方开展合作，与相关政府机构和社会伙伴的合作，帮助发展中国家改善创业环境，更好地实现可持续发展。

作为本报告的研究团队，我们则希望加强交流与合作：

- 二十国集团创业研究中心致力于加深信息交流，并扩大良好实践共享的平台，愿意积极与二十国集团各成员进行有效的讨论，交流创业服务经验和研究成果。
- 二十国集团创业研究中心愿意积极与国际劳工组织、经济合作与发展组织、世界银行和国际货币基金组织密切合作，加强对二十国集团各成员创业发展过程的研究，以多种方式积极为各成员提供有价值的新认识。

中国

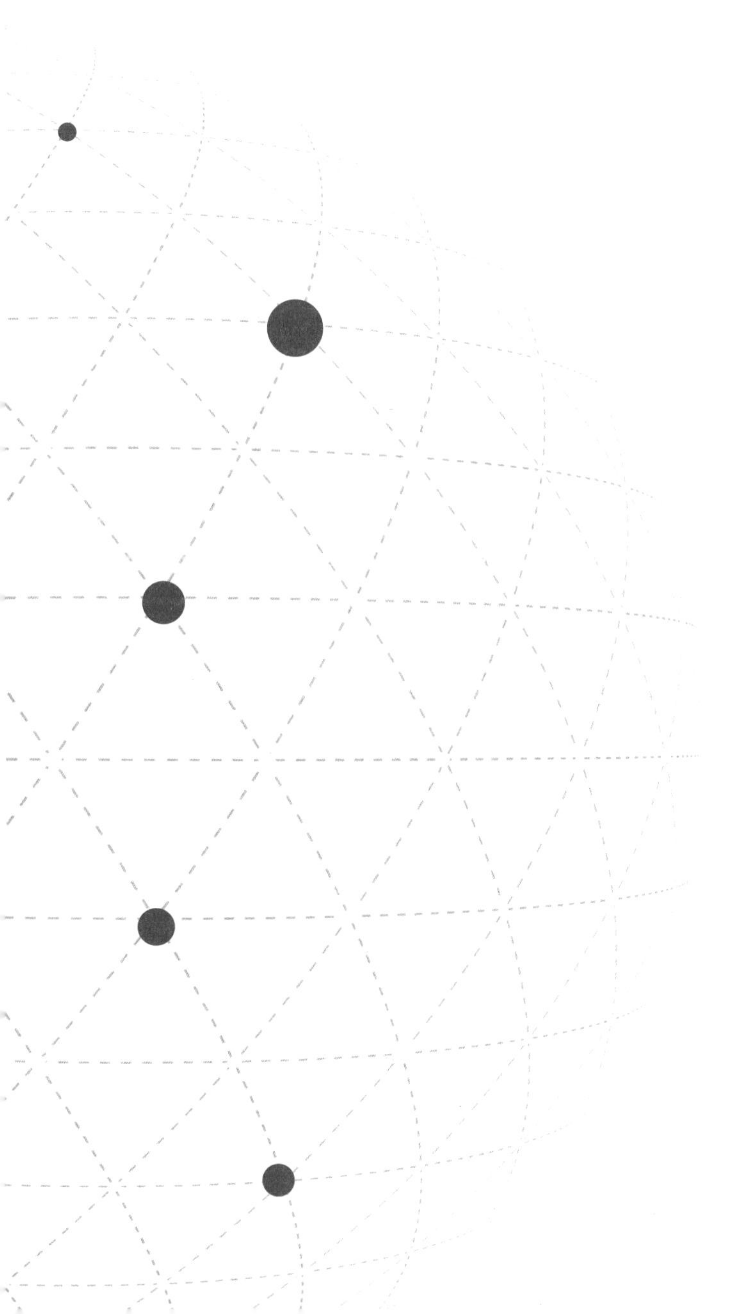

概要

中国[①]政府制定颁布了中小企业法。在2002年中国第一部中小企业法律《中华人民共和国中小企业促进法》基础上，2018年中国政府修订、实施新版《中华人民共和国中小企业促进法》。

国务院总理李克强在2018年政府工作报告中提出要促进大众创业、万众创新上水平。自2014年夏季达沃斯论坛上李克强总理提出“大众创业、万众创新”以来，中国政府不仅在政策层面致力于优化创新创业环境，支持中国创新创业持续高质量发展，自2016年以来，中国政府还持续推进完善公平竞争市场环境、深化商事制度改革，通过三证合一、多证合一、国税地税联合办税等措施大幅精简涉企证照，大批下放或取消行政审批事项，降低创业门槛。

中国创业服务体制主要由国务院常务会议、国务院促进中小企业发展工作领导小组、各部委及各直属机构、各级地方政府等，以及企业、银行、高校、社会组织等组成。

2018年、2017年中国政府分别推出针对中小微企业的减税措施，在这之前还出台了针对孵化器、科技型中小企业以及支持企业研发的税收优惠措施，并对一定范围内的小微企业免征增值税和营业税，减少、取消一批行政事业性收费。

中国政府重视优化资本市场，在银行支持方式上不断创新，丰富创业融资渠道以支持中小微企业融资。通过中央财政与民间资本联合的方式，中国在2015年设立了国家中小企业发展基金，重点支持种子期、初创期成长型中小企业发展。自2016年开始，扩大创业担保贷款范围、提供创业担保贷款贴息，并在2017年和2018年出台刺激创投的优惠税收政策，帮助创业企业和中小企业的解决融资问题。中国创投的发展为创业创新企业和中小微企业拓展了融资渠道。中国人民银行制定了向中小企业倾斜的信贷政策，各国有商业银行为中小企业提供融资服务。

中国政府把促进科技成果转移转化作为实施“双创”战略的重要任务。自2016年以来，制定了具体的行动方案以健全技术转移机制。中国政府还设立了国家科技成

① 根据工信部等四部委颁布的《关于印发中小企业划型标准规定的通知》（2011），中国中小微企业的划分主要依据营业收入和从业人数。2017年中小微企业占中国企业总数的99%，完成了80%以上的新增就业岗位。

果转化引导基金促进科技成果资本化和产业化。中国政府部门通过互联网平台向创新创业企业和中小微企业提供政策咨询和公共信息服务。中国移动、中国电信、中国联通三大运营商在 2017 年实施提速降费的专项行动，支持中小微企业对互联网的运用。

中国财政部、工信部、科技部、商务部、工商总局五部门联合启动“双创基地”，重点为支持小微企业创业创新提供空间。在中国，众创空间发展规模快速扩张，投融资能力得到提升。2017 年，中国政府出台了对众创空间的服务规范、实行国家备案众创空间措施引导众创空间持续健康发展。中国政府持续举办“双创”活动周，通过以奖代补方式指导举办全国创业创新大赛，搭建创新创业服务交流平台。中国贸促会等其他部门也积极促进创业创新的交流平台建设。

中国政府继续深化高校创新创业教育改革。同时，中国政府积极推动“双创”教育改革示范，发挥创业资金的引导作用，加强创业教育和培训带动就业。中国高校将创新创业课程纳入必修课程，并通过建设孵化器和加速器、举办创业大赛等途径支持、培养学生创业团队和创业企业，如清华 x-lab、清华经管创业者加速器、清华大学“校长杯”创新挑战赛等。中国成立了“中国高校创新创业教育联盟”，联盟成员不仅包括高校还包括诸多企业，体现了中国创业教育中高校和企业合作的特点。中国的创业培训在规模、师资力量等方面也取得较大的发展，针对留学生、农民工、妇女等提供的创业培训也取得进展。中国还有针对高成长创业者提供培训的机构，比如混沌大学、黑马学院、湖畔大学等。中国“大众创业，万众创新”的政策对创业文化有较为深远的影响。

随着双创的深入发展，日益壮大的企业家群体尤其是民营企业家群体对于推动经济发展，特别是对于中国建立社会主义市场经济体系发挥着越来越重要的作用。当前，中国经济正处于转型升级的关键时期，亟须大力激发和保护企业家精神，保障企业家合法权益，鼓励更多社会主体投身创新创业。

政府服务

中国政府制定、颁布专门了中小企业法，从立法角度明确了针对中小企业实行积极的帮扶政策，为中小企业发展创造更加有利的条件。2018 年中国政府修订、实施新版《中华人民共和国中小企业促进法》。

新版中小企业法提出，国务院制定中小企业发展政策，建立中小企业促进工作协调机制，统筹全国中小企业工作。新版中小企业法从财税金融支持、创新创业扶持和服务、市场拓展和权益保护等多个方面制定了促进创新创业和中小微企业发展的措施。

如在财税支持章节，提出国家设立中小企业发展基金，引导和带动社会资金支持初创期中小企业，促进创业创新；实行小微企业优惠税收政策，实行缓征、减征、免征企业所得税、增值税等措施，简化税收征管程序，减轻小微企业税收负担。在融资促进章节，提出健全资本市场，推动股权融资，发展并规范债券市场，促进中小企业利用多种方式直接融资; 国家完善担保融资制度，支持金融机构为中小企业提供以应收账款、知识产权、存货、机器设备等为担保品的担保融资。在创业扶持章节提出，支持社会资金参与投资中小企业，对创业投资企业和个人投资者投资初创期科技创新企业提供税收优惠；优化企业创业审批流程，实现中小企业行政许可便捷，降低中小企业设立成本。在创新支持章节提出，鼓励中小企业参与产业关键共性技术研究开发和利用财政资金设立的科研项目实施，鼓励科研机构、高等学校和大型企业等创造条件向中小企业开放试验设施，开展技术研发与合作，帮助中小企业开发新产品，培养专业人才。在市场开拓章节提出，支持大型企业与中小企业建立协作关系，带动和促进中小企业发展，制定中小企业政府采购的相关优惠政策，提高中小企业在政府采购中的份额，以及权益保护章节提出保护中小企业及其出资人的财产权和其他合法权益等。

中国国务院总理李克强在 2018 年政府工作报告中提出要促进大众创业、万众创新上水平，中国政府将在融资、税收、人才方面继续给予支持，进一步激发企业创造活力。自 2014 年夏季达沃斯论坛上李克强总理提出“大众创业、万众创新”以来，中国政府致力于政策层面不断优化创新创业环境，支持中国创新创业持续高质量发展。

2015 年，在中国两会中“大众创业、万众创新”正式写入《政府工作报告》。2015 年 6 月，中国政府发布《国务院关于大力推进大众创业万众创新若干政策措施的意见》（国发〔2015〕32 号），之后，中央、地方频繁出台“双创”政策文件。迄今为止，国务院已出台“双创”相关政策 49 项，国家相关部门和地方政府出台“双创”政策配套措施 845 项，地方政府出台相关配套措施 588 条。2017 年 7 月，中国政府颁布《国务院关于强化实施创新驱动发展战略 进一步推进大众创业万众创新深入发展的意见》（国发〔2017〕37 号），继续推进大众创业万众创新的发展战略。为深入实施创新驱动发展战略，中国政府在京津冀、上海、广东（珠三角）、安徽（合芜蚌）、四川（成德绵）、湖北武汉、陕西西安、辽宁沈阳 8 个区域开展全面创新改革试验后，于 2017 年 9 月发布《国务院办公厅关于推广支持创新相关改革举措的通知》（国办发〔2017〕80 号），正式将改革举措在 8 个试验区或全国推广。

中国政府持续推进完善公平竞争市场环境、深化商事制度改革，通过三证合

一、多证合一、国税地税联合办税等措施精简涉企证照，下放或取消行政审批事项，降低创业门槛。2017 年全国新设市场主体 1 924.9 万户，同比增长 16.6%，平均每天新设 5.27 万户。2016 年全国新登记市场主体 1651.3 万户，增长率为 11.6%。

中国政府在《国务院关于大力推进大众创业万众创新若干政策措施的意见》（国发〔2015〕32 号）中提出“完善公平竞争市场环境、深化商事制度改革”，随后同年推出“三证合一”的商事制度改革，将由工商行政管理、质量技术监督、税务三个部门分别核发不同证照，改为由工商行政管理部门核发一个营业执照。在 2017 年颁布的《国务院关于强化实施创新驱动发展战略进一步推进大众创业万众创新深入发展的意见》（国发〔2017〕37 号）中提出”要进一步健全审查机制，为创新创业营造统一开放、竞争有序的市场环境；推进多证合一登记制度改革；加大事中事后监管力度，提高监管效能”。同年在随后颁发的《国务院办公厅关于推广支持创新相关改革举措的通知》（国办发〔2017〕80 号）中，从 5 个方面强调了创业政策环境的创新：“专利快速审查、确权、维权一站式服务”“强化创新导向的国有企业考核与激励”“事业单位可采取年薪制、协议工资制、项目工资等灵活多样的分配形式引进紧缺或高层次人才”“事业单位编制省内统筹使用”“国税地税联合办税”。此外，中国政府分别于 2015 年和 2016 年取消和下放 90 项行政审批项目、152 项中央指定地方实施的行政审批事项，持续推进行政审批制度改革，加大简政放权力度。

中国创业服务体制主要由国务院常务会议、国务院促进中小企业发展工作领导小组、各部委及各直属机构、各级地方政府等，以及企业、银行、高校、社会组织等组成。中国本届政府任期内，在国务院常务会议上，超过 50 次议题涉及“大众创业、万众创新”。国务院促进中小企业发展工作领导小组（以下简称领导小组），领导小组组长由中央政治局委员、国务院副总理刘鹤担任，工信部部长苗圩、财政部部长刘昆、国务院机关党组成员高雨为副组长，其他 19 个成员则均为副部级别，该小组的设立主要是为了加强对促进中小企业发展工作的组织领导和政策协调。

2015 年 8 月，中国国务院同意建立由发展改革委牵头、28 个部门参与的推进大众创业万众创新部际联席会议制度，该制度旨在加强中央政府的统筹协调，构建起长效工作机制，落实国家战略，促进创新创业的发展。在 2017 年 7 月第四次推进大众创业万众创新部际联席会议上，通报了 2017 年以来的双创工作情况，以及 2017 年全国大众创业万众创新活动周的总体考虑。

财税和金融支持

财税支持

2018 年 4 月召开的国务院常务会议推出 7 项减税措施，预计全年将再为企业减轻税负 600 多亿元（约 91.8 亿美元）。这是在 2017 年减税措施基础上的进一步减税。这 7 项措施包括：2018 年 1 月 1 日至 2020 年 12 月 31 日，将享受当年一次性税前扣除优惠的企业新购进研发仪器、设备单位价值上限，从 100 万元（约 15 万美元）提高到 500 万元（约 76 万美元）；将享受减半征收企业所得税优惠政策的小微企业年应纳税所得额上限，从 50 万元（约 7.6 万美元）提高到 100 万元（15 万美元）。从 2018 年 1 月 1 日起，还将取消企业委托境外研发费用不得加计扣除限制；将高新技术企业和科技型中小企业亏损结转年限由 5 年延长至 10 年；将一般企业的职工教育经费税前扣除限额与高新技术企业的限额统一，从 2.5% 提高至 8%。从 2018 年 5 月 1 日起，将对纳税人设立的资金账簿按实收资本和资本公积合计金额征收的印花税减半，对按件征收的其他账簿免征印花税。此外，将目前在 8 个全面创新改革试验地区和苏州工业园区试点的创业投资企业和天使投资个人投向种子期、初创期科技型企业按投资额 70% 抵扣应纳税所得额的优惠政策推广到全国。

在这之前的 2017 年 4 月，国务院常务会议决定，扩大享受企业所得税优惠的小型微利企业范围，自 2017 年 1 月 1 日至 2019 年 12 月 31 日，将小型微利企业年应纳税所得额上限由 30 万元（约 4.6 万美元）提高到 50 万元（7.6 万美元），符合这一条件的小型微利企业所得减半计算应纳税所得额并按 20% 优惠税率缴纳企业所得税；提高科技型中小企业研发费用税前加计扣除比例。自 2017 年 1 月 1 日至 2019 年 12 月 31 日，将科技型中小企业开发新技术、新产品、新工艺实际发生的研发费用在企业所得税税前加计扣除的比例，由 50% 提高至 75%。

在 2018 年、2017 年减税措施之前，中国政府已出台了针对孵化器、科技型中小企业以及支持企业研发的税收优惠，并对一定范围内的小微企业免征增值税和营业税，减少、取消一批行政事业性收费（见表 1）。

表 1　2016 年（含）之前税收优惠政策

出台优惠政策的政府部门（文件）	优惠政策内容及实施对象
《关于科技企业孵化器税收政策的通知》（财税〔2016〕89 号）	自 2016 年 1 月 1 日至 2018 年 12 月 31 日，对孵化器免征房产税和土地使用税以及营业税和增值税

续表

出台优惠政策的政府部门（文件）	优惠政策内容及实施对象
《高新技术企业认定管理办法》（国科发火〔2016〕32 号）	自 2016 年 1 月 1 日起，放宽对中小企业认定条件，扩大高新技术领域范围，对科技型企业特别是中小企业实施享受 15% 的企业所得税的优惠政策
《关于完善研究开发费用税前加计扣除政策的通知》（财税〔2015〕119 号）	自 2016 年 1 月 1 日起放宽研发费用加计扣除政策使用的研发活动范围，并扩大研发费用口径，简化审核管理，鼓励企业进行创新创业
《国家税务总局关于进一步支持小微企业增值税和营业税政策的通知》（财税〔2014〕71 号）	小微企业税收优惠政策继续执行至 2017 年 12 月 31 日，该优惠政策规定月销售额或营业额不超过 3 万元（含 3 万元）（约 4 600 美元）的小规模纳税人和营业税纳税人（包含个体工商户、其他个人、企业和非企业性单位），可以享受免征增值税和营业税优惠
《关于进一步扩大小型微利企业所得税 优惠政策范围的通知》（财税〔2015〕99 号）	自 2015 年 10 月 1 日起至 2017 年 12 月 31 日，对年应纳税所得额在 20 万元（约 3 万美元）到 30 万元（含 30 万元）（约 4.6 万美元）之间的小型微利企业，其所得减按 50% 计入应纳税所得额，按 20% 的税率缴纳企业所得税
《关于清理规范一批行政事业性收费有关政策的通知》（2017 年）	自 2017 年 4 月 1 日起，取消或停征 41 项中央设立的行政事业性收费，将商标注册收费标准降低 50%

金融支持

中国政府在政策层面强调优化资本市场、创新银行支持方式和丰富创业融资渠道，并通过中央财政与民间资本联合的方式设立了国家中小企业发展基金重点支持种子期、初创期成长型中小企业发展，并实施创业担保贷款以及创业担保贷款贴息、刺激创投等措施来帮助创业企业和中小企业解决融资问题。

《国务院关于大力推进大众创业万众创新若干政策措施的意见》（国发〔2015〕32 号）中，中国政府从优化资本市场、创新银行支持方式、丰富创业融资新模式三个方面提出实现创业企业便捷融资的要求。2017 年发布的《国务院关于强化实施创新驱动发展战略进一步推进大众创业万众创新深入发展的意见》（国发〔2017〕37 号）中，中国政府强调将进一步推行普惠金融服务，赋予大型银行县支行信贷业务权限，以及支持地方性法人银行在基层区域增设小微支行、社区支行；通过债权、股权等融资服务机制为科技型中小企业提供覆盖全生命周期的投融资服务；推动国家新兴产业创业投资引导基金、国家中小企业发展基金、国家科技成果转化引导基金设立创业投资子基金等。随后发布的《国务院办公厅关于推广支持创新相关改革举措的通知》（国办发〔2017〕80 号），则宣布将在科技金融创新方面将采取“以应收账款为质押的融资服务、面向中小企业的一站式投融资信息服务以及贷款、保险、财政风险补偿捆绑的专利权质押融资服务”的改革措施。

2015 年 9 月国务院常务会议上决定，中央财政通过整合资金出资 150 亿元（约 23 亿美元），吸引民营和国有企业、金融机构、地方政府等社会资本共同参与，建立总规模为 600 亿（约 92 亿美元）的国家中小企业发展基金，通过设立母基金、直投基金等，重点支持种子期、初创期成长型中小企业发展。截至 2017 年 12 月底，国家中小企业发展基金下的四支实体基金已完成投资项目 130 个，投资金额 38.24 亿元（约 5.85 亿美元）。

中国人民银行、财政部、人力资源社会保障部联合印发的《关于实施创业担保贷款支持创业就业工作的通知》（银发〔2016〕202 号），将创业担保贷款对象范围扩大包括就业困难人员（含残疾人）、复员转业退役军人、刑满释放人员、高校毕业生等特殊人群，并确定妇女为重点对象，明确了创业担保贷款最高额度为 10 万元（约 1.5 万美元），创业担保贷款期限从 2 年调整为 3 年等，个人创业担保贷款由财政部门按相关规定贴息等内容。

针对创业担保贷款贴息，在 2016 年 9 月财政部颁布的《普惠金融发展专项资金管理办法》（财金〔2016〕85 号）中，专门列明了“创业担保贷款贴息及奖补政策”章节，内容包含对贫困地区的个人创业担保贷款给予全额贴息，对其他地区的个人创业担保贷款第 1 年给予全额贴息，第 2 年贴息 2/3，第 3 年贴息 1/3；对符合条件的小微企业创业担保贷款，按贷款合同签订日贷款基础利率的 50% 给予贴息等。

为加强财政贴息资金管理，提高资金使用效益，2018 年 4 月，中国财政部、人力资源和社会保障部、中国人民银行联合发布通知《关于进一步做好创业担保贷款财政贴息工作的通知》，加大政策支持力度，并优化申请办理程序。在此次措施中，农村自主创业农民被纳入支持范围。同时，小微企业贷款对象范围也调整为“当年新招用符合创业担保贷款申请条件的人员数量达到企业现有在职职工人数 25%（超过 100 人的企业达到 15%）、并与其签订 1 年以上劳动合同的小微企业”。

中国政府继续实施创业投资激励措施帮助中小企业解决融资问题，中国创业投资的发展为创业创新企业和中小企业拓展了融资渠道。

2016 年，中国天使投资机构新募集超过 130 只天使基金，披露投资案例金额超过 120 亿元（约 18 亿美元）。新募集超过 600 只创投基金，创投基金新增可投资资本量超过 3 500 亿元（约 535.6 亿美元）。创投市场共发生投资超过 3 500 起，披露投资交易金额超过 1 200 亿元（约 183.6 亿美元）。

2017 年以来，中国政府颁布系列文件对公司制创业投资企业、合伙创投企业、天使投资个人采取股权投资方式直接投资于种子期、初创期科技型企业等初创科技企业实施税收优惠政策，如可按投资额的 70% 抵扣相应的应纳税所得额、所得额或经营所得额以及转让股权应纳税所得额等。

表 2　2017 年以来创业投资相关政府文件（优惠政策）

<table>
<tr><th>出台优惠政策的政府部门（文件）</th><th>优惠政策及实施对象</th></tr>
<tr><td>《关于创业投资企业和天使投资个人有关税收政策的通知》（财税〔2018〕55 号）</td><td rowspan="3">采取股权投资方式直接投资于种子期、初创期科技型企业（以下简称初创科技型企业）满 2 年（24 个月，下同）的：
公司制创业投资企业，按照投资额的 70% 在股权持有满 2 年的当年抵扣该公司制创业投资企业的应纳税所得额；当年不足抵扣的，可以在以后纳税年度结转抵扣。
有限合伙制创业投资企业，法人或个人合伙人按照对初创科技型企业投资额的 70% 抵扣法人或个人合伙人从合伙创投企业分得的经营所得；当年不足抵扣的，可以在以后纳税年度结转抵扣。
天使投资个人，按照投资额的 70% 抵扣转让该初创科技型企业股权取得的应纳税所得额；当期不足抵扣的，可以在以后取得转让该初创科技型企业股权的应纳税所得额时结转抵扣。</td></tr>
<tr><td>《国家税务总局关于创业投资企业和天使投资个人税收试点政策有关问题的公告》（国家税务总局公告 2017 年第 20 号）</td></tr>
<tr><td>《关于创业投资企业和天使投资个人有关税收试点政策的通知》（财税〔2017〕38 号）</td></tr>
</table>

为了拓宽中小企业获取资金的渠道，中国中小企业板于 2004 年 5 月正式启动。2009 年正式推出创业板，弥补了中小企业板的缺陷，进一步扩宽中小企业的融资方式。2013 年 12 月，新三板（全国中小企业股权转让系统，NEEQ）进行改革，面向全国接受企业挂牌申请，不再局限于中关村科技园区非上市股份有限公司，也不局限于天津滨海、武汉东湖以及上海张江等试点地的非上市股份有限公司，而是全国性的非上市股份有限公司股权交易平台，主要针对的是中小微型企业。截至 2018 年 5 月，新三板挂牌企业超过 11 000 家。

中国人民银行制定了向中小企业倾斜的信贷政策，要求各国有商业银行成立中小企业信贷部，成立了数千家村镇银行为中小企业提供融资服务。截至 2017 年末，全国小微企业贷款余额 30.74 万亿（约 4.7 万亿美元），同比增速 15.14%，比各项贷款平均增速高 2.67 个百分点；小微企业贷款余额户数 1 520.92 万户，较上年同期增加 159.82 万户。

创业者服务

技术服务

中国政府将促进科技成果转移转化作为实施双创战略的重要任务，制定了行动方案以健全技术转移机制，并成立了国家科技成果转化引导基金，促进科技成果资本化和产业化。

在《国务院办公厅关于印发促进科技成果转移转化行动方案的通知》（国办发〔2016〕28号）中，中国政府对通知中列明的20项重点任务进行明确分工并作出了进度安排。这20项重点任务包括发布一批产业转型升级发展急需的科技成果包、建立国家科技成果信息系统、加强科技成果信息汇交，推广科技成果在线登记汇交系统等，由科技部会同有关部门执行、完成。

2018年5月，科技部配合国家发布的《国家技术转移体系建设方案》，印发了《关于技术市场发展的若干意见》的通知（国科发创〔2018〕48号），提出到2020年，培育20家具有示范带动作用的高水平专业化技术转移机构、600家市场化社会化技术转移机构，发展3至5个枢纽型技术交易市场，培养1万名技术经理人、技术经纪人，全国技术合同成交金额达到2万亿元（约3 060万美元），技术交易的质量和效益明显提升。并从健全技术转移机制，促进科技成果资本化和产业等方面提出指导意见。

国家科技成果转化引导基金（以下简称转化基金）于2011年由科技部、财政部设立，旨在发挥财政资金的杠杆和引导作用，通过创业投资子基金、贷款风险补充等方式带动金融资本和民间投资向科技成果转化聚集，支持科技成果转移转化。截至目前，已设立了9只引导基金子基金，中央财政出资38.3亿元（约5.86亿美元），基金总规模173.55亿元（约25.56亿美元）。

信息服务

中国政府部门通过互联网平台向创新创业企业和中小企业提供政策咨询和公共信息服务。中国移动、中国电信、中国联通三大运营商在2017年实施提速降费的专项行动，支持中小企业对互联网的运用。

2018年中国国家发展改革委组织国家信息中心推出创新创业政策统一发布平台，“国家创新创业政策信息服务网”（以下简称“服务网”，网址为http：//sc.ndrc.gov.cn），服务网作为国家层面的创新创业政策统一发布平台，有助于创新创业者全面、快速、便捷地获取权威政策信息和解读。

2018 年中国贸促会对中国贸易投资网进行改版，重点突出项目商机、活动通知等功能，同时加入中国和全球展览项目查询、中外企业信用查询等服务，并将根据企业所处的行业、参加活动历史信息等，有针对性地推送项目商机和活动通知。

中国移动、中国电信、中国联通三大运营商在 2017 年实施了中小企业提速降费的专项行动，支持中小企业发展和创新创业。中国电信在全国范围内启动了“提速惠企”专项行动，中小企业普通宽带速率免费提升至 50Mbps，提速最高超 6 倍，并继续降低互联网接入资费，提供丰富的“智慧企业”解决方案，预计将惠及 1 230 万家中小企业。中国移动将互联网专线起步带宽从 2M 上调到 10M，对协议期内带宽 200M 以内的客户免费提高速率。中国联通则大幅度降低中小企业互联网专线接入资费，惠及 1 000 万户中小企业，在各省建立中小企业“云服务”平台，为中小企业提供大数据、云计算、物联网等应用产品。

创业孵化

“双创基地”全称是“小微企业创业创新基地城市示范”。截至 2016 年底，双创基地当年新增小微企业 56 余万户，同比增长 25.6%；新增市场主体 314 万户，约占全国 7.2%；新增城镇就业 461 万人；技术合同成交额 769 亿元（约 117.6 亿美元），同比增长 52%，约占全国 5.6%。“双创基地”由中国财政部、工信部、科技部、商务部、工商总局五部门在 2015 年联合启动。中央财政在三年示范期内，向示范城市发放奖励资金：对计划单列市及省会城市奖励总额 9 亿元（约 1.37 亿美元），对一般城市，包括直辖市所属区县，奖励总额 6 亿元（约 0.92 亿美元），重点支持为小微企业提供创业创新空间，提升众创空间、创业基地的服务能力，支持改进对小微企业的公共服务以及鼓励地方对接创业担保贷款贴息、税收优惠、科技创新等政策措施。

双创示范基地名单分别由 2017 年中国政府发布的《国务院办公厅关于建设第二批大众创业万众创新示范基地的实施意见》（国办发〔2017〕54 号）（92 个双创示范基地），和 2016《国务院办公厅关于建设大众创业万众创新示范基地的实施意见》（国办发〔2016〕35 号）（28 个示范基地）确定。

在中国，众创空间发展规模快速扩张，投融资能力得到提升。中国政府还出台了对众创空间的服务规范、实行国家备案众创空间措施引导众创空间持续健康发展。

2017 年，全国纳入火炬统计的众创空间超过 5 700 家，同比增加 33%。众创空间总面积超过 2 500 万平方米。提供工位数超过 105 万个，同比增长 36%。当年服务的创业团队和初创企业超过 41 万个，同比增长 52%。当年新注册企业超过 8.7 万家，同比增长 22%。吸纳就业 170 万人，其中吸纳毕业两年内大学生就业超过 46 万人。2017 年，众创空间帮助 1.8 万余个创业团队和企业获得投资，总额超过 670 亿元（约 102.5 亿美元）。另外，众创空间也得到投资支持。截至 2017 年底，共有 1 091 家众创空间获得社会资本投资。

中国科技部火炬中心在 2017 年 9 月发布《众创空间服务规范（试行）》和《众创空间（联合办公）服务标准》，定位服务对象是创业团队、初创公司和创客群体，规定众创空间的服务功能包括创业辅导、融资融资、资源对接和氛围营造等。

2017 年，根据《国务院办公厅关于发展众创空间推进大众创新创业的指导意见》（国办发〔2015〕9 号）和《科技部关于印发〈发展众创空间工作指引〉的通知》（国科发火〔2015〕297 号），科技部确定 639 家众创空间为国家备案众创空间，并纳入国家级科技企业孵化器管理服务体系，引导众创空间健康发展，从而营造良好创新创业环境。

交流平台

中国政府持续举办“双创”活动周，通过以奖代补方式指导举办全国创业创新大赛，搭建创新创业服务交流平台。

第三届全国大众创业、万众创新活动周于 2017 年 9 月 15 日至 21 日举行，主题为“双创促升级，壮大新动能”，活动周设立上海主会场和北京会场，在全国各地设立分会场，首次同步举行海外“双创”周。

中国科技部会同财政部联合印发的《科技部、财政部关于支持中国创新创业大赛有关工作的通知》（国科发资〔2016〕186 号），确定中央财政通过以奖代补方式，对优秀企业进行引导性支持，引导地方政府、金融机构加大对优秀企业的支持力度。2017 年 4 月第六届大赛在北京启动。大赛按照电子信息、互联网及移动互联网、生物医药、先进制造、新能源及节能环保、新材料 6 个领域，在 6 个不同城市进行总决赛。2016 年第五届大赛共有 34341 家企业和团队报名参赛，创历史新高，覆盖了全国所有省区市。据不完全统计，各地方财政对参赛优秀企业和团队的支持总额近 20 亿元（约 3 亿美元），是中央财政支持额度的 17 倍；第五届大赛的参赛企业已经获得 40 亿元（约 6.12 亿美元）的股权投资；招商银行已经对第五届大赛的 144 家企业进行授信支持，总额达 35 亿（约 5.36 亿美元）。

工业和信息化部举办的 2017 年“创客中国”创新创业大赛，共举办了 12 场区域赛和 12 场专题赛，吸引 5 275 个优质项目参与，同比增长 65%。

农业部举办的全国农村创业创新项目创新创意大赛（2017 年），共有 27 个省市 3 万多名选手和项目参加省级选拔赛。

中国深圳创新创业大赛第二届国际赛（2017 年）中，有 34 家创投机构参加，组成了总额 209 亿元（约 32 亿美元）的创投资金池，对大赛优秀项目进行组合投资。

共青团中央、中央网信办、工业和信息化部、人力资源社会保障部、原农业部、商务部、国务院扶贫办等共同主办的第四届“创青春”中国青年创新创业大赛（2017 年），共有 8 万余个创业项目、30 万余创业青年参加。

2017 年的中央企业熠星创新创意大赛，共征集到 76 家中央企业和社会其他创新主体 1 237 个参赛项目，获得总计 9.35 亿元（约 1.43 亿美元）的各类投资机构的投资，签订了总额 5.21 亿元（约 7 973 万美元）的产品订单。

由人社部联合国家发改委、科技部、共青团中央、中国残联举办的“中国创翼”创业创新大赛面向各类群体，重点关注高层次人才、留学回国人员、高校和技工院校学生（毕业生）、复转军人、返乡农民工等，专项赛面向去产能转岗职工、残疾人两类特殊群体。

此外，中国贸促会等其他部门也积极促进创业创新的交流平台建设。中国贸促会 2018 年上线新版贸促活动云，新增企业自动配对洽谈等功能。此外，贸促会支持中小企业与国际组织合作，引入其企业战略决策、贸易地图、标准地图、市场分析工具等培训项目，帮助中小企业诊断经营管理问题，增强出口竞争力。另外，中国政府面向社会开展的创新创业资源共享平台也已越来越实用，以北京市科委和北京市西城区共同建立的 DRC（设计资源共享平台）为例，就是把价值上千万的工业设计中的渲染设备以低价甚至免费给创业者使用。

创业教育

中国政府继续深化高校创新创业教育改革

改革措施包括，健全课程体系，推动高校开始创新创业专门课程；推动教学管理制度改革，《普通高等学校学生管理规定》允许学生休学创新创业；推动高校建立创新创业学分积累与转换制度；建立全国万名优秀创新创业导师人才库，首批遴选 4 600 多名导师入库；突出示范引领，北京大学、清华大学等 19 所高校入选国务院“双创”示范基地；认定 200 所深化创新创业教育改革示范高校，给予经费支持；对 5 万名职业学校、应用型本科高校教师开展了“双创”教育培训。

同时，中国政府积极推动“双创”教育改革示范，发挥创业资金的引导作用，加强创业教育和培训带动就业。

教育部印发了《关于首批深化创新创业教育改革示范高校名单的通知》《关于公布第二批深化创新创业教育改革示范高校名单的通知》，先后认定北京大学、清华大学等 200 所高校为“全国深化创新创业教育改革示范高校”。

教育部《关于做好 2018 届全国普通高等学校毕业生就业创业工作的通知》、人社部《关于持续开展离校未就业高校毕业生技能就业行动的通知》，要求加强对高校毕业生的创业培训和职业培训。目前，大学生毕业即创业的比例从 2011 届的 1.6% 上升到了 3.0%。

教育部自 2014 年起开始实施产学合作协同育人项目，2017 年已有 89 家企业支持 4500 多个项目，资助金额共约 2.6 亿元（约 3 979 万美元）。中国政府还设立了大学生创新创业教育专项基金，“十三五”期间每年安排资金 5 000 万元（约 765 万美元）支持大学生创新创业。

中国高校已将创新创业课程纳入必修课程，并通过建设孵化器和加速器、举办创业大赛等途径支持、培养学生创业团队和创业企业。“中国高校创新创业教育联盟”成员不仅包括高校还包括诸多企业，体现了中国创业教育中高校和企业合作的特点。

根据教育部新闻办的消息，2016 年底，全国共有 1 000 多所普通本科高校开设创新创业教育课程，其中 900 多所高校开设创新创业必修课程；建设创新创业教育实践平台近 1.4 万个；连续三年举办中国“互联网 +”大学生创新创业大赛，2017 年参赛项目达 33 万个、参赛人数超过 150 万；开展国家级大学生创新创业训练计划立项工作，2016 年共计立项 33 054 项，900 余所高校 13.4 万学生参与，项目经费近 6 亿（约 0.92 亿美元）。

清华大学开设创业教育相关课程已有多年历史，并通过举办“校长杯”创业大赛、设立清华 x-lab、创业者加速器等途径支持、培养创业团队和创业企业。于 2013 年成立了创新创业创意人才发现和培养的教育平台（x-lab），依托经济管理学院，联合清华大学的理科、工科、文科、医科的 15 个院系共同建设，构建创意创新创业教育的生态圈，整合教学和创业实践资源，培养学生的创造性思维、创业精神和创业技能。为促进创业文化和创业活动，清华大学组织了年度“校长杯”创业大赛，面向全校学生、校友和教师的“关注社会进步的创新”创业项目，邀请多位知名的投资人和企业家担任评委，在人工智能、3D 打印、生物医疗、新能源、教育科技等多个领域均有创新性产品呈现，不少优秀创业项目获得了后续融资。截止到 2017 年 4 月，x-lab 已接收超过 1 200 个创业团队。清华大学依托工科优势学科，在 2014 年把 1.5 万平方米的基础工业训练中心改造成为创客空间 iCenter，旨在打造一个国际化的交叉学科的创新创业平台，每年支持 3 000 名学生开展创新创业活动。

“中国高校创新创业教育联盟”于 2015 年 6 月在清华大学成立。首批联盟成员单位包括清华大学、北京大学、浙江大学等 137 所高校和百度、阿里巴巴、腾讯、英特尔、微软等创新型企业及其他相关单位。

中国的创业培训在规模、师资力量等方面也取得较大的发展

截至 2017 年底，全国 32 个省市自治区共有 35 家创业孵化从业人员培训机构。初级培训参训学员总数从 2012 年的 1 469 人增加到 2017 年的 5 300 人。2017 年，全国共组织开展政府补贴性创业培训 219.2 万人次。

创业培训的师资力量也在不断发展壮大。2017 年，各地创业培训机构全年完成创业师资培训班 230 余人，共派遣创业培训师 6 460 万余人。2017 年，人社部组织创业引领者主题活动暨全国创业培训讲师大赛，来自全国各地的数千名讲师参赛。在创业培训课程的建设方面，人力资源与社会保障部与国际劳工组织合作开发了“创办和改善你的企业（SIYB）”“创业模拟实训”等创业培训课程体系，推进网络创业培训课程的建设。

针对留学生、农民工、妇女等提供的创业培训也取得进展

2017 年，人社部部署实施创新创业启动支持计划、海外赤子为国服务行动计划等人才项目，共资助金额 2 847 万元（约 436 万美元）。全国人力资源社会保障系统吸引各类海外人才回国（来华）服务达 4.3 万人次，3.3 万个项目与人才、资金实现对接。国家“千人计划”服务窗口办理签证、居留、落户等手续 900 余人次，咨询服务 2 500 余次。

2016 年，人力资源社会保障部会同其他部门，开始实施大学生创业引领计划、农民工返乡创业计划等创业促进计划，重点对高校毕业生、农村转移劳动力、企业下岗职工等重点群体的创业进行扶持。2017 年首次登记注册的青年创业者 410.2 万人，其中大学生创业者 64.5 万人，分别比 2013 年增长 57.3% 和 79.9%。2017 年，全国返乡创业人数超过 740 万人。

全国妇联从 2015 年开始实施“创新创业巾帼行动”，到 2018 年 5 月，该计划已累计开展妇女创业培训 552 万人次，为 130 多万名妇女争取创业担保贷款 1 100 多亿元（约 168 亿美元），帮助 64 万名妇女实现创业就业。全国妇联于 2018 年 5

月开展了百名创新创业优秀女性进高校系列活动，同期（5 月 27—30 日）举办了促进女性创业创新能力提升培训班。另外，还举办中国妇女创新创业大赛，通过比赛涌现出一批优秀的女性创业者，为女性创业树立了很好的榜样。2017 年 9 月，首届中国妇女创业创新大赛在浙江杭州举办，各行业各领域近 60 万名妇女参与，进入决赛的 30 个项目获得了 12.5 亿元（约 1.9 亿美元）的意向投资。

2018 年初，中国国家发改委等 15 部门印发了《关于扶持残疾人自主就业创业的意见》，明确了 20 多项促进残疾人自主就业创业的扶持政策。包括为残疾人自主就业创业提供优先照顾，如政府和街道设立相关便民服务网点时，应预留不低于 10% 给残疾人；对残疾人个人取得的劳动所得按照有关规定减征个人所得税；对残疾人自主就业创业的，按照有关规定免收管理类、登记类和证照类等收费等多个方面。意见还明确提出 2018 年底前各省区市和计划单列市至少建有一个残疾人创业孵化基地。

中国还有针对高成长创业者提供培训的机构，比如混沌大学、黑马学院、湖畔大学等。这些机构会邀请一些知名的成功企业家或者投资人担任创业导师，为创业者分析创业过程中可能存在的问题，包括创业者的个人特质、领导力、企业文化建设和管理机制、市场营销、投融资等，通过这样的活动，同时为创业者搭建了广泛的人际网络，有助于互相交流经验教训和业务拓展。这些机构对入选学员一般会有较高的选择标准，比如收入需要达到一定规模或者创业企业获得过创业投资等。

中国“大众创业，万众创新”的政策对创业文化有较为深远的影响。一方面，政策的出台，极大地促进了创业活动，包括创业教育和培训在全国的开展，唤醒了人们的创业意识，把创业作为就业的一种方式，并通过创新提高国家的经济和科技实力。政府政策相关支持措施，使得创业从程序上更为容易，获得资金支持的渠道也大幅增加。中国创业成功的企业很多，不计算已经中国和美国资本市场成功上市的企业，仅估值超 10 亿美元的独角兽企业，中国已经占到全球的 36%。创业成功的企业对新的创业者有着较强的激励。另一方面，成功者毕竟是少数，不少创业者还没有掌握足够的创业技能和资源，使得创业失败的人也较多，从而民众对创业的态度也增加了顾虑的成分。随着时间的推移，人们对创业的态度会逐步趋于客观，有创业精神，了解创业规律和风险，创业者能够结合自身情况决定是否创业，提高成功的概率，进而再影响创业文化。

权益和保障

2018 年是中国改革开放四十周年。日益壮大的企业家群体尤其是民营企业家群体对于推动经济发展，特别是对于中国建立社会主义市场经济体系发挥了重要作用。当前，中国经济正处于转型升级的关键时期，尤其需要大力激发和保护企业家精神，保障企业家合法权益，鼓励更多社会主体投身创新创业。

产权保护

近年来，因产权纠纷、专利侵权、政府不当干预等造成企业家合法权益遭受损害的事件时有发生。为了让企业家安心经营，2017 年 9 月，《中共中央国务院关于营造企业家健康成长环境弘扬优秀企业家精神更好发挥企业家作用的意见》（以下简称《意见》）公布，首次以专门文件肯定企业家的地位和企业家精神的价值，明确提出要“营造保护企业家合法权益的法治环境”。为落实《意见》决策部署，中办、国办印发了《贯彻落实〈中共中央国务院关于营造企业家健康成长环境弘扬优秀企业家精神更好发挥企业家作用的意见〉分工方案》，明确了落实《意见》的 27 项重点任务和 110 项具体举措。目前，各项重点任务进展有序，各项配套措施稳步推进，为改善企业家预期、增强企业家信心发挥了重要作用，激发和保护企业家精神工作初见成效。

依法保护企业家财产权

保护企业家财产权，“有法可依”。依法平等保护企业家财产权，避免利用公权力侵害私有产权、违法查封扣押冻结民营企业财产、利用刑事手段插手经济纠纷等现象的发生，需要法院、人民检察院和公安机关的配合与共识。2017 年 12 月，最高检下发文件，要求严格把握罪与非罪的界限。同年 12 月，最高检、公安部联合发文，要求依法审慎查封、扣押、冻结企业财产。2018 年 1 月，最高法下发文件，要求坚决防止用刑事手段干预经济纠纷。

依法甄别纠正涉企业家产权冤错案件，努力实现企业家的胜诉权益。针对历史形成的涉产权冤错案件，最高法成立了甄别纠正工作小组，审查有关申诉案件或再审申请。2017 年 12 月，最高法向社会公布依法再审张文中案、顾雏军案等三起重大涉产权案件。案件纠正后，人民法院将依据国家赔偿法，启动国家赔偿程序，依法保护企业家的合法权益。

依法保护企业家创新权益

知识产权是创新型经济发展的基础。依法保护企业家创新权益的措施包括：健全知识产权保护法规体系，提高侵犯知识产权的赔偿额，加强关键核心技术和基础前沿领域技术成果保护等。

2016 年 11 月，《中共中央国务院关于完善产权保护制度依法保护产权的意见》

发布，这是中国首次以中央名义出台产权保护的顶层设计。

2017 年 12 月，最高法发文，要求各级人民法院建立侵权损害司法认定机制，并要求在知识产权审判中建立知识产权惩罚性赔偿制度。

在知识产权的司法保护方面，目前国家专门设立了 3 个知识产权法院和一批知识产权法庭。国家知识产权局在全国已建立 19 个知识产权保护中心，推动知识产权行政保护“一站式”服务。

依法保护企业家自主经营权

企业家依法进行自主经营活动，各级政府、部门及其工作人员不得干预。

实施涉企收费目录清单管理。在全国政府性基金和行政事业性收费目录清单和政府定价的经营服务性收费目录清单之外的一律不得收费。

研究设立全国统一的企业维权服务平台，建立政府、行业协会等多方共同维权的机制。

公平竞争

国家出台意见建议，强化企业家公平竞争权益保障。实现创新驱动发展需要发挥竞争政策的基础性作用。2008 年，反垄断法颁布实施后，首次以法律形式提出了“竞争政策”的概念。2015 年，国务院印发《关于深入推进价格机制改革的若干意见》，首次提出“逐步确立竞争政策的基础性地位”。2016 年，国务院发布《关于在市场体系建设中建立公平竞争审查制度的意见》，出台公平竞争审查制度，阻止政府实施压制竞争的不当干预，让政府真正谋其政、司其职、尽其责。

全面实施市场准入负面清单制度[①]。清单以外的行业、领域和业务实行非禁即入、非禁即准，保障各类市场主体依法平等进入负面清单以外的行业、领域和业务。

反对垄断和不正当竞争。2017 年，新修订的《中华人民共和国中小企业促进法》正式颁布，强调“权利平等”，即中小企业与其他不同规模、不同所有制的民事主体的财产权利受到法律平等保护。2018 年，新成立的国家市场监督管理总局承担反垄断统一执法，结束了多头执法[②]的局面，更有利于执法标准的统一规范和执法行为的协调，形成监管合力。

---

① 2015 年 10 月，国务院颁布《实行市场准入负面清单制度的意见》，提出，“营造与市场准入负面清单制度相适应的公平交易平等竞争的市场环境。有关部门要按要求清理和废除制约市场在资源配置中发挥决定性作用、妨碍全国统一市场和公平竞争的各种规定和做法，严禁和惩处各类违法实行优惠政策行为，反对地方保护，反对垄断和不正当竞争，防止相关政策妨碍全国统一市场和公平竞争。

② 之前中国反垄断法由国家发展和改革委员会、商务部和国家工商行政管理总局三家执法。

持续提高监管的公平性、规范性、简约性。在市场监管领域全面推行“双随机、一公开”监管①，加强跨部门跨地区的市场协同监管，清除多重多头执法，提高综合执法效率，减轻企业负担。

完善市场退出机制，促进企业公平竞争和优胜劣汰。2016 年 7 月，最高人民法院下发了《关于破产案件立案受理有关问题的通知》，着力从诉讼流程上清理破产案件启动的障碍。同年 8 月，由最高人民法院建立的“全国企业破产重整案件信息网”正式开通运行，以信息化开拓破产案件审判新局面。

① 所谓“双随机、一公开”是指随机抽取检查对象、随机选派执法检查人员，将抽查情况和查处结果及时向社会公开。

阿根廷

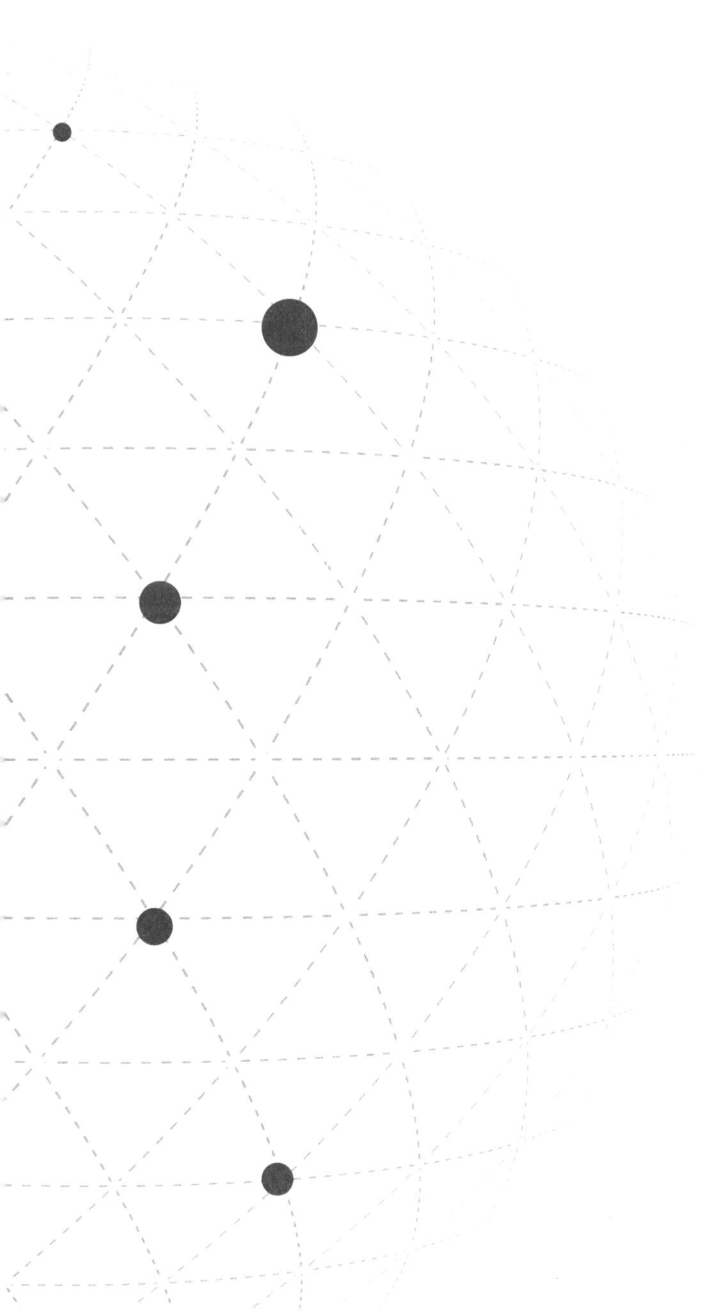

概要

阿根廷[①]创新创业的核心理念是提高经济竞争力，改善人民生活质量，使科技力量成为促进国家综合发展和可持续发展的有机组成部分。2017 年 11 月，在阿根廷首届投资论坛期间，阿根廷总统马克里提出阿根廷需要增强创业精神。同年，阿根廷颁布了《企业家法》（Entrepreneurs' Law），与阿根廷《中小企业法》（2000），《科学技术与创新框架法》（2001），《知识产权保护法》（1981）和《技术转让法》（1981）等法律，构成了阿根廷支持创新创业以及中小企业发展的法律体系。

阿根廷政府在 2013 年初提出了“2020 国家创新计划”，明确提出到 2020 年政府研发投入占国内生产总值的 1.65%，并制定了系列公共政策促进创新创业、扶持中小企业发展。隶属阿根廷生产部的阿根廷企业家和中小企业秘书处（SEPYME）是阿根廷专门的中小企业管理机构。

阿根廷政府支持创新创业和中小微企业的税收政策有两个重要的举措：2013 年开始实施的缴税“宽限计划”和根据 2016 年生效的 27264 号法律（Law 27 264）而建立起的特殊税制。在“2020 国家创新计划”的框架下，阿根廷政府自 2013 年 8 月 1 日起对中小企业开始实行缴税“宽限计划”，这是阿根廷政府通过税收制度优惠刺激国内中小企业发展的重要一步。在后来的 Law 27 264（2016 年 8 月 10 日生效）中，阿根廷政府为中小企业建立起了特殊税制。阿根廷政府对创业和中小企业的财政支持还包括针对中小企业、初创高科技企业的财政补贴，尤其是对信息和通信技术（ICT）、生物等高科技领域和能源等重点产业部门的支持。例如，FONSOFT 信托基金支持阿根廷信息和通信技术（ICT）发展的项目，启动或者巩固从事软件行业的中小企业的出口的项目。还有，阿根廷 Sectorial Argentine Fund（FONARSEC）向高科技公司提供最高 250 万比索（约 13 万美元）的补贴项目等。

阿根廷政府在 2018 年推出“中小企业综合刺激计划”，对创新创业和中小企业提供金融支持，《2017 阿根廷发展战略》和《企业家法》（Entrepreneurs' Law，2017）也分别推出刺激创业投资的系列措施。阿根廷政府对创业和中小企业的融资支

① 根据国际货币基金组织（IMF），阿根廷是根据企业的营业收入来定义中小企业。阿根廷中小企业是年收入少于 1 000 万比索（约 40 万美元）的企业。

持取得一定成效，2016 年中小企业年末未偿贷款余额同比增长 31%，2017 年同比增长 51%。

阿根廷政府对创业者的支持还体现在改善创业者的创业环境，如《企业家法》（Entrepreneurs' Law，2017）简化注册流程实现创业的快捷便利，政府资助建设和创办创业孵化器、加速器。阿根廷政府的“科技需求和技术转让网络在线平台”对科技和技术资源进行整合，为创业者提供技术支持等。

阿根廷政府重视阿根廷的创业教育和培训。阿根廷政府向创业者或者中小企业提供线上和线下的培训，其中大部分是免费的。如阿根廷国家工业技术研究院（National Institute of Industrial Technology）的创业培训项目。在阿根廷，也有向青年和妇女创业者提供的创业培训项目。如国家青年学院（National Institute of Youth）推出的“从创意到项目”（From the idea to the project）的青年创业培训项目。CRIAR 是阿根廷一个非营利组织，主要向女性创业者提供创业培训教育以及交流和互相支持的平台网络。以布宜诺斯艾利斯大学（UBA）为代表的阿根廷部分高校，在开展创业教育的同时也设立了各类孵化器。这些孵化器有的侧重技术创业企业，有的专门支持农业领域创业企业，或侧重建立和完善地区创业生态，或者和大企业合作促进技术商业化市场化，与国际组织合作提高企业的国际化程度等。

政府服务

阿根廷在支持创新创业以及中小企业发展方面有相关的法律支持

2017 年，阿根廷政府颁布了《企业家法》（Entrepreneurs' Law）（Ley de Emprendedores），旨在增加阿根廷的创业和创业投资活动，简化企业注册以提高在阿根廷创业的便利性，并为初创企业和中小企业提供新的、多样化的融资渠道。该法还重点推出新的包括税收减免在内的激励措施，积极促进阿根廷创业投资发展。

阿根廷《中小企业法》（1995）对中小企业的定义，特征，构成，担保，优惠，税收政策等作出了一般性说明。新版《中小企业法》（2000）中，对扶持措施作出了新的调整和要求，确定了“中小企业优先”的原则，规定在政府采购项目的招标中给予中小企业优惠条件。为了便利中小企业获得贷款，新版《小企业法》（2000）还规定，如果中小企业在经济欠发达或者失业率高于全国平均水平的地区进行投资，将得到条件更为优惠的贷款。此外，还特别给予联邦政府随时确定有利于中小企业长期发展的政策和措施的权利。阿根廷政府随后颁布了《科学技术与创新框架法》（2001），另外还有更早时间颁布的《知识产权保护法》（1981）和《技术转让法》（1981）等。从而构成了促进创新创业和中小企业发展的相关法律。

阿根廷政府将促进创新创业和中小企业发展列入近期发展战略，并制定了相应的支持政策

阿根廷政府在 2013 年初提出了“2020 国家创新计划”。在计划里，阿根廷政府称当年用于研发中心的投资占国内生产总值的 0.65%，政府计划到 2020 年将这一比例提高到 1.65%。并将私人投资在研发领域的投资比例，由当年的 26% 提高到 2020 年的 50%。重点领域为农业、环境保护、社会发展、可再生能源、工业和医疗保健。此外，阿根廷还制定系列公共政策促进创新创业，扶持中小企业发展，如《中小微企业贷款优惠利率机制》《中小企业培训财政信贷机制》《创业启动资金计划》《科技需求扶持计划》《科技创业者投资扶持计划》等。

阿根廷企业家和中小企业秘书处（Secretaría de Emprendedoresy PyMEs，SEPYME），隶属阿根廷生产部，是专门的中小企业管理机构，负责制定中小企业项目规划，为中小企业和创业的融资、培训和管理等问题提供解决方案。阿根廷科技部（The Ministry of Science，Technology and Productive Innovation）设立于 2007 年，下设科技生产支持办公室，为高科技创业者们提供融资咨询和指导。

财税和金融支持

阿根廷政府支持创新创业和中小微企业的税收政策有两个重要的举措：2013 年开始实施的缴税“宽限计划”和根据 2016 年生效的 27264 号法律（Law 27264）而建立起的特殊税制。

在“2020 国家创新计划”的框架下，阿根廷政府自 2013 年 8 月 1 日起对中小企业开始实行缴税“宽限计划”，这是阿根廷政府通过税收制度优惠刺激国内创业和中小企业发展的重要一步。该计划允许中小企业延迟缴纳最大限额为 2 000 万比索（约 104 万美元）的税款，宽限期为 6 个月，利率为 1.35% ~ 3%。计划包含增值税、营业税以及所得税等所有类型的税款。申请人需具备相应资格，拥有良好的历史记录，以保证税收。

在 Law 27 264（2016 年生效）中，阿根廷政府为中小微企业建立起了特殊税制:

1. 从 2019 年 1 月 1 日起，废除最低视同所得税（Minimum Deemed Income Tax，MDIT）；

2. 增值税的特殊待遇。对于微型和小型企业，提交月度纳税申报表和支付税收余额的截止日期延长一个月。

3. 建立一个通过使用政府债券向纳税人偿还未交增值税余额的制度。

4. 小型和微型企业可以将有效的银行账户借贷税（Tax on debits and credits in bank accounts，TDC）作为所得税的抵免，中型企业能够使用 50% 的银行账户借贷税[①]（TDC）作为税收抵免。

5. 中小企业基础设施建设和资本货物（capital good）投资额的 10% 可以作为所得税的抵免。特殊税制的意义在于通过税务抵免进一步减轻了中小微企业的税赋负担。

阿根廷政府以提供财政补贴的方式，重点支持信息和通信技术（ICT）、生物等高科技领域和能源等重点产业部门的创新创业企业和中小企业的发展。

FONSOFT 信托基金设置了一系列支持阿根廷的信息和通信技术（ICT）发展的项目。如 Non-Refundable Contributions（Aportes No Reembolsables），以提供部分项目成本补贴来支持中小企业进行技术创新。中小企业可以通过两种渠道获得补贴。一是进行产品质量认证，最多能获得 100 万美元的补助。二是进行新产品、服务、解决方案的开发，最多能获得 300 万美元的补助，补助最多不超过项目成本的 60%，任何中小企业都能够同时申请多个项目。FONSOFT 国际化补贴项目（ANR FONSOFT Internationale），提供资金支持信息通信技术领域内中小企业的生产结构转型和创新能力提高，项目可以获得最多 250 万美元的资金补贴。FONSOFT 培训补贴项目（ANR FONSOFT Training），通过为软件和计算机部门的培训提供补贴，培养该领域人才、支持创新计划。培训项目的成本最多能得到 50% 的补贴，总金额不超过 50 万美元。

该基金下属的出口信贷（Export Credit，CE）项目，提供贷款以启动或者巩固从事软件行业的中小企业的出口。例如，为企业提供开发新产品或升级现有产品所需的技术援助和支持；对企业进行与出口相关的业务培训；当企业遇到目标市场的准入障碍的时候，帮助企业升级技术或质量标准；为中小企业进行外部的商业推广、开发

① 即金融交易税，阿根廷称“银行账户借贷税”（Tax on debits and credits on bank accounts），对个人和企业银行账户的借记和贷记（即存取）资金按规定税率征收。该税的一定比例（在 17% ~ 34% 之间）可以抵免所得税。2017 年 7 月 31 日，阿根廷公布 2017 年第 588 号法令，修订金融交易税，规定从 7 月 31 日起，对融资租赁公司从事融资租赁业务的银行账户资金往来免税。

新的出口市场、建立公司内部的对外贸易部门。FONSOFT 提供的贷款可覆盖项目总成本的 80%，最高金额为 350 万美元。

阿根廷 Argentine Sectorial Fund（FONARSEC），支持生物、纳米等技术以及能源、卫生、农业和工业部门的发展，可向高科技公司提供最高 250 万比索（约 13 万美元）的补贴，帮助商业扩张、出口、技术商业化等。

阿根廷政府在 2018 年推出“中小企业综合刺激计划”，对创新创业和中小企业提供金融支持，《2017 阿根廷发展战略》《企业家法》（Entrepreneurs' Law）（2017）也分别推出刺激创业投资的系列措施。

2018 年 6 月 13 日，阿根廷生产部（The Ministry of Production of Argentina），阿根廷国家银行（The Bank of the Argentina Nation，BNA）联合宣布启动中小企业综合刺激计划（SMEs Stimulus Comprehensive Plan），向中小企业提供 220 亿比索（约 11.5 亿美元）的融资支持。该计划宣布中小企业的贷款利率将享受 3% 的优惠，贷款的最终利率为 29% 而非 32%。计划的另一项措施是拨款 1.56 亿美元给阿根廷担保基金（Argentine Guarantee Fund，FOGAR），为中小企业提供自动和部分贷款的担保（automatic and partial loan guarantees）。计划还包括一项措施是拨款约 2.73 亿美元由阿根廷外贸及投资银行（Argentine Foreign Trade and Investment Bank，BICE）管理，为中小企业中与能源应用效率、区域经济发展、工业园区建设、农业机械购买相关的项目提供贷款。

2018 年的“中小企业综合刺激计划”并不是阿根廷政府在近些年第一次通过金融支持手段来激励创新创业和中小企业发展。在颁布“中小企业综合刺激计划”的上一年，阿根廷政府发布《2017 阿根廷发展战略》（2017 年 7 月）。在该战略中，阿根廷政府决定对货币当局进行政策改革以支持对创业和中小企业的融资，政府将通过解除外汇交易限制，取消金融体系中利率上限和下限的设置，2019 年以前将通货膨胀率控制 5% 之下以维持正的真实利率来吸引人们储蓄，并将要求金融机构必须将一定比例的资金用于中小企业的融资。2017 年，阿根廷财政部与欧洲投资银行（EIB）签署了一笔 7 100 万美元的贷款支持中小企业。

《2017 阿根廷发展战略》中出台了一系列政策以帮助中小企业能够更方便地进入资本市场获得融资。例如，制订中小企业全球计划（SME Global Plan），简化了中小企业发行债券的要求，改进检查监督的机制以提高透明度和更公正地定价，引入数字图像以加快企业进入市场的审批流程。此举将有助于内地中小企业的融资。对期票制度进行了改革，方便更多的中小企业使用这种中等时间程度的融资工具。成立财务援助办公室，为这些类型的企业提供免费咨询，该办公室将开发有关中小企业资本市场监管变更提案和技术援助的课程和出版物。提高可转移债务（Negotiable debt regime）的最高发行限额，以提高项目融资额度，将流通限额从 1500 万美元提高到 1 亿美元。将共同基金（mutual funds）在中小企业债券中的最低投资比例从 40%提高到 75%。

《企业家法》（Entrepreneurs' Law）（Ley de Emprendedores）（2017 年），首次允许公共基金（public fund）可以和私人投资者进行联合投资，共同帮助创业项目的发展。同时，还将建立创业投资发展基金（the Fiduciary Fund for the Development of Venture Capital，FONDCE），只要创业投资机构提供相应的资金，该基金可以提供最高 40% 承诺总资本的资金。该法还对创业投资机构实施减税措施。根据规定，针对 SAS 和 SAS 认证的投资基金的任何投资，其 75% 可以用来减免一部分投资者收益。针对欠发达地区的投资也可以得到相应的税收减免。另外，该法鼓励众筹平台帮助创业者获得各类的融资渠道，包括出售股权融资、提供可转化票据（offering convertible notes online）等。依据该法，阿根廷还将建立创业投资机构登记处，并以此作为阿根廷各创投机构和个人的登记和共享信息的平台，信息交流和追踪将变得更加简单。

2017 年以来，阿根廷政府加大了对创业和中小企业的融资支持力度，取得一定成效。截止到 2016 年年末，中小企业年末贷款余额为 11 245.9 亿比索（约 586 亿美元），同比增长 31%，2017 年为 17 012.1 亿比索（约 887 亿美元），同比增长 51%。

创业者服务

阿根廷政府的创业者服务体现在改善创业者的创业环境，如简化注册流程实现创业的快捷便利。政府资助建设和创办创业孵化器、加速器，加强科技和技术的资源整合为创业者提供技术支持等。

阿根廷政府在《企业家法》（Entrepreneurs' Law，2017）中简化了企业注册流程，允许创业者通过互联网在线的方式在 24 个小时内注册简易商业实体（a simplified business entity，SAS），包括开设银行账户、数字账目和设立 CUIT（identification number）。SAS 允许阿根廷公司只有一个所有者，但如果创始人希望添加其他合作伙伴，不用修改企业的注册类型。另外，还为公司提供临时地址，只需要创始人在半年到一年之内更改为永久注册地址。目前，在阿根廷创办企业的时间需要半年到一年不等，简化注册流程后将有效缩短注册时间，使创业者在阿根廷创业更快捷便利。

另外，在该法中还推出了支持创业孵化的措施。例如，阿根廷政府将向 13 个加速器项提供技术和财政援助，其中 10 项致力于技术和社会创业企业，3 项是基于科研的创业投资项目——创建新的种子基金计划。计划所需的财政援助将来自多种渠道，包括软贷款（soft loans）、非偿还性资金（non-reimbursable contributions）和创业投资发展基金（FONDCE）。在接下来的一年里，政府还计划与私营部门共创 10 个新的加速器帮助阿根廷企业家推动公司发展。

阿根廷科技部创建了一个“科技需求和技术转让网络在线平台”，该平台面向政府部门、科研机构、高等院校、企业等，可根据不同行业发布技术研发成果、技术需求、技术转让等信息，形成一个沟通联络网，有效地把“产、学、研”联系起来。

创业教育

阿根廷政府在为青年和妇女创业者提供创业培训方面有不同的方式

阿根廷政府向创业者或者中小企业提供线上和线下的培训，其中大部分是免费的。阿根廷国家工业技术研究院（National Institute of Industrial Technology）的创业培训项目，提供多个行业的技术培训，包括食品、电子和计量、材料、化工、自然资源和环境等。

阿根廷社会发展部下属的国家青年学院（National Institute of Youth）开展对青年创业教育的活动。例如，“从创意到项目”（From the idea to the project），国家青年学院对有志于创业的青年给予为期 2 个月的培训，指导他们完成商业计划，提供建议和技术支持，2 个月的培训结束之后，参加培训的人员可以申请微型贷款，在贷款获批之后，可以再获得 2 个月的创业辅导。这个活动对于申请培训的青年完全免费，目前在阿根廷的 8 个省有 85 个分支机构。

CRIAR 是阿根廷一个非营利组织，主要向女性创业者提供创业培训教育以及交流和互相支持的平台网络。根据创业者的创办企业的时间长短，把创业者分成初级和高级分别组织培训，初级培训内容包括一些创业方面的基础知识和聚会活动，高级培训分专题，如每月一次集中培训的 WIMEN 系列活动。CARIR 有一个女性创业者在线交流的虚拟社区，有 1 600 多名会员。

阿根廷部分高校在开展创业教育的同时也设立了各类孵化器，有侧重技术创业企业的，有专门支持农业领域创业企业的，或者是侧重于建立和完善地区创业生态。另外，与大企业、国际组织合作促进技术商业化市场化、提高企业的国际化程度也是阿根廷高校孵化器的特色。

布宜诺斯艾利斯大学（UNIVERSIDAD DE BUENOS AIRES，UBA）根据创业企业的不同专业类型，建立了不同的孵化器。Incubation 是一个技术型创业企业的孵化器，2003 年成立以来，已培育了约 100 家创业企业。Incubation 开设了创业课程，向学生、毕业生、教职工和研究人员开放，提供与有经验的企业家的交流机会、可以与不同专业的学员进行合作。Incubation 也和其他组织合作举办创业比赛，如 RedEmprendia 的 SPIN（2016）创业大赛，面向伊比利亚美洲国家（Ibero-American）大学的学生、教师及科研人员。阿根廷的农业是优势产业。布宜诺斯艾利斯大学成立了农业类企业孵化器 IncUBAgro。依托大学的科研力量，IncUBAgro 有一些领先的农业技术类技术成果或者创业项目，孵化器会协助这些成果或项目的负责人探讨与农业类大公司合作的机会，促进产业的发展。

阿根廷奥斯特拉尔大学（Universidad Austral）IAE 商学院的创业中心，致力于推动本地区创业生态的建立和完善。创业中心的主要工作包括对学生创业知识、技能及创业态度方面的培训，同时会举办一些活动。其中 Naves（英文：Ships）创业大赛是一个规模较大的活动，帮助创业者把创意变成公司，并把公司发展壮大，也支持成熟公司创新性项目的培育。创业中心的创业支持人际网络（Network），包含了超过 450 名校友、学院的教师及创业生态中的相关人员。通过 Naves 创业大赛等活动，创业中心已经帮助创业者建立了超过 400 家企业。创业中心和校友组织共同成立了天使投资俱乐部（Club Business Angels），为创业者进一步提供资金和经验的支持。创业中心也同大公司合作，开展一些推动创业企业发展的项目。例如，Sancor Seguros Group 旗下公司 CITES 发起的 CITES Startups 活动，支持高科技创业企业，包括生物技术、纳米技术等，创业中心是 CITES 的合作方。入选的创业企业会获得为期 4 个月的培训，培训人员为行业内的第一流专家，在培训结束后，创业团队有机会获得 50 万美元的投资，并可在 CITES 进行孵化，会得到技术实验室及市场、财务等多方面更专业的帮助。创业中心还承担了 GEM（Global Entrepreneurship Monitor） 和 GUESSS（Global University Entrepreneurial Spirit Student's Survey）在阿根廷的工作。

巴勒莫大学（Universidad de Palermo，UP）的创业者和出口商发展中心（Development Center for Entrepreneurs and Exporters，CEDEX），致力于推动企业的国际化发展。中心和多个国内外组织建立了联系，包括联合国开发计划署（UNDP）、美洲开发银行（Inter-American Development Bank）、多所大学和研发机构、商务部、基金、政府机构等。CEDEX还与政府机构合作，开展创业教育活动。如，布宜诺斯艾利斯市政府创业理事会（General Entrepreneurship Directorate of the Government of the City of Buenos Aires）在青年奥运会框架下主办的奥林匹克创业大赛，是一个大学之间的比赛，本科生或者研究生都可参加，要求企业成立不满三年。CEDEX面向创业者、企业高管开设商业物流、国际贸易方面的专题培训班，由有实践经验和教学经验的老师主讲。中心同时也开设创业基础知识课程，帮助想创业的人把创意落实为企业。

澳大利亚

概要

澳大利亚[①]政府给予创新创业国家战略层面的重视，并通过提高小企业界定上限、提供税收减免等税收优惠政策支持创新创业。作为2015年底发布的《国家创新和科学议程》（National Innovation and Science Agenda）的一部分，澳大利亚政府推出企业家计划（Entrepreneurs' Program）支持初创企业和中小企业发展。2017年初，澳大利亚政府开始对企业税税制进行为期三年的改革，提高小企业的营业收入界定上限。在这之前发布的《2015/2016年度预算》中，澳大利亚政府推出了就业和小企业一揽子计划（Jobs and Small Business package），为中小企业提供总额为50亿澳元的税务减免。

澳大利亚政府设立政府主导基金、为创投提供税收优惠政策发展创投，并通过发展股权众筹来帮助初创企业和中小企业拓展融资渠道，解决融资问题。2016年澳大利亚政府成立政府主导基金澳大利亚联邦科学与工业研究组织（CSIRO）创新基金（CSIRO Innovation Fund），通过《税法修正案（鼓励创新税收优惠）2016》（Tax Laws Amendment（Tax Incentives for Innovation）Bill 2016）为创业投资提供税收优惠，2017年通过的股权众筹法案（Crowd-Sourced Equity Funding，CSEF）帮助在传统渠道融资方面有困难的中小企业填补资金缺口，从而促进创业投资对创业创新的支持。

在对创业者提供服务方面，澳大利亚政府制定战略保证对创新创业者的技术支持，设立“工业增长中心”促进科技成果商业化，并提供简化、高质量的数字化服务，通过政府采购支持新创公司和小企业的市场拓展。2016年11月澳大利亚工业创新与科学部发布《全球创新战略：促进澳大利亚产学研国际合作战略》，2017年11月，澳大利亚政府推出Australian Small Business Advisory Services（ASBAS）Digital Solutions，支持服务提供商为澳大利亚小企业提供低成本、高质量的数字咨询服务和解决方案。2017年澳大利亚政府颁布2017—2018年“国家商

① 根据澳大利亚统计局（ABS）的定义，小企业是雇佣人数少于20人的企业。根据澳大利亚统计局的数据，2017年约有223万家中小企业，占全部企业数的99.5%。澳大利亚的中小企业提供了550万个就业机会，创造了3 800亿美元的产出。

业简化倡议——连接政府部门的数字化服务”（National Business Simplification Initiative—Connecting Government Digital Business Services’）预算，以落实 2016 年澳大利亚推出的国家商业简化倡议（National Business Simplification Initiative）。同年，澳大利亚政府宣布提高给政府提供服务和商品的中小企业的支付效率，设立数字科技市场（Digital Marketplace），让新创公司和小企业更便捷了解政府采购的要求并获得政府的技术支持，与大企业在公平的环境中竞争。另外，在企业孵化方面，澳大利亚政府 2016 年开始的创客登陆计划（Landing Pads），在硅谷、柏林、上海、特拉维夫和新加坡（San Francisco，Berlin，Shanghai，Tel Aviv and Singapore）建立了五个创业中心，为澳大利亚科技类创业企业拓展海外市场提供驻在式孵化支持。2017 年底任命四位专家“区域创新促进者”（Regional Incubator Facilitators），为创业公司提供建议。

澳大利亚政府向青年、女性等特殊人群提供专门的创业培训，帮助青年和女性创业。如 2016 年底发起的、帮助青年创业的“鼓励创业和自我雇佣的计划”（Encouraging Entrepreneurship and Self-Employment Initiative）。在 WON 平台，澳大利亚新南威尔士州女性创业者网络（NSW Women Entrepreneurs Network—WON），一个由澳大利亚新南威尔士州政府发起，旨在为有意创业的女性提供一站式服务的平台上，可以找到很多针对女性创业者的培训项目。虽然跨学科教学是创业教育的趋势，但澳大利亚高校的创业教育课程一般都在商学院开设，不仅开设了创业教育相关专业的学士学位和硕士学位课程，还有一些学校在建设创业生态系统，并重视国际合作、与产业界的合作。

政府服务

在 2017 年 6 月，澳大利亚《财政法修正法案》（Treasury Laws Amendment Bill）提交到众议院审议。该法案主要内容包括将破产清算起从三年减少到一年，设置安全港（safe harbour），避免经理人因破产而导致个人责任等。2015 年 7 月，澳大利亚政府调整了员工持股制度（Employee share schemes，ESS），创业企业员工可以获得股份或者股票作为他们报酬的一部分，以此来分享创业企业的成果，同时降低创业企业现金的压力。同时宣布 2015 年 7 月 1 日起，在没有产生财务收益前，雇员所持有的股权或者期权不需要纳税；符合条件的新创企业可以向雇员提供一定折扣的股权和期权，股权折扣部分免税，期权折扣推迟到出售期权时征税。

2015 年 12 月澳大利亚政府发布的《国家创新和科学议程》（National

Innovation and Science Agenda），（以下简称NISA，2015），主要包括以下四部分内容：（1）通过新的税收优惠和设立CSIRO Innovation Fund和Biomedical Translation Fund来鼓励创业和创新。（2）支持高校和产业界的合作研发，长期投资世界领先、关键的研发基础设施。（3）促进网络和数字课程教育，改革签证体系以吸引海外研究和创业人员。2017年，澳大利亚政府计划现行的99种签证简化成为最基本的10种签证，以简化整个签证体系，并就该计划征求公众意见。澳洲政府认为技术移民是签证系统改革的重点所在，给有技术的人才发放永居签证才能确保新签证体系符合国家利益，故在2017年引入短期职业清单（STSOL）和中长期职业清单（MLTSSL），为区分临居签证和永久签证的改革作出了铺垫，并宣布澳洲457签证（商务长期签证）将于2018年被全新的临时技术短缺签证TSS取代。（4）在服务方式和开放获取数据方面提高政府服务水平，促进创新型小企业和创业者向政府销售技术和服务。在NISA，2015中，澳大利亚政府认为现行破产法过度关注对商业失败的惩罚，故在2017年6月提交了《财政法修正法案》。

作为NISA，2015的一部分，澳大利亚政府推出企业家计划（Entrepreneurs' Program），从四个方面帮助初创企业和中小企业发展：帮助创业者加速其产品和服务的商业化进度；为初创企业和中小企业提供管理咨询、供应链管理、潜在客户开发的支持和服务，并且提供最高金额2万澳元的Business Growth Grants；支持新建和现有企业孵化器的发展；帮助初创企业和中小企业提高研发能力，提供最高不超过5万澳元的资助。

澳大利亚政府组建了“创新与科学委员会”（Innovation and Science Committee of Cabinet），该委员会由澳大利亚总理担任主席，负责指导全国的创新工作，该委员会旨在保证创新与科学是政府工作的中心，并切实落实NISA，2015。

澳大利亚政府还于2016年10月组建Innovation and Science Australia（ISA），ISA作为独立法人机构，由在各自领域有影响力的企业家、创新者、科学家和大学教授等组成，负责向政府提供关于科学、研究和创新相关的战略性咨询。

2016年，澳大利亚政府设立小企业和家族企业监察办公室（Australian Small Business and Family Enterprise Ombudsman（ASBFEO）），取代之前的Australian Small Business Commissioner，新设立机构的ASBFEO主要职责是促进澳大利亚小企业和家族企业发展，提供解决争端服务，确保政府政策更符合小型企业的利益。

澳大利亚Department of Jobs and Small Business主要负责澳大利亚有关小

企业的政策发布，在2017年12月之前，该部分工作由澳大利亚财政部Treasury负责。

澳大利亚政府有一个专门的网站 https：//www.business.gov.au/，提供企业创建、运营管理、推出以及资金支持等各方面的咨询服务，服务方式有视频、在线访问、电话等。

财税和金融支持

2015 年 5 月，澳大利亚政府发布《2015/2016 年度预算》，促进就业和小企业发展是新预算最核心的内容之一。在预算中，澳大利亚政府推出就业和小企业一揽子计划（Jobs and Small Business package），为中小企业提供总额为 50 亿澳元的税务减免，将年营业额低于 200 万澳元的小企业适用税率从 30% 降到 28.5%，这是 1967 年以来小企业使用的最低税率。根据该方案，澳大利亚约有 96% 的小企业可以享受到税收减免。2017 年初，澳大利亚政府开始对企业税税制进行为期三年的改革，将小企业的营业收入界定上限从 200 万澳元提高至 1 000 万澳元，小企业适用的企业税税率也将相应的从 28.5% 下降至 27.5%。在 2018—2019 财年，小企业的营业收入上限界定将被提高至 2 500 万澳元。

充足的资本对于初创企业而言尤为重要，澳大利亚政府重视创业投资对于初创企业发展的促进作用，从成立政府主导基金和为创业投资提供税收优惠等方面积极促进创业投资对创业创新的支持。

根据《国家创新和科学议程》（NISA，2015），澳大利亚政府成立 CSIRO 创新基金（CSIRO Innovation Fund），该基金规模 2 亿澳元（约合 1.4 亿美元），投资新公司和现存初创公司，支持 CSIRO 基金和其他公共资助研究机构、高校的技术开发；设立生物医学转化基金（Biomedical Translation Fund），和私人部门共同投资 2.5 亿澳元（约合 1.8 亿美元）以促进澳大利亚的医学研究商业化。2015 年，澳大利亚成立 Medical Research Future Fund（MRFF），计划到 2020—2021 年基金规模达到 200 亿澳元（约合 144 亿美元）。该基金专注于健康、医药的研发和创新。

2016 年澳大利亚议院通过了《2016 税法修正案（鼓励创新税收优惠）》（Tax Laws Amendment（Tax Incentives for Innovation）Bill 2016），法案对 1997 年《所得税评估法》，1936 年《所得税评估法》和 1953 年《税收管理法》（Income Tax Assessment Act 1997，Income Tax Assessment Act 1936，Taxation Administration Act 1953）中的相关条例进行了修改，购买“早期创新公司”（early stage innovation companies，ESICs）新发行的股票，可以按购买、投资额的

20% 享受不可退税抵免优惠，但最高抵免额不超过 20 万澳元（约 15 万美元），持有ESICs股票1~10年内转让实现的利得免税。对初创期风险资本有限合伙企业(early stage venture capital limited partnership，ESVCLP ）提供 10% 非退税性税务抵免，并将新 ESVCLP 的承诺资本上限从 1 亿澳元（约 7 794 万美元）提高到 2 亿澳元（约 1.56 亿美元）。

2017 年 9 月，澳大利亚政府推出股权众筹（Crowd-Sourced Equity Funding，CSEF）的法案，该法案旨在帮助在传统渠道融资方面有困难的中小企业填补资金的缺口，年营业额和总资产在 2 500 万美元以下的澳大利亚非上市公司，有资格通过众筹股权基金（CSF）在互联网的中介机构上筹集每年最多 500 万美元的资金，散户每年能够为每家企业投资 1 万美元并获得相应的股权回报。这项法案的好处在于，一方面帮助小型企业获得资金，另一方面通过对互联网的众筹中介机构严格地管制，在增加了散户们投资机会的同时，也降低了投资的风险。

澳大利亚私人股权和创业投资协会有限公司（AVCAL）是澳大利亚最大的创业投资机构，其成员涵盖了澳大利亚大部分的创业投资公司，该公司甚至有能力影响到政府的相关政策。根据 AVCAL 年度报告，2017 年澳大利亚创业投资（VC+PE）交易总额为 4.3 亿澳元（约 3.35 亿美元），创业投资主要流向种子期企业（12%）、后期企业（30%）、初创（start-up）期企业（22%）以及其他早期阶段的企业（32%）。

创业者服务

技术服务

2016 年 11 月 4 日，澳大利亚工业创新与科学部发布《全球创新战略：促进澳大利亚产学研国际合作战略》（以下简称“战略”），包含以下四部分内容：（1）Global Connections Fund，支持澳大利亚中小企业、科研人员和国外中小企业、科研人员之间的交流合作。该基金包含启动基金，提供 7 000 澳元的资助支持澳大利亚研究人员和中小企业的国际合作与交流；以及桥梁基金，提供最高金额为 50 000 澳元的种子基金，以推动可行项目的落地等。（2）Global Innovation Linkages，向澳大利亚企业和研究机构与全球合作伙伴的合作提供为期 4 年、最高 100 万澳元的资助。（3）Landing Pads，澳大利亚在硅谷、柏林、上海、特拉维夫和新加坡（San Francisco，Berlin，Shanghai，Tel Aviv and Singapore）建立五个创业中心。该计划（Landing Pads Program）是战略的关键部分，通过在上述五个城市设立的创业中心，为准备进入市场的澳大利亚科技类创业企业拓展海外市场提供每期 90 天的驻在式孵化支持，支持和帮助本国创业者和初创企业对接海外资源。4）Regional Collaborations Program，通过澳大利亚主导的项目和多边论坛等形式促进产学研合作。

NISA 2015 提出，澳大利亚依靠资源和贸易的经济发展方式出现衰退，需要通过创新谋求转型和寻找新的增长点，并相应提出建设工业增长中心的计划：在具有比较优势和战略意义的领域成立非营利的独立法人机构“工业增长中心”，以“官产学研”的合作形式进行创新创业，促进科技成果商业化和工业化。截止到 2016 年 12 月，澳大利亚已经在六个领域成立了工业增长中心：先进制造业领域的 AMGC，食品与农业领域的 FIAL，医疗技术与药品领域的 MTPConnect，采矿设备领域的 METS Ignited、石油、天然气和能源资源领域的 NERA，以及网络安全领域的 ACSGN。工业增长中心向成员提供经费资助、问题解决方案、同行合作网络等服务。企业、大学和研究机构都可以申请成为中心会员。

信息服务

2017 年 11 月，澳大利亚政府推出澳大利亚小企业顾问服务数字方案（Australian Small Business Advisory Services（ASBAS）Digital Solutions）。工业、创新与科学部（Department of Industry，Innovation and Science）负责对该计划的执行和管理。ASBAS 是一个持续的项目，每三年启动新一轮资金，支持服务提供商为澳大利亚小企业提供低成本、高质量的数字咨询服务。该计划是澳大利亚政府致力于帮助小企业创造就业机会和增长的一部分，也是对澳大利亚地方政府为小企业提供的一般商业咨询服务的补充。当前运行方案的融资总额为 1 802 万美元，将在 2018 年 7 月 2 日至 2021 年 6 月 30 日期间执行完毕。

市场支持

2017 年 5 月 9 日，澳大利亚政府颁布了 2017—2018 年“国家商业简化倡议——连接政府部门的数字化服务”（National Business Simplification Initiative—Connecting Government Digital Business Services’）的预算，2017—2018 年政府将投入 910 万美元（包括 350 万美元的资本资金）用于简化联邦、州和地区政府的商业登记及许可服务。这项措施把联邦政府的企业在线注册及许可服务与各州、地区的在线服务联系起来，此后企业可以在 business.gov.au 或者各州、地区的政府网站启动注册和获得许可的流程，并得到相应的指导。该措施是在 2016 年澳大利亚推出国家商业简化倡议（National Business Simplification Initiative）后采取的。上述倡议宣布在 2016 年接下来三年中促使联邦、州、地区之间达成协议，简化在澳大利亚经营企业的流程，包括减少不必要的监管负担、更方便访问政府的信息和服务等。

2017 年 11 月，澳大利亚政府宣布提高给政府提供服务和商品的中小企业的支付效率，从 2019 年 7 月，针对不超过 100 万澳元的账款，政府必须在 20 个工作日内支付给中小企业，比目前的 30 个工作日提高 10 天。

澳大利亚政府每年花在 ICT 和数据服务方面的开支大约为 60 亿澳元，为了支持新创企业和中小企业在政府采购中获得更多订单，澳大利亚政府根据 NISA，2015 年中的计划，设立了数字科技市场（Digital Marketplace），将 ICT 产品与数据服务的要求标准化，让新创公司和小企业更便捷了解政府采购的要求并获得政府的技术支持，与大企业在公平的环境中竞争。

澳大利亚政府在 2015 年 7 月成立数字化转型办公室（DTO），旨在提升政府电子政务水平。截至目前，DTO 开发建立了数个富有特色的“公共平台”，如 cloud.gov.au 网上平台，澳大利亚各级政府可以通过这个平台使用云服务来提供数字服务。上述数字科技市场 Digital Marketplace 也是 DTO 开发的政府服务平台之一。

创业孵化

澳大利亚政府认为孵化器在创新生态系统中的作用至关重要，可保证创业公司能够获得所需的资源、信息和网络，以便将其想法变成全球化、规模化的新产业。为此澳大利亚政府推出了创客登陆计划（Landing Pads），在硅谷、柏林、上海、特拉维夫和新加坡（San Francisco，Berlin，Shanghai，Tel Aviv and Singapore）建立了五个创业中心，为澳大利亚初创企业提供 90 天的运营支持。参与者们可以通过在这些海外基地驻留 90 天来帮助他们加速设计开发产品和服务，迅速调整他们的融资路演，寻找合适的伙伴，客户和投资人，在快速发展的全球化市场抢占商机。

2017 年底，澳大利邦政府在四个地区分别任命了一名“区域创新促进者”（Regional Incubator Facilitators），这些专家促进者将为创业公司提供建议，帮助创业公司在澳大利亚和海外发展专业网络；促进当地企业、行业、大学、研究机构和政府建立联系。这四个地区分别是新南威尔士州中部和中北部以及昆士兰州南部、昆士兰州北部、维多利亚州西南部和南澳大利亚州东南部和西澳大利亚地区，以保证申请者都将能接触到一名专家促进者。“创新促进者”也是“孵化器支持”（Incubator Support）项目的一部分。“孵化器支持”（Incubator Support）项目是 NISA，

2015 中“企业家计划”（Entrepreneurs’ Program）的一个 2 300 万美元项目，为澳大利亚孵化器和加速器提供配套资金（高达 50 万美元），支持新建和现有企业孵化器、加速器的发展。自 2016 年 9 月推出以来，该项目已经资助 51 个新的和现有的孵化器近 770 万美元。

交流平台

2016 年澳大利亚启动的 Small Business Fix-it Squad 项目，通过协调中小企业、税务专业人士、州和地方政府以及中介机构等各方力量，共同分析、解决一系列小企业可能遇到的问题，包括帮助年轻人创办企业、雇佣员工等，这个项目每年预计将帮助中小企业减少 1.4 亿美元的运营成本。

创业教育

澳大利亚政府向青年、女性等特殊人群提供专门的创业培训，帮助青年和女性创业

澳大利亚就业和小企业部（Department of Jobs and Small Business）2016 年 12 月发起了鼓励创业和自我雇佣的计划（ Encouraging Entrepreneurship and Self-Employment Initiative），帮助青年通过创业实现就业。具体有四项措施：（1）创业促进（Entrepreneurship Facilitators）。在澳大利亚三个青年失业率较高的地区，通过和当地组织合作提供创业培训等支持，提高青年的创业意识，鼓励青年创业。（2）自我启动在线平台（Self Start online Hub）。主要是为创业者提供创业相关的信息，指导青年创业者在创业初期获得如何设计商业计划、如何找资源等。（3）扩大新企业激励计划（Expanding the New Enterprise Incentive Scheme，NEIS）。NEIS 为创业者提供创业培训和辅导，共有 21 个培训提供方，每年有 8 600 个可以接受培训的地方。NEIS 一般会在创业者创业第一年给予辅导，并提供 39 周的津贴和 26 周的房租支持。NEIS 已经有 30 年的成功经验。（4）探讨做自己的老板研讨会（Exploring Being My Own Boss’ Workshops）。为期两周的专题研讨会，让青年创业者进一步了解创业过程中可能遇到的问题，学习运营企业的技能。

澳大利亚新南威尔士州女性创业者网络（NSW Women entrepreneurs network—WON），由澳大利亚新南威尔士州政府发起，旨在为有意创业的女性提供一站式服务，包括建立社区、拓展人际网络、分享信息等。处于不同创业阶段的女性创业者可以获得相应阶段的支持，包括创意产生、开始启动公司、公司处于增长阶段、公司处于退出阶段等。WON 有一个在线社区，澳大利亚所有女性创业者都可以在线交流，包括探讨合作的机会、互相激励等。在 WON 平台，可以找到很多创业者的培训项目，比如澳大利亚领先的职业教育和培训机构 TAFE NSW（Technical and Further Education，New South Wales；技术和继续教育，位于新南威尔士州）提供 1 200 门培训课程，几乎包含所有专业，该机构每年在全国招收 50 万名学生，因为有广泛的产业界的合作伙伴而受到赞誉；Since50：50 是一个由新南威尔士大学运作的项目，目的是鼓励澳大利亚的青年女性追求科技领域的学位和职业。

虽然跨学科教学是创业教育的趋势，但澳大利亚高校的创业教育课程一般都在商学院开设，不仅开设了创业教育相关专业的学士学位和硕士学位课程，还有一些学校在建设创业生态系统，并重视国际合作、与产业界的合作。

澳大利亚国立大学（Australian National University，ANU）有面向各院系学生开设的创业与创新专业的硕士项目（Master of Entrepreneurship and Innovation），为期 2 年，由商学院开设，培养学生创新性的思维方法、团队协作能力、对不确定性的适应能力、把具体知识和技能应用到创业与创新实践中的能力等。

Innovation ACT（IACT）是由澳大利亚国立大学发起的在堪培拉地区最大的创业项目，面向堪培拉所有高等教育机构的学生、教职员工和毕业生，每年支持数百名创业者。项目为期 10 周，包括专题研讨会、来自当地创业者的创业辅导，学员需要组建团队，生成创新性的商业计划。得分最高的 20 支队伍将由评审团评估他们的商业创意。具有最佳创意的 10 支队伍将被邀请参加 Pitch Night，他们将在那里向有影响力的评委和创新者进行展示。在 Pitch Night 胜出的顶级团队将获得 50 000 美元种子资金和其他初创支持。

悉尼大学（The University of Sydney）有一系列创业创新领域的课程和项目。从 2018 年开始，每名本科生的课程中将包含一个研究性、与创业或产业相关的项目，培养学生跨学科解决实际问题的能力。实际的项目包括参与澳大利亚西太银行（Westpac）主营业务创新解决方案，或者帮印度尼西亚的当地技术工人发展业务等。学校有帮助学生创新创业的平台（Hub），帮助来自多个学科的学生把创意商业化。具体的项目包括 Hatch Lab，为创业企业提供 12 个月的孵化；Springboard，支持创造性的创意发展；一系列关于创业的讲座等。学生在这里可以获得创业领域专家的指导、拓展人际网络、参加产业专题研讨、获得种子基金等。Sydney Genesis 是一个创建于 2008 年的对多学科学生给予创业支持的项目，具体由商学院运营。迄今为止，这个项目已经支持了超过 900 名学生和校友的创业项目。每个学期都会有超过 50 名学生参与这个项目，每周举办一次研讨会，有创业者和知名企业家进行辅导。悉尼大学还有一个在线学习平台 Open Learning Environment（OLE），有 100 多门课程，其中有不少是关于创业技能的，学生可以免费学习，比如如何编程、项目管理等。

昆士兰大学（The university of Queensland）致力于建立创业和创新生态系统，包括创业实践学习、创业行动以及创业研究等。根据学生创业的不同阶段，学校设计了不同的教学和辅导内容，UQ Idea Hub 是一个 Pre-incubator 项目，主要目标是帮助学生把创意能够转化为切实可行的商业计划，学生可以学习一些创业的基本知识和技能，会得到有经验的创业者的辅导，也有办公空间；Startup Academy 是在学生创意形成之后，指导他们到市场上验证创业计划可行性的项目，完善商业计划，提高创业的成功率；UQ ilab 是实践性更强的创业孵化平台，除了提供培训和辅导，还会在种子基金方面为创业者提供帮助，成立以来，UQ ilab 已经支持了 160 家创业企业获得了接近 4 000 万美元的早期投资。昆士兰大学还和体育领域全球领先的创新创业平台 HYPE Sports Innovation 合作成立了 The HYPE UQ SPIN Accelerator 加速器项目。HYPE Sports Innovation 平台在全球已有 8 000 多家创业企业。昆士兰大学也开设创业与创新专业的硕士项目，为期 1.5 年。

斯威本科技大学（Swinburne University of Technology）2017 年重新启动了澳大利亚创业研究生院（Australian Graduate School of Entrepreneurship，AGSE），创业课程将重视与产业界的合作。AGSE 开设了 Master of Entrepreneurship and Innovation 创业创新硕士项目，为期 1.5 年（Full time 或者 Part time 完成同样的内容）。课程分若干模块，包括机会识别、创造性和设计；创业企业的项目管理；创业企业规划；企业成长管理等。

巴西

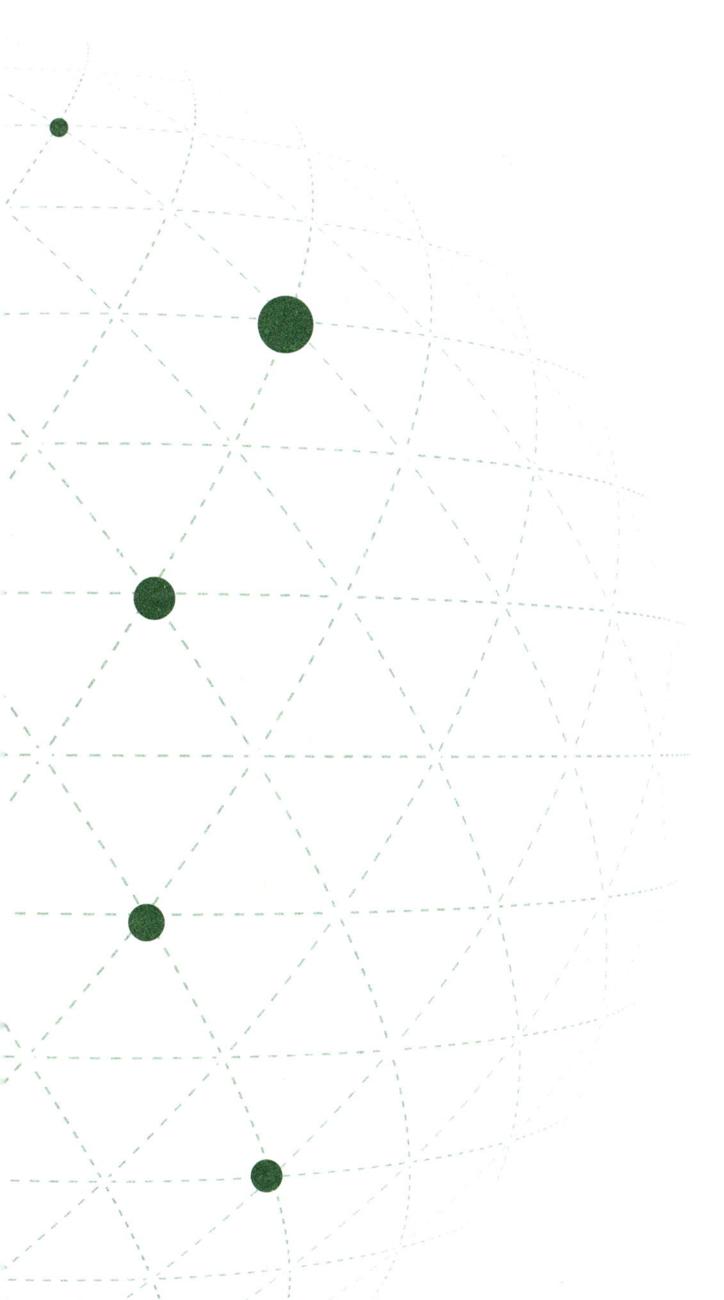

概要

小微企业在巴西[①]经济中扮演着重要的角色，目前巴西共有 850 万家小微企业，占企业总数的 99%。

巴西政府通过立法确定了小微企业在经济中的核心地位，并实施国家简易计税法（Simples Nacional）以减轻中小微企业税负。2017 年，巴西政府于发起“减少行政程序，增加信贷”的行动，以提高政府电子化水平，降低企业的行政负担，加大对小微企业的信贷支持。巴西小微企业发展组织 SEBRAE 是巴西帮助小微企业发展的重要组织，巴西创新资助署（FINEP）主要负责资助巴西科技发展和创新，是巴西科技创新部（MCTI））的下属部门。巴西银行 Banco do Brasil 等国有银行、巴西出口投资促进局（Apex-Brasil）在促进中小企业贷款和海外市场推广方面起着积极的作用。

巴西是南美税负较重的国家之一，巴西税制简化改革减轻了小微企业的税收负担，也简化了申报和缴纳环节。巴西政府在 2016 年推出 Grow Without Fear Program，扩大纳入国家简易计税法（Simples Nacional）的小微企业的范围，使更多的企业可以享受税收优惠。国家简易计税法（Simples Nacional）于 2007 年 7 月正式实行，是巴西税制简化改革中的关键一步。在这之前的 1996 年，巴西政府实施 Simples Federal 计划，通过整合税收和缴款系统以简化税制对中小企业提供差别税收优惠。

2016 年数据显示，巴西中小企业新增贷款（New business lending，SMEs）占当年新增贷款的 50.03%，但中小企业（SME）贷款利率仍比巴西大企业贷款利率高 12.7 个百分点，巴西中小微企业融资压力依然沉重。对此，巴西政府采取了系列措施来加大对中小微企业和创业的融资支持。2018 年，巴西政府宣布允许小额贷款的金融科技（FINTECH）公司获得经营牌照，鼓励金融科技公司参与市场；2016 年 10 月，宣布为小微企业提供超过 300 亿雷亚尔（约 90.6 亿美元）的信贷用于投资、设备采购和企业运营。在这之前采取的措施有，2005 年启动的全国小企业信贷项目

① 根据巴西税务部门的定义，微型企业是那些年收入小于等于 12 万 BRL（约为 3.3 万美元）的企业；小型企业指那些年收入多于 12 万 BRL，但是少于等于 120 万 BRL（约为 33 万美元）的企业。

PNMPO，巴西 BNDES 推出的 BNDES Card，巴西信用担保基金 FAMPE 等。2016 年，巴西颁布《天使投资法》(Angel Investment Law)以刺激巴西创投的发展。

在支持研究和创新方面，巴西政府致力于科研体系化，鼓励企业参与研究和创新以加强学术研究的市场导向，重视促进企业创新，采用税收激励“无支出”的支持方法促进研发和创新。巴西政府对《创新法》进行数次修订，2018 年修订的《创新法》引入公共和私营研究部门之间的合作框架，构成了新的国家创新体系，还通过税收激励措施以鼓励中小企业的研发活动。在向创业企业和中小企业提供信息服务方面，巴西人才库 Lattes 平台颇具特色，主要提供科研人才的信息。巴西的企业孵化服务重视科技成果转移，以及创业企业、科研界和社会主体之间的合作，如巴西坎皮纳斯大学的 Inova 机构所管理的技术创新型企业孵化器对新兴技术类的创业企业提供帮助。巴西巴伊亚初创企业协会（Abastartups）也为创业者提供企业孵化，企业运营指导和投资等服务。

巴西政府通过直接发起或者和大学合作发起的方式提供各种创业培训项目，如“创业者之友教育机构”，“进步”项目（Progredir）（Progress）等。针对女性和青年的创业培训项目更多体现了国际化的特点，如面向妇女的免费创业培训项目“亮环”（Ciclo Brilhante），青年创业者组织（Junior Enterprises）等。巴西高等教育机构的创业教育普及率较高，还有针对中学生设置的创业培训项目，如“中级技术项目”（MedioTec Program）。在开设创业教育课程的高校中，有的重视国际交流如圣保罗大学，有的重视创业文化如里约热内卢天主教大学，各具特色。

政府服务

巴西的《小企业法案》（1984）（Microenterprise Statute）（Estatuto da Microempresa）在税收、信贷和商业发展等方面对小微企业给予支持。在此基础上，新联邦宪法（Constituical Federal，1988）承认了小微企业在经济中的核心地位，规定不同级别的政府都要对小微企业采取优惠措施。2006 年的《微型和小型企业法》（General Law for Micro and Small Enterprises）（Lei Complementar 123/2006）对中小微企业实施国家简易计税法（Simples Nacional）减轻中小微企业税负，并鼓励国有银行加强对创业者的贷款支持。

2017 年 9 月，巴西政府和小微企业发展组织 SEBRAE（详情见下文）、巴西银行 Banco do Brasil 合作，发起了“减少行政程序，增加信贷”的行动（Most Simple Entrepreneurship Program）（Empreender Mais Simples）。根据该

行动计划，小微企业发展组织 SEBRAE 将投资 2 亿雷亚尔（约 6 038 万美元）对 10 项计算机系统进行简化升级，实现更灵活、更少条例约束的商业环境，以提高政府电子化水平，降低企业的行政负担。巴西银行（Banco do Brasil）计划在未来两年内通过工人援助基金（Workers' Assistance Fund，FAT）为 4 万家小微企业提供 82 亿雷亚尔（约 24.76 亿美元）的信贷支持。

小微企业发展组织 SEBRAE（Servico Brasileiro de Apoio as Micro e Pequenas Empresas）是巴西帮助小微企业发展的重要组织，由巴西政府设立于 1972，1990 年成为独立的非营利组织。SEBRAE 与政府和金融机构合作，通过帮助小微企业拓展融资渠道，减少官僚主义和税收负担以改善小微企业的市场准入，促进巴西小微企业可持续发展和提高竞争力。SEBRAE 在巴西各地有 700 多个服务中心，主要为当地企业，创业者，学生提供咨询服务，也提供线上线下的培训，包括金融，创业，互联网小企业，客户服务，销售技巧，人力资源，大部分都是免费内容。

巴西政府在 2011 年将“科学技术部”更名为“科技创新部”（MCTI），体现了创新的重要意义。巴西创新资助署（FINEP）下属该部门，主要职责是资助巴西科技发展和创新。

巴西的国有银行如 Banco do Brasil、Caixa Econômica Federal 等在促进中小企业贷款中起到积极的作用。巴西出口投资促进局（Apex-Brasil）致力于在海外推广巴西产品和服务，吸引外国公司到巴西战略性行业进行投资。除总部设立在巴西利亚外，巴西出口投资促进局在全球重要市场设有 10 个商务办公室，协助巴西企业国际化进程，开拓商业机会并为吸引外国投资提供服务。

财税和金融支持

财税支持

巴西政府在 2016 年推出 Grow Without Fear Program，提高纳入国家简易计税法（Simples Nacional）的小微企业收入标准，使更多的企业可以享受国家简易计税法（Simples Nacional）提供的税收优惠。

早在 1996 年，巴西政府在 Law 9317（1996 年）中开始实施 Simples Federal 计划，通过整合税收和缴款系统以简化税制对中小企业提供差别税收优惠。2006 年的《微型和小型企业法》（General Law for Micro and Small Enterprises）（Lei Complementar 123/2006）是税制简化改革中关键的一步，被重新命名为国家简易计税法（Simples Nacional）的计划于次年 7 月开始正式实行。国家简易计税法（Simples Nacional）是一项可选的税收计划，实现了市政税、州税和联邦税的统一征收，小微企业也可以选择单独支付各项税收，但是通过 Simples Nacional 统一缴纳的税率更低。企业所需缴纳的税费根据公司月度收入计算，小微企业只需通过填写一份用于税收和缴款的文件（Documento de Arrecadação de Receitas Federais，DARF），就能完成税收的统一缴纳。巴西是南美税负较重的国家之一，巴西税制简化改革减轻了小微企业的税收负担，也简化了申报和缴纳环节。

金融支持

2016 年巴西中小企业新增贷款（New business lending，SMEs）4 089.8 亿雷亚尔（约 1 234.68 亿美元），占当年新增贷款的 50.03%。但中小企业（SME）贷款利率为 33.5%，比巴西大企业贷款利率（20.8%）高 12.7 个百分点。巴西中小微企业融资压力依然沉重。

巴西政府在 2016 年 10 月宣布将为小微企业（MSEs）提供超过 300 亿雷亚尔（约 90.6 亿美元）的信贷用于投资、设备采购和企业运营。其中 200 亿雷亚尔（约 60.4 亿美元）将由国有银行 Caixa Econômica Federal 和 Banco do Brasil 提供，另外的 100 亿则来自私有银行 Bradesco，Ita ú 和 Santander。在这之前，巴西政府已经采取系列措施来加大对中小微企业和创业融资支持。

2005 年巴西劳动和就业部（Ministry of Labour and Employment）根据 Law 11110/2005 启动了全国的小企业信贷项目（Program Nacional de Microcredito Produtivo Orientado，PNMPO），通过 Worker Support Fund 和强制分配的 2% 活期存款（demand deposits）给小企业提供贷款。2003 年巴西政府通过 Law 10735/2003，要求所有商业银行、国有银行要使用 2% 的活期存款（demand deposits）给低收入人群和小企业创业者提供贷款。同年，巴西推出 BNDES Card 以帮助中小微企业融资。BNDES Card 和信用卡类似，不需要实际的担保就可以获得融资支持。

巴西政府通过信用担保基金 FAMPE（Fundo de Aval as Micro e Pequenas Empresas）给中小微企业提供信用担保，以提高中小微企业的银行融资额度。信用担保基金 FAMPE 为中小微企业提供最多 80% 贷款额度担保。

2018 年巴西国家货币委员会（CMN）宣布，允许小额贷款的金融科技（FINTECH）公司获得经营牌照，不再需要银行作为中介。此举的目的是鼓励金融科技公司更好地参与市场，刺激金融行业的创新和增强市场竞争。根据巴西国家货币委员会（CMN）的决议，金融科技公司有两种形式可以选择：成为直接信用平台（SCD）或者个人借贷平台（SEP）。直接信用平台（Sociedade de Cr é ditoDireto，SCD）：该类公司可直接在互联网上交易的电子平台使用自己的资本金进行金融操作，不再需要银行作为第三方支持。个人借贷平台（Sociedade de Empr é stimo entre Pessoas，SEP）：该类公司属于 P2P 性质的平台，通过网络平台进行放贷，是存款人与借款人之间的桥梁，每个借款人从同一个贷款人处获得的借款上限为 15 000 雷亚尔（约 4 528 美元）。

巴西政府在 2016 年颁布《天使投资法》（Angel Investment Law）（Lei Complementar 155/2016）以促进巴西创投的发展。巴西的创业企业可以通过“参与协议”（participation agreement）（contrato de participacao）来获得个人、企业、投资机构的天使资金。通过”参与协议”投入的资金并不计算在企业股本（share capital）之内，因此天使投资人并不是企业的股权所有者（equity owners），且没有管理和投票权。这可以保护天使投资人免受企业债务的影响。2016 年，巴西共有 7 070 个天使投资者（angel investor），天使投资规模为 8.52 亿雷亚尔（约 2.57 亿美元），同比略增 9%。

创业者服务

巴西为创业者提供创新支持，包括专门的立法和财税激励措施，鼓励、支持创业企业和中小企业进行创新研发。主要设置在高校的创业孵化器在向创业者提供企业孵化服务的同时，还促进创业企业、科研机构和社会主体间的合作，以推进科技成果转化。

技术服务

在支持研究和创新方面，巴西政府致力于科研体系化，鼓励企业参与研究和创新以加强学术研究的市场导向。巴西《创新法》最初于 2004 年推出，鼓励技术类投资和自主创新。2016 年和 2018 年《创新法》更新。新修订后《创新法》引入了公共和私营研究部门之间的合作框架，构成了新的国家创新体系，授权高等教育机构（HEIs）和公共研究机构（PRIs）与公司更自由地合作，促进外国研发人员签证的发放以及被私人公司雇佣等。另外，巴西政府还重视促进企业创新，但侧重于采用税收激励的支持方法促进研发和创新。例如，新立法引入税收激励措施以鼓励中小企业购买研究设备，豁免研发活动的公开招标费用，该招标费用曾高达 80 000 雷亚尔（约 24 151 美元）。

信息服务

在向创业企业和中小企业提供信息服务方面，巴西人才库 Lattes 平台颇具特色，主要提供科研人才的信息。该平台以巴西物理学家 Cesar Lattes 的名字命名，由国家科学和技术发展顾问委员会（National Counsel of Scientific and Technological Development）运营，是一个为科技人员、教育人员、学生、研究团队和学术机构提供服务的科技人才履历表数据库，其开发的初衷在于为国家科研管理机构提供信息支持，以便协助科研管理。Lattes 平台由履历表、机构名录、团队分类和展示分析四大部分构成，具有辅助决策、大数据资源和双向开发等特点。

创业孵化

巴西的企业孵化服务重视科技成果转移，以及创业企业、科研界和社会主体之间的合作。如，巴西坎皮纳斯大学 Inova（Inova Unicamp Innovation Agency）是一个负责大学科技成果产业化的机构，主要管理大学科研与各种类型企业的对接、大学科技园的管理、对创新和创业的孵化培训等，以建立创新和创业生态系统。Inova 管理的一个技术创新型企业孵化器，主要对新兴技术类的创业企业提供帮助。Inova 和合作机构之一——Unicamp Venture Group（UV），2006 年由企业家校友创办，为新的创业企业提供辅导，搭建人际网络，并成立了投资基金，对创业企业给予资金支持。

交流平台

巴西的行业组织在促进创业企业和中小企业之间的交流方面起到主要作用。例如，巴西巴伊亚初创企业协会（Abastartups）成立于 2016 年，总部在巴西巴伊亚州，为创业者提供企业孵化，企业运营指导，投资等服务。2018 年还举办了第一届巴西初创生态系统论坛（1º Fórum Brasileiro de Ecossistemas de startups）。

创业教育

巴西政府通过直接发起或者和大学合作发起的方式提供各种创业培训项目。巴西高等教育机构的创业教育普及率较高，有超过 70% 的大学开设创业教育课程，并有针对中学生设置的创业培训项目。

巴西高校有的重视国际交流如圣保罗大学，有的重视创业文化如里约热内卢天主教大学，各具特色。

创办于 1934 年的圣保罗大学，设有创业专业的专业硕士（Professional Master in Entrepreneurship），要求申请人必须有创业经历。该校的创新机构 Auspin，通过与国内和国际组织合作来促进创业教育。Auspin 和巴西创业教育私有机构 SEBRATE 合作，推出了关于创业教育的在线问答平台“Disque Tecnologia”，回答小微创业者的技术问题，有着 40 年历史的 SEBRATE 业务重点之一就是和巴西的大学及科研机构合作，发展创业教育。Auspin 参加的 Spin-Off Lean Acceleration（SOLA）项目，由 Redemprendia 主导，欧盟 Erasmus+ 项目提供金融支持，8 所欧洲和拉丁美洲的大学合作，致力于提高大学创业教育的水平以及孵化器的创业培训机制。Auspin 还与美国制药企业礼来公司（Eli Lilly）合作，建立了医疗领域的大学科研产业化的平台。

1940 年成立的里约热内卢天主教大学在 1997 年成立起源协会（Instituto Gênesis），该协会的主要目标包含促进创业文化的建设和协助创业者创办和发展企业。在创业文化方面，协会主要通过一些特色课程、研讨会（workshop）、演讲或者授课来培养学生的创业精神，了解创业知识。协会还推出了一些项目以培养创业文化，比如协会和瑞士联邦政府科技文化中心（Swissnex Brazil）合作的项目（Academia Industry Training，AIT），链接巴西和瑞士两国的创业者和科研人员，探讨领先的技术商业化。Pronatec Empreendedor 项目为巴西 200 名从事职业教育的教师提供为期 18 个月的远程创业教育课程。在协助创办企业方面，Germinator 平台为创业者提供培训和咨询，入驻的创业者并不要求是 PUC-Rio 的学生。起源协会还为企业服务局和教育部提供创业教育领域的师资培训，并与智利和秘鲁的三所大学开展了合作，提供创业教育方面的教师培训。

2017 年巴西政府发起了“进步”项目（Progress），通过鼓励低收入人群开办自己的企业，巴西政府每年提供总额 30 亿雷亚尔（约 9 亿美元）的小微贷款，除了资金支持，还提供技术支持、职业培训、数字化和财务方面的教育等。

巴西劳动部和教育部、公立和私立大学于 2016 年 10 月共同发起了“创业者之友教育机构”项目（Friend of the Entrepreneur Institution program），为潜在创业者提供商业管理的指导和技术支持。参与这个项目的大学，会获得“创业者之友教育机构”的称号。巴西联邦工商管理和会计职业理事会（Brazil’s federal professional associations of business administration and accounting） 将负责监督培训质量，提高培训水平。为了增加青年就业和创业的能力，巴西政府还在 2017 年开展了面向中学生的创业培训“中级技术项目”（Medio Tec Program）。

学生在校期间接受各种技术培训，技术培训的内容包括电子、财务、虚拟游戏、糖和酒精行业、电影院等。巴西政府拨款 5.12 亿雷亚尔（约 1.55 亿美元）给公立学校，这些学校计划培训 64 000 名学生，共包括 116 门技术课程。

在巴西，针对女性和青年的创业培训项目更多体现了国际化的特点。由联合国女性组织（UN Women）和加拿大共同发起的旨在提高女性经济发展技能的在线学习平台 Empowe Women 在女性创业培训方面做了不少工作。联合利华公司是其中的成员组织，该公司在巴西和两个 NGO 组织（Escola de Você and Alian a Empreendedora）以及知名媒体人士共同推出了对想创业但又缺乏创业技能的妇女免费的培训项目“亮环”（Ciclo Brilhante）。“亮环”（Ciclo Brilhante）计划从 2015 年 5 月发起以来，已培训超过 60 000 名女性。2016 年底的估计数字是 18 万名。

青年创业者组织（Junior Enterprises）是一个国际非营利组织，由大学生发起成立并管理。该组织起源于法国，目标是给大学生增加工作实践，以弥补理论学习的不足。在这个组织中的学生被称为青年创业者（Junior Entrepreneurs），他们会学习相关的创业技能，如领导力、系统看问题的能力、战略思考和管理能力等。在巴西这个模式是从 1988 年开始的，现在全国每年有 12 000 名青年创业者，1 000 家青年创业企业。在巴西，青年创业者组织的使命并不仅仅是扩展大学生的实践课程，而是把优秀的大学生转变为企业家，为国家发展作贡献。

德国

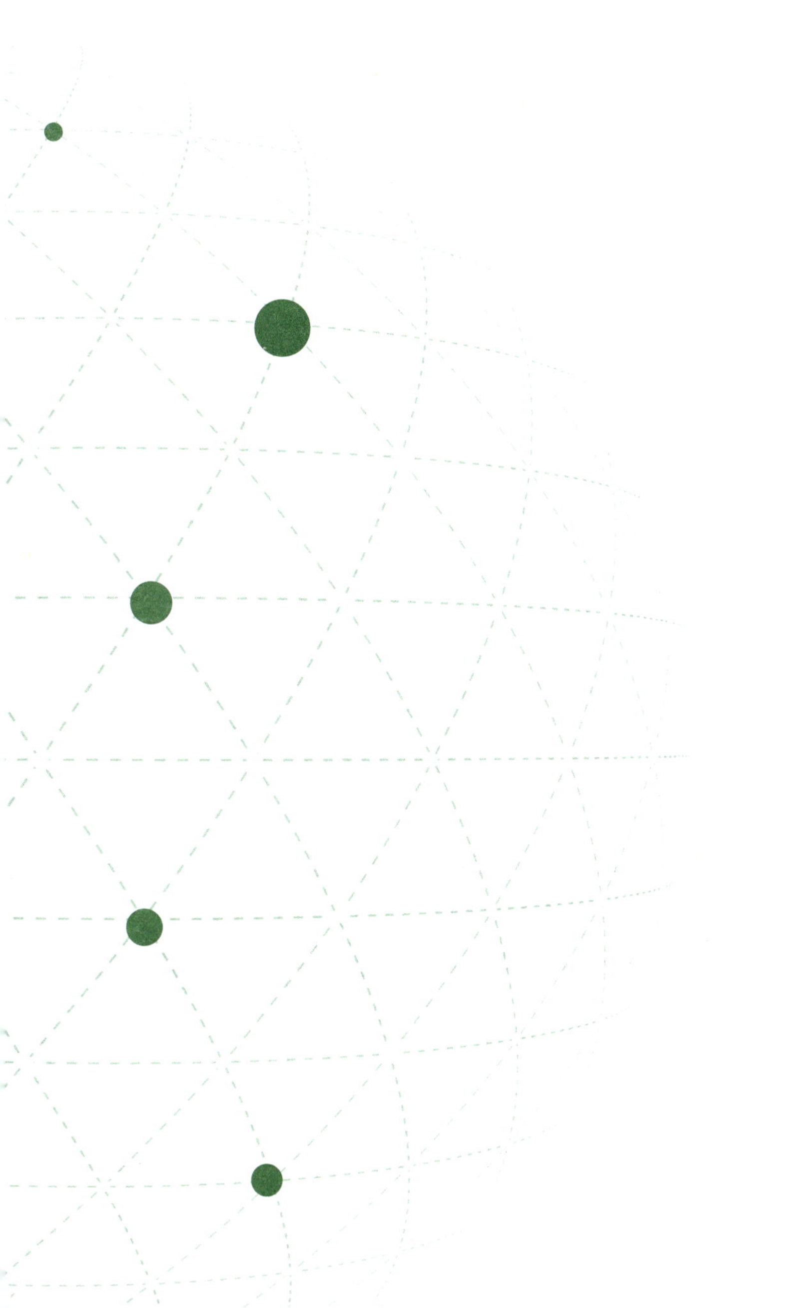

概要

德国的创业和中小企业法律环境较完善，有系列支持中小企业发展的法律法规。德国政府创业和中小企业服务的重要举措是减轻中小企业行政负担和提高政府工作效率。2016 年和 2017 年，德国实施“削减官僚主义法案”（Cutting Bureaucracy Act）以减轻企业的负担，尤其是初创企业和快速成长企业的行政负担，并实行中小企业测试（SME Test）来了解中小企业的行政负担和发展需求。德国中小企业专门管理机构是德国联邦经济和能源部。德国[①]一共有约 370 万家中小企业，占了德国企业总数的 99% 以上，雇佣超过 1 500 万的员工，占国内总数 70% 以上。德国的中小企业是技术改革、产品创新的重要动力来源，75% 的专利或者创新来自中小企业。

德国政府主要通过直接补贴、建立基金和税收减免等财税优惠政策支持创新创业和中小企业的发展。如，向中小企业尤其是初创企业提供直接补贴的 Cash Incentives Program（GRW）（2018），中小企业创新核心计划（ZIM）是德国政府支持创新型中小企业金额最大的计划，2017 年德国政府财政预算中 ZIM 计划预算为 5.48 亿欧元，高科技创业基金（High-tech Start-up Fund，HTGF）则以参股方式扶持以研发为基础的初创企业，“Innovation Assistant”项目为中小企业雇佣大学毕业生提供补贴。德国政府对一定营业额以内的中小企业免征增值税以支持其发展。

德国通过银行担保、刺激创业投资行业发展等措施来拓展初创企业的融资渠道，帮助中小企业解决融资问题。为了帮助中小企业更容易获得贷款，2017 年德国推行标准化的担保条件，以减少中小企业的担保程序负担、简化贷款申请流程。2016 年德国的担保银行共支持了 6 200 个融资项目，为 17 亿欧元贷款提供了担保。德国政府宣布自 2017 年 1 月 1 日起延续 INVEST - Grant for Venture Capital 计划，该计划帮助创业企业对接投资并鼓励私人投资者提供创业投资。2016 年 3 月，德联邦经济与能源部和 ERP 特别基金（ERP Special Fund）以及欧洲投资基金（EIF）联合设立总体量为 5 亿欧元的德国增长联合投资基金（ERP/EIF-Wachstumsfazilität），为迫切需要增长资本的快速增长企业提供资金支持。欧洲投资基金（EIF）和欧洲复兴计划（ERP）特别基金（ERP Special Fund）在德国联合投资成立了规模为 27 亿

① 根据欧盟的定义，中小企业是雇员少于 250 人，且年收入少于 5 000 万欧元的企业。

欧元的母基金，以支持在德国投资的创业投资基金。

德国政府重视科研和创新对于创业及中小企业的促进作用。在 2017 年 9 月发布了鼓励科技创业的 5 个重要行动领域。《德国数字战略 2025》（2016）提出到 2018 年投入 10 亿欧元启动“中小企业数字化投资计划”。德国政府在 2017 年 3 月实行“实施欧盟 eIDAS 规定的法案”（Act on implement the EU’s eIDAS regulation），推进电子政务的发展。

为鼓励方便小企业接受创新创业咨询，德联邦经济与能源部设有中小企业研究创新咨询窗口为创业者和中小企业提供免费咨询，并通过 start-up portal 信息平台、移动端的 start app 等为创业者提供便捷的服务。德国政府还将标准化作为促进创新创业的重要手段，帮助中小企业更多地参与标准化工作，获取所需的标准化和规范信息。在企业孵化服务方面，德国有近 40 年的企业孵化经验，截至 2017 年共有 300 多家孵化器，为创业者提供各项服务。由德联邦教育和研究部（BMBF）设立的 INSTI 项目，为持有项目、专利的个人和高新企业提供与潜在的投资者对接，该项目最初为 5 年限期，现在已经无限期延长。

德国的创业教育贯穿了中学教育和高校教育以及职业教育。德国高校的创业教育提供创业教育课程的同时，注重创业意识、创业精神和技能的培养，并设立加速器帮助初创企业建立与成长。从 1998 年开始延续至今的 Exit- Business Start-ups 项目，在培育创业文化、加强大学和非大学研究机构的合作创新方面起到积极作用。德国针对特定群体如难民、青年和女性等群体的创业教育也有发展，如“创建你的未来”（Start-up your Future）、“创业企业之夜”（Start-up Nights）、Guide 项目等。德国还有一些全国性的创业活动丰富着创业文化，如由德联邦经济与能源部主导的“德国创业周”（Founder Week Germany 2018）、“女性企业家”（Women Enterprise）计划等。

政府服务

德国有系列支持中小企业发展的法律法规，有较完善的创业和中小企业法律环境

在《宪法》规范下，各州在 1974 年就出台了《中小企业促进法》。联邦政府出台的全国性法律有《反限制竞争法》，对市场垄断、限制竞争和过度集中造成公开市场失灵等行为作出相应的限制性规定，以保证公平竞争，对通过政府采购促进中小企业发展作了较细的规定，如规定了政府采购活动中支持和促进中小企业发展的原则和具体办法；《破产法》（1994）中增加了重整程序，不再是单纯保护债权人的利益，也保护债务人的正当权益，设置了挽救债务人事业的重整制度，设立劳动债权清偿基金等；《企业重整进一步促进法》（2012）引入了临时自我管理和特殊的保护伞程序，填补了法律未规定债务人自行管理破产启动程序的空白，允许债务人在破产程序启动前制订重整计划等。

减轻中小企业行政负担、提高政府工作效率是德国政府创业和中小企业服务的重要方面

2016 年，德国开始实施第一个“削减官僚主义法案”（Cutting Bureaucracy Act），该法案旨在快速减轻企业的负担，尤其是初创企业和快速成长企业。根据新法规，更多的中小企业免除“商业法”（Commercial Code）和“财政法”（The Fiscal Code）中规定的会计和记录保存义务。新公司需要提交更少的官方要求信息、处理税务交纳流程更加简化等。总体而言，私营部门的行政负担每年减少 7.05 亿欧元。

2016 年，德国确定强制性实施中小企业测试（SME Test）。该计划是和大学及研究机构合作，共同了解中小企业的行政负担和发展需求，支持联邦政府在制定法律时候充分考虑中小企业的需求，并尽可能地减少中小企业的行政负担。根据欧委会（European commission）一份关于中小企业测试“SME Test”的报告（EU member states reporting about their SME-test），2014 年 75% 的答复国认为中小企业测试具有政策影响力，有利于本国中小企业。成员国政府对正进行中的中小企业测试进行了“好”“一般”或“差”的评级，德国给出了“好”的评级，认为中小企业测试系统咨询了利益攸关方，政府在最终立法中充分考虑了测试结果。

2017 年，德国进一步推出第二个“削减官僚主义法案”（The Second Cutting Bureaucracy Act），致力于减轻小公司，特别只有两三名员工的小公司所感受到的行政负担。立法的重点是减少在交纳税负中的程序和时间，促进电子政务的实施，例如在互联网平台上提供关于监管的统一信息等，同时还简化了相关的社会保障交纳规则。

目前，德国中小企业专门管理机构是德国联邦经济和能源部（German Federal Ministry for Economic Affairs and Energy），主要和联邦教育与研究部（German Federal Ministry of Education and Research）一同通过制定和实施特定的项目和计划促进中小企业和创新创业的发展。

财税和金融支持

财税支持

德国通过为特定地区的投资项目进行直接补贴、实施中小企业创新核心计划（ZIM）、设立高科技创业基金（High-tech Start-up Fund，HTGF）支持高新技术研发项目等途径来促进创新创业和中小企业的发展。此外，还对符合条件的小企业实施免征增值税的税收优惠政策。

2018 年 德 国 Germany Trade & Invest（GATI） 启 动 Cash Incentives Program（GRW），为特定地区的投资项目进行直接补贴，以创造就业机会促进区域经济发展。GATI 将德国不同省份进行分级，根据投资项目所处的省份以及企业的规模，制定了不同的补贴标准，中小企业能够获得 10% 到 40% 不等的合理成本（eligible cost）补贴，包括成立阶段的资本性支出（capital expenditure）、人员成本（personnel costs）等。

德联邦经济和能源部 2017 年财政预算中，为中小企业创新核心计划 Central Innovation Program for SMEs（ZIM）安排了 5.48 亿欧元的预算。中小企业创新核心计划（ZIM），由德联邦经济和能源部设立，是德国政府支持创新型中小企业金额最大的计划，德联邦经济与能源部每年都提供超过 5 亿欧元用于中小企业创新核心计划（ZIM），中小企业能够在任意时间、无须准备提案申请该项目的支持。在 ZIM 计划下有三种合作方式：ZIM 公司项目，该计划为两家或多家公司或一家公司和一家或多家研究机构共同开展的研发工作提供资金；ZIM 个人项目，该计划为个体公司进行内部研发提供资金；ZIM 合作网络，该计划为由至少六家中小企业共同开发创新网络提供资金。与 ZIM 合作的企业可以获得资金援助，资金不限于任何特定的技术领域，也不限于特定的应用领域，申请是否获得批准取决于研发项目的创新程度以及结果的可行性。

德国政府也对高新技术的研发项目进行补助。德国的 High-Tech Strategy 预算超过 60 亿欧元，对于研发过程中的合理成本（eligible cost）最高提供 50% 的补贴。高科技创业基金（High-tech Start-up Fund，HTGF）设立于 2005 年，以支持需要密集资本的创新技术型初创企业。该基金主要通过参股方式扶持以研发为基础的初创企业，初创企业最高可获得 50 万欧元的入股，用于研发、样机制造和市场推广。1 ~ 2 年后，HTGF 基金以转让股份或抽取收益的方式撤回资金。HTGF 基金由德联邦经济和能源部、政策性银行德国复兴信贷银行，以及巴斯夫集团、德国电信和西门子、戴姆勒、博世等德国大型企业提供资金。

创新支持项目（Innovation Assistant Program）为中小企业雇佣大学毕业生提供支持，劳动力成本（labor costs）最高能得到 50% 的补助。

在税收优惠政策方面，德国的小企业如果其营业额在上一年度未超过 17 500 欧元，并且预计本年度不超过 50 000 欧元，则可免征增值税。

金融支持

德国政府通过提供贷款担保、激励创业投资以及设立创投基金等途径来帮助中小企业解决融资问题。

为了帮助中小企业更容易获得贷款，2017 年 7 月，德国推行统一的担保标准条件（ABB），适用于所有 16 家德国的担保银行，以减少中小企业的担保程序负担，简化申请贷款的流程。银行是中小企业主要贷款的来源，但是银行通常要求符合自身标准的抵押品，自 1950 年德国第一家担保银行成立以来，德国各地的 Allgemeine B ü rgschaftsbestimmungen（ABB）一般担保条款的发展情况不一致。在银行监管日益加强，中小企业、银行业务逐步数字化的大环境下，德国政府提出了 ABB 的现代化和统一化要求。经过简化和现代化的 ABB，能够为企业和银行以及合作伙伴更快、更安全、更轻松地发放担保和贷款；同时，减少担保银行的行政手续，推进担保流程的电子化，使担保申请的处理流程自动化，帮助中小企业更轻松地获得融资。2016 年德国的担保银行共支持了 6 200 个融资项目，为 17 亿欧元贷款提供担保。

德国银行担保协会 Verband Deutscher B ü rgschaftsbanken（VDB） 1990 年成立于波恩，是德国担保银行 / 公司、投资公司政治、商业、公共利益的代表，也是欧洲保证机构 European Association of Guarantee Institutions“AECM”的一员，代表了其成员在欧盟层面上的利益。

德联邦经济和能源部宣布自 2017 年 1 月 1 日起延续 INVEST – Grant for Venture Capital 计划。德国于 2013 年开始实施 INVEST – Grant for Venture Capital 计划，帮助创业企业对接投资，并鼓励私人投资者提供创业投资。INVEST 补贴分成两个部分，一部分是投资补贴，私人投资者或者天使投资人，投资符合条件的初创公司，并至少持有三年，投资者可以每年获得相应的资助，最高可以达到 50 万欧元；另一部分是资本利得税抵减补贴，针对出售初创企业的股票，可以一次性得到 25% 出售股票利润的税收补偿，上限为单位投资额的 80%。INVEST 针对投资者所投的创业公司有一定的要求，包括成立不得超过 7 年，少于 50 名正式员工，年营业额或者资产负债总额不超过 1 000 万欧元，总部位于欧洲经济区且至少有一家德国分公司，根据商业登记簿公司属于创新型行业，持续经营等。INVEST 针对投资者也有详细的要求，包括投资者要：主要居住地在欧洲经济区且跟被投企业没有直接关系，参与投资最少 3 年等。

2016 年 3 月，德联邦经济与能源部和 ERP 特别基金（ERP Special Fund）以及欧洲投资基金（EIF）联合设立德国增长联合投资基金 ERP/EIF-Wachstumsfazilität，总体量为 5 亿欧元，其中 3.3 亿欧元来自 ERP 特别基金，另外 1.7 亿欧元来自欧洲投资基金（EIF）。该基金旨在为迫切需要增长资本的快速增长企业提供资金支持。通过与成功的创业投资基金经理以及其基金合作，以获得企业股权的方式帮助扩张阶段的企业融资。

欧洲投资基金（European Investment Fund，EIF）和欧洲复兴计划（European Recovery Program，ERP）的 ERP 特别基金（ERP Special Fund）联合投资在德国设立母基金，基金规模达 27 亿欧元，投资目标是在德国投资的创业投资基金。该母基金一半的资本由 EIF 和 ERP 投资，由 EIF 负责管理。母基金在创业投资市场主要有两个投资方向：关注技术成果转化的早期基金，这类基金能够接触到公共或者私人的研究中心和机构并与他们合作，这类投资通常为初始投资；为早期阶段技术公司的增长阶段（扩张、发展阶段）提供后续融资，重点在于早期公司的后续融资。

创业者服务

技术服务

德国政府重视科研和创新对于创业及中小企业的促进作用。

2017 年 9 月，德国联邦教研部发布了鼓励科技创业方面的 5 个重要行动领域，包括：及早鼓励科研人员将创办企业作为科研成果利用的备选途径，在德国高校开展加强博士生创业的计划，挖掘青年科技人才的创业潜力；在科研资助计划中纳入对创业和初创企业的资助，并针对不同学科、技术和应用领域的需求制定适当的资助形式，逐渐消除初创企业的申请障碍；推进地区创新发展，加强初创企业与科研机构和其他企业间的联结，鼓励大学和科研机构向初创企业开放，向初创企业提供其基础设施和仪器设备；支持高校和科研机构的科研人员就其学术成果对创办企业进行技术验证；建立有利于促进创业的框架环境，包括有利于创业的许可和专利使用规定等。

在《德国数字战略 2025》（2016）中，德国政府提出到 2018 年投入 10 亿欧元启动“中小企业数字化投资计划”，鼓励中小企业投资数字化转型，通过建立欧洲及国际网络加强德国中小企业在数字化转型领域与欧洲的数字联网；对数字技术的研发和创新实施税收优惠，如实施中小企业研发税收优惠，以补贴形式对初创企业的亏损给予资助等；到 2025 年投资 100 亿欧元在农村地区建设千兆网络；利用数字化管理减轻创办企业的行政负担等。

德国政府在 2017 年 3 月实行“实施欧盟 eIDAS 规定的法案”（Act on implement the EU’s eIDAS regulation），帮助德国使用电子信任服务（Electronic trust services），包括：电子签名、电子印章、电子网页证书等。通过电子信任服务使得公民可以更加安全的进行线上交易，推进电子政务的发展。

信息服务

为鼓励小企业接受创新咨询，德联邦经济与能源部设有中小企业研究创新咨询窗口（Federal Funding Advisory Service on Research and Innovation），为创业者和中小企业提供免费咨询。咨询内容包括评估企业发展潜力、提出发展建议，为商业解决方案、介绍技术合作伙伴等。

德联邦经济与能源部设有 Start-up Portal 信息平台 http：//www.existenzgruender.de，创立公司的每一个步骤在网站上都有详细的说明。此外，移动端的 start app 也能为创业者提供有关于新成立企业所需的信息。德国政府还设立的另外的网站为女企业家提供她们所需要的信息和帮助。

德国政府还将标准化作为促进创新创业的重要手段。德联邦经济与能源部通过标准化研究所（German Institute for Standardization，DIN）对标准化进行管理与研究，根据行业需求及时出台行业标准。DIN 的中小企业委员会（DIN’s SME Commission，KOMMIT）成立于 2008 年，是中小企业和自由职业者以及公共和私营部门、协会、商会交流信息和意见的平台。该平台帮助中小企业更多地参与标准化工作，获取所需的标准化和规范信息。

创业孵化

德国有近 40 年的企业孵化经验，开发了 3 种不同的孵化模块：加速器（为技术产业化应用提供快捷服务）、企业工场（为公司进行模块化定制，促进商业上的成功）、孵化器（为初创企业提供服务）。截至 2017 年，德国共有 300 多家孵化器。德国联邦科技园和孵化器联合会（BVIZ），成立于 1988 年，该联合会成员科技园与孵化器企业孵化成功率高达 9 成。柏林工厂孵化器（Factory Berlin），为有创业想法的大学生及时提供技术和法律等相关方面的咨询指导，支持大学生创业。德国的一些社会服务机构也对中小企业提供企业孵化服务。如德国青年企业经营者协会（BJU）的创始人俱乐部项目，向创办人无偿提供车间，支持创业者和富有经验的企业家之间交流，帮助初创企业的正常运转。

交流平台

INSTI 项目为持有项目、专利的个人和高新企业提供一个与投资人接触的平台，让有希望的商业项目和潜在的投资者对接。该项目由德联邦教育和研究部（BMBF）于 1995 年成立，最初为 5 年限期，现在已经无限期延长，目前由“Institut der deutschen Wirtschaft”（德国商业研究所，IW）管理。INSTI 与中小企业相关的计划有：INSTI 中小企业专利行动（The INSTI SME Patent Action），向希望为其发明申请专利的中小企业提供资金支持，但必须是首次申请专利，或者在最近五年内未申请过；INSTI 创新培训，该计划的长期目标是通过提高发明家和企业界对创新领域的认识，特别是创新管理，创造性技术，工业产权和系统信息管理等方面，促进德国的创新活动，该计划提供的咨询服务包括战略管理（战略创新管理），寻找产品、服务和流程的新想法（创造力和评估技术），新产品的法律保护（工业产权，专利数据库信息），开发企业的产品和流程（团队合作和沟通，成功的内部结构，个人工作技术）等；INSTI-Innovation Market，该计划旨在协助公司在技术转让和创新领域建立全球信息联系，该计划早先作为欧洲重要银行和合资企业提供信息存在，于 1995 年被纳入 INSTI 项目。

创业教育

德国的创业教育贯穿了中学教育和高校教育以及职业教育

德联邦经济与能源部发起的“创业新时代”计划（New Age for Entrepreneurship）包含一系列鼓励创业的措施，加强德国的创业精神，支持更多的人创业。根据该计划，在 1994 年开始的 Junior expert 创业教育项目基础上，德联邦经济与能源部推出的“中学创业”（Entrepreneurship in schools）计划，旨在全面推动中学生的创业教育。德国联邦政府、德国工会等组织于 2014 年底成立了 2015—2018 年初步和继续培训联盟（Alliance for Initial and Further Training for 2015—2018），强调职业教育和高校学院教育同等重要，让更多德国本土的青年和从外国进入德国的难民通过选择学习职业教育体系 300 多门专业技术中的知识和技能，增强就业和创业能力。

德国高校的创业教育提供创业教育课程的同时，注重创业意识、创业精神和技能的培养，并设立加速器帮助初创企业建立与成长

慕尼黑工业大学（The Technical University of Munich，TUM）不仅面向本科生、研究生和科研人员开设创业基础知识的课程，还支持用市场导向的理念来支持创新，注重创业意识、创业精神和技能的培养。在创业教育课程设置方面，学校面向本科生、研究生和科研人员开设创业基础知识的课程，包括创业财务、法律、工业设计、技术创新管理、心理学、服务和技术市场、战略和组织等。为了与实践更好的结合，慕尼黑工业大学成立企业家组织 UnternehmerTUM ，由有经验的企业家、科学家和职业经理人组成，对创业企业提供全面的辅导，帮助企业从创意到开发产品，建立和完善商业模式，专利保护，引入投资，一直到 IPO。该组织还发起成立了人工智能领域的支持平台 AppliedAI，并与互联网行业的多个有影响力的企业建立了合作关系，包括 Google，NVIDIA，Pure Storage 等。在引入行业专家的同时，该组织搭建了国际化的平台，帮助学校的创业企业海外发展，也帮助一些国际化的公司进入德国市场。学校也组织一些创业活动和比赛，比如有年度创业日（TUM Entrepreneurship Day），设立校长创业大赛奖项，对优秀创业团队给予奖励。慕尼黑工业大学还和其他三所大学共同成立了社会创业学院，对从事社会创业的创业者提供培训和辅导。

慕尼黑大学（Ludwig-Maximilians-UniversitätMü nchen，LMU）成立了创业中心，除了创业研究，主要工作包括：给学生开设创业教育课程；通过加速器帮助初创企业建立与成长；搭建校友创业网络。学校的加速器为学生提供免费的办公空间，每个学期会选拔 15 个有发展潜力的创业团队进行培养。目前加速器已经累计成立了 220 多个企业，其中 33% 得到了融资。加速器为创业团队链接校友创业网络，目前这个网络已经有 12 000 人，包括校友、投资人和其他专家。学校会组织创业相关的活动和比赛，比如 Hack@night 是一个为期两天（周末）的创业比赛，来自不同专业的学生可以组成 3~5 人的创业团队，从创意到完整的商业计划，现场有专人指导，还会邀请企业参加，比如西门子、宝马等公司，创业团队可以与企业合作开发产品。慕尼黑大学创业中心和德国加速器（German Accelerator）合作，举办 CashWalk 创业比赛活动，有来自世界各地 50 个创业企业和超过 80 位投资人参加，为创业者提高自己的创业技能和拓展人际网络搭建了很好的平台。

从1998年开始延续至今的Exit-Business Start-ups项目，在培育创业文化、

加强大学和非大学研究机构的合作创新方面起到积极作用

这个项目是德联邦经济与能源部“高科技战略”（High-Tech Strategy）的一部分，主要包括三个方面，一是培养高等教育机构的创业文化；二是加强大学和非大学科研机构高技术科研成果的转化；三是帮助学生和科研人员基于高科技的创业公司的成立和发展。从 2015 年开始，EXIST 项目和以色列的大学和科研机构进行了积极的合作。EXIST 项目除了得到德国政府的支持，也获得了欧洲社会基金（European Social Fund，ESF）的资助。EXIT 包括三个子项目，分别是“EXIST Founding Culture”“EXIST Research Transfer”“EXIST Startup Scholarship”。EXIST Founding Culture，是德国政府在 EXIST-Gründerhochschule 竞赛中为 22 所大学提供支持，以帮助其持续开发技术，加强学生和学术人员的创业思维和行动的培育。独立专家组成的评审团会对 EXIST-Gründerhochschule 竞赛中的创业概念进行筛选，并选出 22 个项目进行三到五年的支持。EXIST Research Transfer 是为了资助如能源、环境、生物、光学技术等开发周期相对较长的项目。在第一个阶段，大学和非大学的研究机构可以提交申请，可获得最高达 25 万欧元的项目资助；在第二阶段，主要针对资助项目所衍生出来的公司提供最高 18 万欧元的资助。EXIST Startup Scholarship 是支持学生和毕业生的商业计划，尤其是以创新技术为基础、具有良好经济效应前景的项目，以奖学金（1 万欧元）的方式来保障创业者的生活，并通过大学和研究机构来为创业者提供指导和资金支持。

德国针对特定群体如难民、青年和女性等群体的创业教育也有发展

德联邦经济和能源部和德国青年商会于 2017 年 6 月共同发起了支持难民创业的项目“创建你的未来”（Start-up Your Future）。这个项目由有经验的企业家负责组织对难民进行创业培训和辅导，在柏林—勃兰登堡（Berlin-Brandenburg）地区进行试点。不少难民在来德国之前有过一定的创业经历。通过这个项目，难民可以获得机会到德国企业实习，甚至有机会接管企业。这些难民通过这个项目可以融到青年商会中，从而可以获得更多的机会。

德联邦经济和能源部组织了“创业企业之夜”（Start-up Nights）活动，把年轻人的创业企业和同行业的大公司、行业协会、机构投资人组织起来进行对接，年轻的创业者可以通过展示自己的产品获得合作的机会，而大公司也可以了解创业公司新的技术发展动向。这项活动会分主题分别进行，比如有医疗行业、航天技术、社会创业、数字能源以及面向非洲创新技术等各主题的专场。

由慕尼黑市政府和欧盟等支持，非营利组织主办的 Guide 项目，为女性提供“如何在照顾好家的同时创业”咨询和培训。这个项目以提供一对一咨询为主，同时会定期开设专题研讨会，咨询和培训的内容涉及商业计划、市场、销售、客户定位、政策补贴等多个方面。每个月会组织一次聚会活动，有经验的女企业家和想创业的女性、职业女性会在一起交流经验，拓展人际网络。该组织还举办创业比赛活动。到 2018 年初，已有约 5 000 位慕尼黑的女性接受了咨询或培训，平均每年 350 名左右。2016 年成立的德国创业企业中，女性创业者（包括全职和兼职）占 40%。

德国还有一些全国性的创业活动丰富着创业文化

如“德国创业周（Founder Week Germany 2018）”，由德联邦经济与能源部主导，由多个政府部门、行业协会、学校和科研机构共同组织，期间有 1 500 多个活动，包括专题研讨会、创业大赛、论坛等，每年 11 月举办。这个活动是“全球创业周”的一部分，“全球创业周”由英国 Enterprise UK 和美国考夫曼基金会于 2008 年第一次举办，到 2017 年已有 167 个国家参与，参加人数约 900 万人。德联邦经济与能源部还发起了“女性企业家”计划（Women enterprise），鼓励女性创业，鼓励成功的女性企业家或创业者作为创业榜样参与到“女性创业榜样”活动中。目前，在全国已经有超过 100 名女性企业家或自由职业者成为创业榜样，她们有的经营规模较大的企业，有的是自我雇佣，但都愿意为建立女性的创业精神贡献自己的力量。

俄罗斯

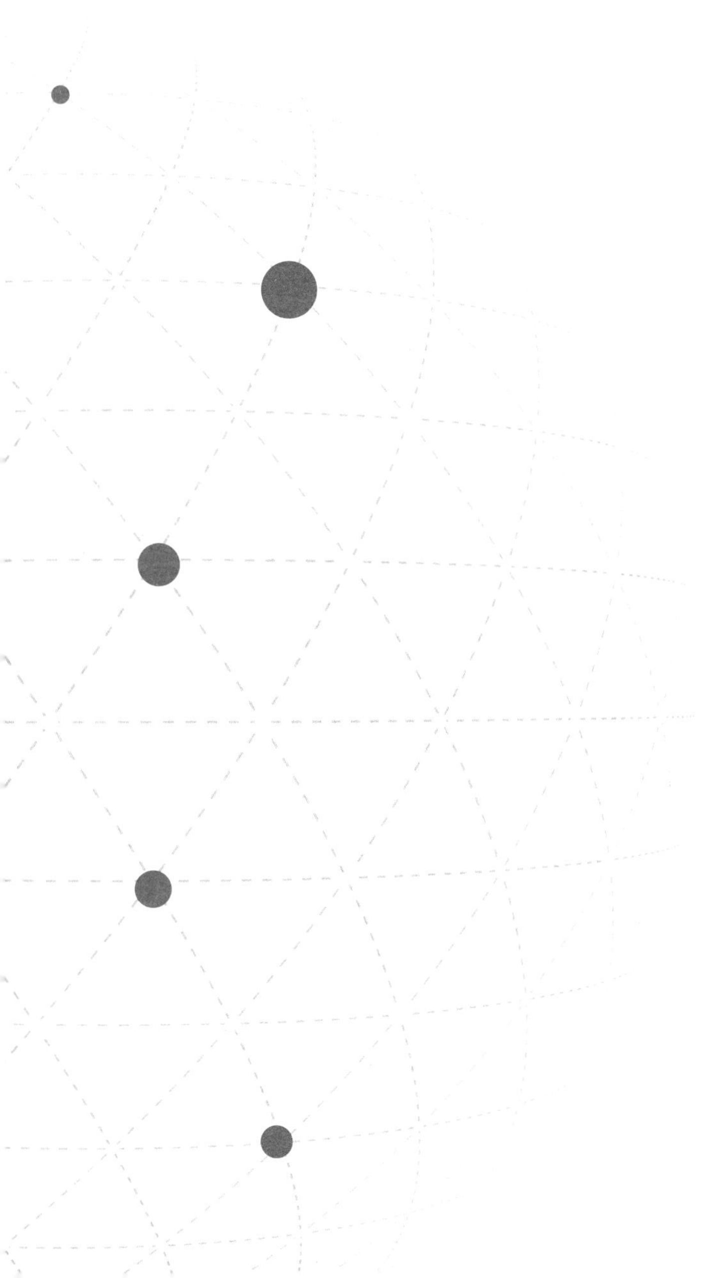

概要

俄罗斯是依据雇佣员工人数以及企业的营业额来定义中小微企业的。根据俄罗斯统计局 Federal State Statistics Service（Rosstat）数据，2014 年俄罗斯有 567 万家中小微企业，其中个体商户[①]（Individual）占 62.64%，微型企业占 32.96%，是主要组成部分。小型和中型企业仅占 4.4%。

俄罗斯经济自 2014 年以来遭遇困难，虽在 2017 年恢复缓慢增长，但仍给俄罗斯中小企业带来负面冲击。俄罗斯政府通过制定、颁布系列法律法规如《俄罗斯联邦发展中小企业法》《竞争保护法》为中小企业、新创企业的发展创造良好的法律环境，并从调整中小企业行业结构、改善营商环境等方面采取措施，支持、推动创业和中小企业发展，2016 年颁布《2030 年前中小企业发展战略》，并实施“简化法人和个体工商户注册程序”方案等。俄罗斯中小企业事务主要由俄罗斯经济发展部下设的中小企业发展与竞争司负责。

俄罗斯一方面通过税制改革简化中小企业税收程序、减轻税负，如 2016 年扩大使用“简化税制”的企业范围，另一方面，在 2017 年俄罗斯央行放松中小企业银行的银行管制，2018 年、2017 年持续提供中小企业贷款补贴以执行“利率为 6.5% 的贷款计划”，以及俄罗斯联邦中小企业发展公司（SME Corporation）为中心的担保体系扩大中小企业的融资渠道。俄罗斯创投发展也改善了创业和中小企业的融资状况。

俄罗斯政府在 2017 年制定战略、规划，重点发展数字经济，扶持数字服务、研发的中小企业，并持续通过财政补贴的方式激励高校、研究机构与企业的合作。俄罗斯通过加大对中小企业的政府和国有公司采购配额、通过健全机制、提供补贴等措施帮助中小企业拓展市场。俄罗斯网络创新发展基金和斯科尔科沃基金则分别为网络科技创新企业和科技创业企业提供孵化服务。

俄罗斯的高等教育机构主要由国家统一管理，创业教育已经嵌入高校教育中。俄罗斯高校创业教育体现出跨学科合作、与企业合作以及国际化的特点，此外，还通过各种类型的创业平台、孵化器等促进科研技术成果转移以及创业企业的发展。俄罗斯不仅有针对青年、女性特殊人群的创业培训，还有面向高成长企业提供的创业培训项目。

① 个体商户（Individual）包括自我雇用（self-employed），属于中小微企业。

政府服务

俄罗斯政府重视对创业和中小企业的服务，近年来持续推出系列政策举措，从调整中小企业行业结构、改善营商环境以降低中小企业运营成本来支持和推动创业和中小企业发展。

俄罗斯有专门的中小企业法《俄罗斯联邦发展中小企业法》（2007 年）。2016 年 6 月，俄罗斯政府通过《2030 年前中小企业发展战略》（SMB Development Strategy until 2030），从国家战略层面确定了中小企业在俄罗斯国家经济长期稳定增长的重要地位。该战略确定在 2030 年前将加工工业的中小企业占比从 11.8% 提高到 20% 的目标；要求金融体系要为俄罗斯生产型、创新型和高科技型中小企业的创新活动提供更多的资金支持尤其是长期资金支持。该战略还提出促进小企业新产品和高科技产品生产规模化，加快其成长为中型企业，利用小型高科技企业部门发展大公司的产品线，提高中小企业的技术水平。

俄罗斯税务机关在 2016 年启动中小企业登记工作，该工作是根据 2015 年的第 408 号联邦法律“关于支持中小企业法律修正案”规定展开的。在这之前的 2013 年，俄罗斯实施了系列促进创新创业的措施，如“简化法人和个体工商户注册程序”方案，提出在 2018 年前将公司注册时间从 30 个工作日缩短到 5 个工作日，将俄在全球营商排名提升到第 20 位[①]；颁布《公私合营法》，对私人投资、外资进入俄垄断行业、公共服务，并参与政府采购奠定了法律基础，改善投资环境。

俄罗斯中小企业事务主要由俄罗斯经济发展部（Ministry of Economic Development of Russia）下设的中小企业发展与竞争司（Department for the Development of Small and Medium-Sized Businesses and Competition）负责，包括制定有关中小企业发展政策，与包括联邦中小企业发展公司（SME Corporation）等金融机构在内的其他机构组织共同为俄罗斯创业和中小企业发展提供融资、咨询、市场拓展等支持。

财税和金融支持

2016 年 10 月，俄总统普京责令政府进一步简化对中小企业的纳税环节，要求

---

① 根据世界银行（World Bank）《2017 年营商环境报告：人人机会平等》（Doing Business Comparing Business Regulation for Domestic Firms in 190 Economies 2017），全球营商环境俄罗斯排名第 40 位，中国排名第 78 位。

年收入 1.5 亿卢布（约 260 万美元）以下的企业均有权使用“简化税制”[①]。这是在俄罗斯政府提高使用“简化税制”的企业年收入标准之后的再一次提高。俄罗斯在 2016 年 6 月批准税法修正案，规定从 2017 年开始，将使用“简化税制”的企业资格从年收入 8 000 万卢布（约 139 万美元）提高至 1.2 亿卢布（约 208 万美元）。2007 年，俄罗斯政府制定的《2008 年至 2010 年俄罗斯联邦税收政策基本方针》中确定，到 2009 年将企业所得税的税率降为 20%，同时实施“简化税制”以扶助小微型企业的发展。

俄罗斯政府通过继续提供中小企业贷款补贴等措施支持银行向中小企业放贷，并建立统一的担保体系以及推动创投发展等系列措施来改善创业和中小企业的融资状况。

继 2017 年俄罗斯财政部和经济发展部增补 500 亿卢布（约 8.68 亿美元）资金，用于向中小企业提供“利率为 6.5% 的贷款计划”之后，2018 年俄罗斯政府宣布继续对银行给在优先领域开展项目的中小企业提供贷款予以补贴。俄罗斯政府对银行给小企业贷款年利率贴息达 3.5%，对银行给中等企业贷款年利率贴息达 3.1%，且对上述企业投资项目贴息期限不超过 10 年，对为获取流动资金贷款贴息期限不超过 3 年。俄罗斯政府补贴银行的目的就是要确保中小企业从银行贷款年利率不高于 6.5%。该计划源自 2016 年俄罗斯央行（The Central Bank of the Russian Federation，Bank of Russia）为支持俄外贸银行等 12 家大型银行向中小企业推出优惠贷款，协调向各银行注资 300 亿卢布（约 5.21 亿美元），年利率为 6.5%。

2017 年 4 月，俄罗斯央行允许银行对外贷款额与本行资本金的比例由 0.2% 提高至 0.5%，放松对服务于中小企业的银行的管制，允许银行向中小企业发放贷款的上限提高到 5 000 万 ~6 000 万卢布（约 86 万 ~104 万美元）。

据统计，俄罗斯联邦中小企业发展公司（Federal Corporation for the Development of Small and Medium Enterprises，SME Corporation） 在 2016 年 1 920 亿卢布（约 33.3 亿美元）的贷款提供了担保。俄罗斯联邦中小企业发展公司（SME Corporation）是 2015 年由俄罗斯政府在《2020 年前俄罗斯扶持中小企业国家担保体系发展战略》框架下成立的。联邦中小企业发展公司（SME Corporation）通过一些区域商业银行和非银行金融机构如租赁公司，小额融资机构，区域中小企业支持基金和其他组织等，向中小企业提供融资援助。小型企业通过联邦中小企业发展公司（SME Corporation）的担保以 11%的年利率获得贷款，中型企

① 2002—2012 年间，俄罗斯进行第二轮税制改革，对中小微企业实行简易的单一税制度即“简易税制”，代替增值税与企业所得税并简化报税手续。

业按照 10%的年利率获得贷款。

2015 年俄罗斯国经济发展部颁布了《关于批准 2020 年前发展国家支持中小企业担保体系战略基本条款》（«СтратегияразвитияНациональнойгарантийнойсистемыподдержкималого и среднегопредпринимательстванапериоддо 2020года»）。该战略实施的主要目的是为中小企业主体建立统一担保体系进而改善中小企业融资状况。文件中规定，国家支持中小企业担保体系将在互相协作中保障对中小企业主体、联邦及区域等级的由银行等机构担保的中小企业基础设施项目提供有效支持。同时，该文件还确定了促进区域担保机构、贷款担保机构及其他国家担保体系内机构的发展目标和方法。信用担保公司是国家担保体系的权限中心，其主要经营目标是，在与金融机构战略联盟，以及地区担保机构合作框架下，扩大中小企业担保扶持的规模和范围。在国家担保体系发展过程中，中小企业能够依靠担保扶持和现阶段的市场需求被赋予优先发展权。

俄罗斯创投的发展也为创新创业和中小企业拓展了融资渠道。2016 年俄罗斯创业投资共 217 笔，总金额 8.16 亿美元，在 G20 成员中处于中等水平，虽高于 G7 成员英国和意大利同年规模，但同为金砖五国成员的中国是其 22 倍。

创业者服务

技术服务

在技术服务方面，俄罗斯将重发展数字经济，扶持数字服务、研发的中小企业。俄罗斯政府还通过财政补贴的方式激励高校、研究机构与企业的合作。

2017 年 5 月，俄罗斯总统普京签署了“2017—2030 年俄罗斯联邦信息社会发展战略”第 203 号总统令。在该战略框架下，2017 年 7 月，俄罗斯政府公布“俄罗斯联邦数字经济规划”，计划通过现代数字技术提高公共服务与产品的可用性和质量，为建设信息社会创造条件。根据该规划，俄罗斯将重点扶持 500 家提供数字服务、研发的中小企业。

俄罗斯《关于国家支持俄罗斯高校与工业企业合作的措施》第 218 号决议（2010 年）规定，国家为实施高新技术综合项目的组织及机构提供财政支持的程序和条件；对于那些由工业企业与高校共同完成的高新技术项目，将提供为期 1 ~ 3 年的补贴，每年的补贴额度为 1 亿卢布（约 173 万美元）。除此之外，国家还会为企业购买外国专利提供补贴，提供企业资产折旧期优惠，并通过开发银行、创业投资公司等机构支持高等院校、科研机构和大型公司建立“创新带”等。

市场支持

在市场服务方面，俄罗斯加大对中小企业的政府和国有公司采购配额，希望通过政府采购行为促进中小企业对本企业的设备进行现代化改造，进一步拓展中小企业的生产能力。此外，俄罗斯政府通过健全机制、提供补贴等措施帮助中小企业拓展海外市场。

《俄联邦 2030 年前中小企业发展战略》提出要将中小企业在政府采购中的份额从 2016 年的 18%提高到 2018 年的 25%。2016 年俄罗斯政府确定企业名单，责成名单内企业采购中小企业研发的创新及高技术产品，以推动中小企业技术和生产能力提高。之前，俄罗斯政府在 2013 年宣布自 2015 年起，收益超过 100 亿卢布（约 1.74 亿美元）的企业要将自身采购的 9%安排给中小企业。

俄罗斯总统普京在 2016 年战略发展和优先项目委员会会议上表示，目前，俄罗斯中小企业产品的销售局限在地区及地方局部市场，甚至那些高质量、具有竞争力的产品出口的机会也很少，俄罗斯必须制定一种机制，在全国范围内为中小企业寻找出口市场，将中小企业的产品推向国外市场。2017 年，俄工贸部建议从预算中为俄罗斯出口中心拨款 3.7 亿卢布（约 642 万美元）作为补贴，以便其创立并向境外推广“俄罗斯制造”的出口品牌，并将此列入政府决议草案。该文件是《在 2030 年前俄中小企业发展战略》的基础上制定的，将有助于提高俄罗斯品牌和商品在境外的知名度。

创业孵化

俄罗斯网络创新发展基金自 2013 年开始运行，向约 400 个创业型公司投资 60 亿卢布（约合 1 亿美元）。2012 年由俄罗斯总统普京建议成立该基金会，对俄罗斯大众网络工程初创企业提供融资和专业支持。基金会将为处于“种子前阶段（pre-seed，有构想但尚无商业计划）”和“种子阶段（seed，有基本商业模型和运营团队）”的企业建立孵化器。国家计划在拥有 IT 技术基础的城市建立 6~8 个孵化器。

斯科尔科沃基金会则是斯科尔科沃创新中心建设项目的一部分，该项目是俄罗斯政府支持的科技创新项目，主要目标是推动俄罗斯经济从传统的能源经济向创新经济转型，加速推进俄罗斯科技创新成果的商业化应用。截至 2016 年，该基金共接收 1 500 多家初创公司进驻中心，并为高科技人才提供了约 1.8 万个工作岗位。

交流平台

俄罗斯地方性展会是创业者和中小企业交流平台，他们还可以在展览会上获得金融机构和支持中小企业发展机构的咨询服务。在 2016 年第九届“亚马尔中小企业”地方间展览会上，约有 260 家企业参加了展览会并展出了自己的产品和服务。“亚马尔中小企业”展览会是亚马尔—涅涅茨自治区政府为支持中小企业发展举办的活动之一，上一届是在 2014 年举行的，当时参展企业有 82 家。

创业教育

俄罗斯的高等教育机构主要由国家统一管理，创业教育已经嵌入高校教育中。俄罗斯高校创业教育体现出跨学科合作、与企业合作以及国际化的特点，此外，还通过各种类型的创业平台、孵化器等促进科研技术成果转移以及创业企业的发展。

托姆斯克国立系统管理与无线电电子大学（Tomsk State University of Control Systems and Radioelectronics，TUSUR）是俄罗斯最早开展创业教育的高校之一。学校把培养学生的创业精神作为学校的教学目标之一。在创业教育和支持方面的基础设施建设，包括学生企业孵化器，为学生提供创业培训；有投资基金，投资学生创业的早期项目；有研发（R&D）商业化办公室，帮助把学生或教师的科研成果与市场需求对接；技术商业孵化器，主要对世界领先水平的科技成果进行小规模的产品生产试验；另外还有专门技术的培训和知识产权保护方面的工作。

TUSUR 有一个校友企业网络 UNIQ，包含 150 多家高科技企业，这些企业的产品占托姆斯克地区高科技产品的 80%。UNIQ 的成员企业可以直接使用 TUSUR 的创新创业基础设施，促进学校科技成果的商业化和新企业的建立与发展。因为这个组织的资源强大，有条件推动一些大规模的创新项目，成员企业可以和大学的科研人员就某个项目联合研发。对成员企业来说，他们可以了解到大学科研的前沿技术，有机会转化为自己公司的产品，也有机会招聘到优秀的学生加入公司；对学生来说，有机会通过参与项目研究的方式（project-based）学习产业界实用的技术和产品开发技能，有些成员企业是俄罗斯细分领域最好的公司之一，这对于他们未来提高就业能力也打下了好的基础；对研究人员而言，与成员企业合作，有助于把科研成果商业化，乃至成立新的企业，也成为 UNIQ 的成员。因此，UNIQ 企业家网络的建立以及和大学的合作，对各方都有益处。

在教学方法上，因为 TUSUR 是一所理工科大学，鼓励跨学科合作研究，对基于项目（project-based）的教学方法很重视，这种方法由多个国家领先的大学或工程学院组成的国际组织 CDIO（Conceive-Design-Implement-Operate）推行，TUSUR 于 2013 年作为俄罗斯第一批大学加入这个组织。

圣彼得堡国立大学（Saint-Petersburg State University，SPbU）是综合性研究大学。圣彼得堡国立大学有一个创业研究中心，设在管理学院的研究生院（Graduate school of management），会组织开展一些创业教育方面的活动。其中之一是组织学生的创业大赛，包括校内的比赛和参加国际比赛。2018 年举办第三届创业大赛，本科生和研究生均可参加，由圣彼得堡大学捐赠基金会负责奖金，2018 年奖金总额 250 万卢布（约 25 万元人民币）。大赛要求至少有 3 个不同专业的 3~5 名学生组成团队，要求项目有创新型和商业发展前景。首届大赛获得胜出的项目是快速低价检测人体生物液体中的铅物质。管理学院研究生院开设创业课程，主要是创业基础知识，以开发和完善商业计划为主要内容。从教学方法上，有讲课、小组讨论、案例研究，以及多人参与的项目。鼓励小组讨论的方式，所有的学生需要参加一个项目（Project）。圣彼得堡大学的创业研究中心还承担了全球创业观察（GEM）和全球大学生创业精神研究（GUESSS）俄罗斯的工作。

乌拉尔联邦大学（Ural Federal University，UrFU）是参与俄罗斯创业教育协会（RUAEE）制定创业教育标准的成员单位之一。该校有公共管理和创业学院，从专业设置上，有管理专业的硕士，学制 2 年，包含创新创业课程；有贸易方向的本科专业，学制 4 年，包含贸易领域的创业课程。乌拉尔联邦大学有创新创业的平台——创新系统（Innovation System），学生在这里可以完成从创意到产品制造的完整过程。这里有负责科研成果转化的部门，有提供知识产权保护指导的部门，并可提供与企业、投资机构及国内外创新创业组织的对接。在这里诞生了一批激光、LED 等高科技创业企业，建立了多个专业的研发中心如红外光纤技术、体育相关技术、传感器相关技术、机械制造等。乌拉尔大学创新平台建立了 IT 行业的孵化器，协同行业专家帮助 IT 类企业开发产品、改进产品，实现销售。

俄罗斯不仅有针对青年、女性特殊人群的创业培训，还有面向高成长企业提供的创业培训项目。

G20 青年企业家联盟（Young Entrepreneurs Alliance）在俄罗斯由两个组织共同领导。一个组织是创业中心（The Center For Entrepreneurship，CFE），另一个组织是俄罗斯中小企业联合会（OPERA Russia）。创业中心（CFE）总部在莫斯科，主要关注三个领域：（1）组织想创业并且有能力创业的人进行培训；（2）与其他机构发起成立了俄罗斯创业教育协会，对教师进行创业教育的培训，提高俄罗斯中学和大学的创业教育；（3）促进俄罗斯的创业文化。CFE 有多个创业培训项目，培训教师一般是创业者，并且接受过教学训练。其中给一个培训项目是“创业企业的问题”（Startup Huddle），预先选出创业者，提出创业过程中遇到的问题，以及对未来的设想，由成功企业家、投资人等组成的专家团队负责在 20 分钟内给予解答。活动每月举办一次，每次 1.5 个小时。俄罗斯中小企业联合会（OPERA Russia）是中小企业的所有者和经营者与政府当局对话的平台，在俄罗斯 85 个地区有办事处。联合会积极支持青年创业，鼓励技术创新。

针对青年创业者，俄罗斯有一个“UMNIK”计划（“青年研究与创新竞赛成员”），由小型创新企业援助基金会设立，主要支持年龄在 18~28 岁的年轻企业家，为年轻企业家提供两年 40 万卢布（约 6945 美元）的援助。自 2008 年实施计划以来，已有 800 多名年轻科学家参加了比赛，共有 150 名获奖者获得了实施创新项目的资助。

普斯科夫国立大学对有志于创业的青年举办“你是创业者”培训项目。这个项目面向 17~30 岁的青年，培训分 5 个模块：创业基础知识介绍；把创意变成可行的方案；建立你的企业；创业资本；财务规划。培训的内容中，用到了国际劳工组织（ILO）的创业教育培训模块，“Start and Improve Your Business（SIYB）”以及“Generate Your Business Idea（GYB）”。

安永在创业教育培训领域与有经验的俄罗斯创业中心（Center for entrepreneurship）、斯科尔科沃莫斯科管理学院（The Moscow School of Management SKOLKOVO）合作，在俄罗斯开展了女性创业者大赛（The EY Entrepreneurial Winning Women program）。这是安永的一个年度全球性项目，2017 年是在俄罗斯举办的第五届比赛。参赛者要求是有一定规模企业的女性创业者或高管。通过大赛，女性创业者可以获得进一步学习的机会，可以拓展人际网络、提升企业知名度，加快企业的发展。

俄罗斯创业中心（The Center For Entrepreneurship，CFE）有一个“企业规模化”（Scaleup）项目。这个创业者加速项目为期 9 个月，有 15 个具备高成长潜力的创业者入选，培训内容包含 10 个部分，至少 10 次人际网络拓展的活动，每名创业者至少会有 18 次接受单独辅导的机会。培训的具体内容包括战略规划、（互联网）市场、销售管理、领导力、资产管理等，创业者和成功企业家之间的交流不但对高成长创业者来说是宝贵的财富，对企业家来说也会有收获。

法国

概述

法国[①]有近 300 万家中小微企业，占法国企业总数量的 99.8%。2009 年至 2015 年，就业机会的增长主要来自中小微企业，其中微型企业创造了近 10 万个工作岗位。中小微企业在法国经济和就业中占有举足轻重的地位。

法国的《创新与研究法》（1999）为初创企业和科研成果的产业化、市场化提供了法律依据。在法国《研究与创新战略》（2009）的基础上，2015 年法国政府制订了新版《法国—欧洲 2020：国家研究战略》（2015），并在 2017 年投入 100 亿欧元实施第三期未来投资计划（Investments for the Future），在 2017 年 9 月推出投资总额 570 亿欧元的 The Big Investment Plan 2018—2022（GPI）对支持创新进行持续投入。法国政府对自我雇佣创业活动给予了积极的政策支持，2017 年推出自我雇佣者计划（The Plan for Self-Employed Workers）。法国有科研和创新专门管理机构法国国家研究所（The French National Research Agency，ANR），以及服务于中小微企业的中小企业联合会（CGPME）。

法国政府在 2017 年通过“创新竞赛”计划对中小企业进行财政补贴，并继续实施降低税率的优惠政策，2018 年预算案《The 2018 Finance bill》明确将在 2022 年之前将公司税（corporate tax）率降到 28%。法国政府为中小企业和新创企业提供多种形式的融资渠道，有专门为中小企业银行提供融资的银行如法国国家投资银行（Bpifrance），还有各类帮助创业者和中小企业获得融资支持的基金、项目，如在“法国科创”（French tech）下，针对创业企业的不同发展阶段设立了 Bourse French Tech 计划、Accélérateur de Start-up 基金和 Pass French tech 计划。

2017 年底法国政府制订企业发展与转型工作计划，旨在为法国商业活动提供便利，并采取相应改革措施。同年 10 月，法国启动“法国制造”（French Fab）活动，将其作为代表法国工业整体形象的品牌，促进法国工业各部门尤其是中小企业联合发力，重塑法国工业在国内外的形象，扩大法国工业的国际影响力。由法国经济部于 2013 年发起的“法国科创”（French Tech）活动则致力于在法国科创体系内汇集法国及海外的企业家、投资者、工程师、大型企业以及政府机构等，构成一个推动法国初创

① 法国中小微企业的定义主要基于人数，微型企业人数 1 ~ 9 人，中小企业 10 ~ 249 人。

企业成长及促进其国际化发展的生态系统，为初创企业的成长提供资金与配套政策。2017 年 6 月，号称世界规模最大的科技初创企业孵化器 Station F 在巴黎开始运营。创新企业创业大奖赛（Concours i-LAB）是一项全国范围内的创新技术公司竞赛，是法国支持创业的重要措施，也是法国教研部 i-LAB 创业政策的重要组成部分。

法国教育部发起的学生创业行动计划将创新创业的教学模块融到整个高校课程体系中。以法国 EMLYON 商学院为代表，几乎在所有的教育项目中都加入了创业教育活动。法国高校的创业教育还体现出国际合作的特点，2016 年巴黎综合理工大学，法国高等技术学院（ENSTA ParisTech），巴黎高等电信学校（Télécom Paris Tech）与中国浙江大学签订了双学位合作协议。针对女性的创业教育亦有进展，法国 BNP Paribas Wealth Management 和 Martine Liautaud's Women Initiative Foundation 于 2015 年共同发起了一个面向世界高成长企业女性创业者的培训项目 Women Entrepreneur Program。法国比较重视创业精神和创业文化的培育。

政府服务

法国政府重视科技和创新的发展，针对创新和科研不仅有专门的法律，还于 2015 年制定新版国家研究战略，并在 2017 年实施第三期未来投资计划、推出 The Big Investment Plan 2018—2022（GPI）对支持创新进行持续投入。

《创新与研究法》（1999 年）旨在改变公共研究机构与企业之间缺乏合作联系造成的科研和技术水平问题，并为初创企业和科研成果的产业化、市场化提供法律依据。在《法国研究与创新战略》（2009）的基础上，2015 年法国政府制订了新版《法国——欧洲 2020：国家研究战略》（2015）（Stratégie nationale de recherche, FRANCE EUROPE 2020），提出 10 大社会挑战及优先方向以及 5 大主题行动计划：节约资源与适应环境变化；开发清洁、安全与高效能源；刺激工业振兴；改善生命健康与增进社会福祉；保障食品安全与应对人口挑战；创建可持续交通与城市体系；建设信息与通信社会；构建创新型、适应型的和谐社会；促进欧洲空间开发；保障公民安全。行动计划包括：应用的大数据研究；应对气候变化的地球观测；医学与产业应用的系统生物学研究；服务病患的健康研究；服务公共政策的人类行为研究。该战略体现了法国政府对创新技术发展、推进产学研所有科研主体合作以及科研成果的转化转移的重视和支持，以及科研应对当前全球性的重大挑战且重点关注未来有巨大产业发展潜力的关键领域等。

法国政府在 2017 年投入 100 亿欧元实施第三期未来投资计划（Investments

for the Future）。第三期未来投资计划关注从上游的高等教育与科研到下游的企业创新整个过程，优先支持高等教育与科研的进步、促进科技成果转移转化、支持企业创新和促进中小企业发展。第三期计划在支持企业创新和促进中小企业发展方面配备资金 41 亿欧元。2017 年 12 月法国多部门联合推出的“创新竞赛”计划属于该投资计划促进中小企业发展的主要行动之一。未来投资计划由法国政府于 2008 年推出，为国家战略性领域的研究和创新提供资金来源，以提高法国经济竞争力。2010 年通过的第一期未来投资计划配备了 350 亿欧元，2013 年通过的第二期计划配备了 120 亿欧元。

重点支持扩大就业、鼓励创新与数字化发展的 The Big Investment Plan 2018—2022（GPI），由法国政府于 2017 年 9 月推出，投资总额 570 亿欧元。该投资计划在提升公民就业竞争力方面预算为 150 亿欧元，计划为 200 万低技能人员提供培训机会并帮助他们就业，包括为 25 岁以上的失业人群提供集中培训、为在义务教育过程中辍学的人群提供长期培训与就业机会，并探索大学初期教育的转型与就业指导问题。该投资计划在鼓励创新方面的预算为 130 亿欧元，重点支持公共科研，鼓励公共科研机构与企业在人工智能、大数据开发、纳米技术和网络安全方面进行合作并产出成果。另外，在建设数字化方面的预算为 90 亿欧元，支持政府实现 100% 数字化办公，减少公共支出，提高公共服务的质量。

自我雇佣活动对于创业创新文化、经济增长、就业等均有重要影响，法国政府对自我雇佣创业活动给予了积极的政策支持。2017 年 9 月，法国政府推出自我雇佣者计划（The Plan for Self-Employed Workers），内容包括支持创业、提高购买力、改善对其的社会保护、简化并提高服务质量等。在支持创业方面的具体措施有：从 2019 年 1 月 1 日开始，向创建或接管企业的失业人员提供援助系统（ACCER）；在社会保险费及家庭补助金征收联合机构（Family Benefits and Social Security Contributions Collecting Body，URSSAF）中设立个人经理，为创业者提供更多个人支持。在改善社会保护方面具体措施包括，2018 年 1 月 1 日开始将自我雇佣者社会保护制度（Self-Employed Workers' Health Insurance Plan，RSI）与一般社会保障计划联系起来。在提高服务质量，简化服务流程方面的措施有简化税收流程、简化退休基金管理、针对微型创业者进行税收返还等。并计划从 2018 年第一季度开始创建微型企业家纳税申报表，并从 2018 年第三季度开始重新设计相应网站。

财税和金融支持

在财税支持方面，法国政府不仅在 2018 年政府预算案中对中小企业减征企业所得税，还通过“创新竞赛”计划对创新创业进行财政补贴。

2017 年底法国政府通过 2018 年预算案《The 2018 Finance bill》，明确将在 2022 年之前将公司税（corporate tax）率降到 28%。2018 年对营利额在 50 万欧元以下的企业，企业税征收率减为 28%。2018 年之后，对所有的企业将逐步统一降低企业税：2019 年税率降到 31%，2020 年降到 28%，2021 年降到 26.5%，2022 年降到 25%。对于小企业仍维持 15% 的优惠税率。此次减税之前，法国企业税平均水平为 33%。法国政府预计此次减税将为企业共减少 110 亿欧元的税负。这也是 2016 年以来，G20 成员中又一大规模的减税计划。例如，2016 年 11 月英国政府宣布在 2020 年将中小企业企业所得税税率降至 17%。2017 年 12 月美国宣布税改法案将企业税降为 21%。印度 2017 年财政预算将中小企业的公司税率从 30% 下调为 25%。

“创新竞赛”计划由法国环境部、经济部、教研部、投资总署与法国国家投资银行、环境与能源管理署在 2017 年底联合发起。该计划由法国 The Big Investment Plan 2018—2022（GPI）提供 3 亿欧元，通过政府补贴形式提供给中小企业，对小型企业的成本补贴不超过项目总成本的 45%，对中型企业的补贴不超过 35%。入选项目的研发成本控制在 60 万 ~500 万欧元之间。国家对入选项目的支持周期为 1 ~ 3 年。项目依据所属领域，分别由法国国家投资银行、环境与能源管理署招标并资助，招标分多轮进行。“创新竞赛”计划主要支持数字化技术、健康技术、安全保障与网络安全、“法国制造”（French Fab）等多个方面。

在金融支持方面，法国政府为新创企业和中小企业提供了多种形式的融资渠道，帮助他们解决融资问题。有专门为中小企业银行提供融资的银行，也有针对创业企业不同发展阶段而设置的项目和基金。

法国国家投资银行（Bpifrance），为微型企业提供种子资金、创新资助、担保等金融支持，对中小企业提供创新资助、担保、出口支持和融资、成长资金等金融支持。法国国家投资银行（Bpifrance）在法国有 49 个办公室，一共有 2 500 名雇员，投资决策由当地办公室来直接决定。法兰西银行（Banque de France）在 2016 年派遣 100 个咨询顾问（advisor），去帮助那些雇员少于 10 人且年收入少于 200 万欧元的微型企业，以打通银行和创业者的渠道，解决创业融资难的问题。

针对创业企业的不同发展阶段，法国政府成立了不同项目给予融资支持。例如，为初创企业的初始运营提供支持的 Bourse French Tech 计划。该计划的目的是通过支持创新型公司的创建阶段来鼓励企业家冒险，向处于创业和创建阶段但具有高增长潜力的公司提供资金，帮助其进入市场。一般可提供 1 万至 3 万欧元的启动资金支持，最高可达 4.5 万欧元，由法国国家投资银行（Bpifrance）负责运营。为初创企业提供加速服务的 Accélérateur de Start-up 基金，满足相应标准的初创企业可获得最高可达 2 亿欧元的国家财政与私募基金的联合融资支持。该基金在未来投资计划（Investments for the Future）框架内，由法国国家投资银行（Bpifrance）负责管理。

创业者服务

技术服务

2016 年 6 月，法国政府提出促进科技成果转移转化举措，强调高校在法国创新体系中的重要性，是联系公共科研和企业的重要主体。举措包括：设立知识产权委托代理人，法国境内的联合研究单位需要指定唯一知识产权代理人，以加快知识产权转移合同的签署加快知识产权合同的签署；放松对加速技术转移转化类公司（SATT）盈利时间限制，此前规定加速技术转移转化类公司（SATT）最迟应在成立 10 年后取得收益，新政规定可以根据其自身发展情况后推该期限，以投资更长期的项目；改善加速技术转移转化类公司（SATT）的管理，对于创办前三年评估为优秀的加速技术转移转化类公司（SATT），中央政府将缩小对其的管理权限，不再使用一票否决权，把管理让权其所在地的地方政府，同时政府将加强对加速技术转移转化类公司（SATT）运营的专业化管理；要求技术研究院（IRT）这类技术发展平台在短期内加紧与公共科研机构的联系，促进合作成果产生；在巴黎第六大学等 3 所大学试点研究联系公共科研人员与企业，促进科技成果转移转化的新机制，由这些大学与法国教研部、法国投资总署共同确定目标与评价指标等。

市场支持

2017 年底法国政府制订企业发展与转型工作计划[①]，该法案旨在为法国商业活动提供便利，并采取相应改革措施，例如降低中小企业的准入门槛，减少中小企业相关的义务，创造更有利于中小企业增长的法律环境；建立商业手续在线平台，减少企业家的工作；建立单一区域窗口（single regional windows），帮助中小企业扩大海外市场等。实际上，在 2015 年法国商业和工业部（Chamber de Commerce et d'industrie）已经开始进行企业注册改革，推出了一站式服务，创业者可以在公司注册中心（Les Centers de Formalites des Entreprises，CFE），一个地

① Action Plan for Business Growth and Transformation（PACTE），于 2018 年 9 月交由法国议会讨论。

方，填写一张表格，就完成公司的注册。创业者不用再花费时间等待商务部门（The Commercial Court）的程序，可以在较短的时间内完成公司注册。

“法国科创”（French Tech）活动由法国经济部于 2013 年 11 月发起，致力于在法国科创体系内汇集法国及海外的企业家、投资者、工程师、大型企业以及政府机构等，构成一个推动法国初创企业成长及促进其国际化发展的生态系统，并在法国国家投资银行和法国商务投资署等国家机构的支持下，为初创企业的成长提供资金与配套政策。截至目前，“法国科创”（French Tech）已经成立了 9 500 家科技创新初创企业，2016 年融资额超过 20 亿欧元。在“法国科创”体系内，法国政府还实施了吸引全球创新创业人才的各项举措：自 2015 年起，举办“法国科创之门”（French Tech Ticket）全球创业竞赛，吸引海外创业者到法国创建科技创新企业；2017 年 6 月，法国宣布启动“法国科创签证”（French Tech Visa），为全球创新创业优秀人才提供为期 4 年的“人才护照”居留许可证，针对海外创业者、“法国科创”企业的国际员工、海外投资者提供更为简化、便利的手续，获得法国科创签证的申请人无须再申请法国工作许可证，并可在四年签证到期后申请更新。法国科创（French Tech）还在全球范围内（纽约，以色列，东京，旧金山，莫斯科，阿比让，开普敦，伦敦，巴塞罗那，香港、蒙特利尔，北京、上海、深圳、台湾等地）设立了“法国科创枢纽”（French Tech Hubs），为初创企业的成长和加速提供资金与指导服务。另外，法国科创（French Tech）还设置了 Pass French tech 计划，该计划拥有众多合作伙伴（包括 French Tech，Business France，National Institute of Industrial Property 等），加入该计划的企业能够一站式获得所有合作伙伴的服务，以加速企业的发展。

2017 年 10 月，法国经济部长宣布启动“法国制造”（French Fab）活动，将其作为代表法国工业整体形象的品牌，促进法国工业各部门尤其是中小企业联合发力，重塑法国工业在国内外的形象。通过“法国制造”（French Fab），法国的中小企业与大型企业将形成一个网络，由政府统一认证，作为一个整体出现在法国与国际市场上，扩大法国工业的国际影响力。法国经济部将与法国国家投资银行、法国中型企业运动组织、法国未来工业联盟、法国各地区政府等合作，将相关中小企业纳入孵化器，培养具有出口潜力的企业，促进“法国制造”（French Fab）举措的顺利开展。

创业孵化

2017 年 6 月 29 日，号称世界规模最大的科技初创企业孵化器 Station F 在巴黎开始运营，该孵化器投资 2.5 亿欧元、占地 34 000 平方米，创业企业只需要支付每张桌子每月 195 欧元的租金，孵化器不会从项目本身收取任何服务费。

Station F 除了向创业者提供办公空间等硬件服务外，还设有创业孵化和加速的项目，每一个项目是一个独立的孵化器。这些项目面向全球创业者，由 Station F 单独提供或者和全球科技企业联合提供，覆盖包含数字金融、互联网健康、互联网电商平台和人工智能等在内的数字生态系统各个领域。Facebook、微软、Thales 集团、韩国 Naver、法国大脑与脊髓研究所等世界知名科技企业分别在 Station F 内投资了大数据、人工智能、网络安全、多媒体及健康产业的主题孵化器。Station F 预计迎接 1 000 家初创企业与这些世界知名高科技企业建立合作关系。在这里列举部分项目：

Station F 的“创业者项目”（Founders Program），这个项目向早期阶段的初创企业（early-stage start-ups）开放，除了提供会议室、办公设备等硬件设备和服务外，随时提供来自其他企业、专家的支持资源，并且对初创企业创业者的项目进展没有期限限制，也不指定指导员。

Station F 的“奋斗者项目”（Fighters Program），这个项目的目标人群是来自落后地区或农村地区的年轻人，以及移民和难民，项目的初衷是帮助不能享受平等创业机会的人创业。

除了上述 Station F 的项目，还有全球知名科技企业投资的主题孵化器。例如，Facebook 的初创车库（Startup Garage from Facebook），为创新型数据驱动型公司提供加速服务。微软公司项目，法国微软公司与法国国家信息与自动化研究所（INRIA）合作推出的针对人工智能的研发项目，目标群为致力于人工智能的初创公司、研究员和组织。泰雷兹（Thales）的数字工厂（Thales Digital Factory Program），帮助初创企业捕捉网络安全的市场机会。Naver/Line 的绿色空间（Space Green），韩国 Naver 株式会社正在开发 F 站的早期消费者互联网，包括移动消费应用程序，创新媒体，数字本地商业和 O2O。iPEPS-ICM 孵化器，大脑和脊柱研究所（Brain and Spine institute，ICM）的孵化器，也是法国第一个致力于解决脑部疾病的创新加速器，有超过 700 名研究员的网络，临床医生，一个临床调查中心和 17 个先进的技术平台。Ubisoft 项目，法国游戏开发商育碧 Ubisoft 推出的游戏 & 娱乐（Gaming & Entertainment）项目，鼓励初创公司进行游戏娱乐方面的内容创作。Shakeup Factory 的食品技术加速器（Foodtech Acceleration Program）。巴黎银行（BNP Paribas）的 Plug and Play Accelerator 加速器，目标是加速银行数字化业转型。欧莱雅（L’Oréal）的美容科技加速器（Beauty Tech Atelier Accelerator），面向美容科技的早期初创企业。OuiCrea 的 Chine-Hexagone

Accelerator（CHA）国际加速器项目（International Accelerator），提供跨境孵化计划，通过在上海、苏州和巴黎的3家联合工作空间吸引中国初创公司到法国、法国初创公司去中国创业。

交流平台

创新企业创业大奖赛（Concours i-LAB）是一项全国范围内的创新技术公司竞赛，是法国支持创业的重要措施，大赛目的是资助研究和创新的项目，帮助企业解决资金问题从而产生最终的成果，如创新技术产品、流程或服务。创业大奖赛由法国教研部与法国国家投资银行（Bpifrance）共同组织并提供奖励资金与配套服务。创业大赛在自开办以来的19年里共投入资金4.18亿欧元，支持创建1 820家企业，其中70%仍在运行。

创业大奖赛除了为入选项目提供奖金外，还与创业服务与投资机构合作提供配套服务，为创业者的成长提供支持。如以专题会议等形式为创业者提供帮助；提供与成熟企业的私人交流机会；由里昂商学院提供培训课程，推荐参加法国高等商学院集团的创业者培养项目；推荐进入北美“新技术创业加速器”项目的第二轮评审，帮助了解北美市场。创业大奖赛由所在地区的法国教研部研究与技术地方代表处进行初审，并邀请外部专家提出初审建议，然后将预选的项目提交国家评审委员会，由多位来自产业界、科研界与投资界的评审委员会专家评选出入选项目、确定每个项目的奖励金额。

创业大奖赛是法国教研部i-LAB创业政策的重要组成部分。i-LAB创业政策目的是支持创新企业的创建、鼓励创业精神。政策分为两个方面：①创业大奖赛。于1999年开办，仅支持技术创新型创业项目，获奖者最高可得到45万欧元的奖励，表彰为解决“法国国家科研战略”提出的未来十大社会挑战而作出的努力和贡献。②学生创业奖。于2014年设立，鼓励学生或年轻的毕业生创业，每年评选出50个优秀项目并给予5 000欧元到2万欧元的奖励，对是否是技术创新型项目不作要求。

创业教育

法国教育部于2013年发起了学生创业行动计划（Action plan for student Entrepreneurship（Plan d’actionenfaveur de l’entrepreneuriat é tudiant）），主要包括四个方面：把创新创业的教学模块融到整个高校课程体系中，创新和创业教育贯穿大学本科、硕士和博士阶段；2013—2016年设立30个学生创新创业中心（PôlesEtudiants Pour l’Innovation，le Transfer et l’Entrepreneuriat）；为正在创业的28岁以下的大学在校生或大学毕业生建立“大学生—创业者”身份，支持大学生特别是大学毕业生在创办公司期间保有学生身份以及社会福利；设立学生创业全国性奖项“汤普林大学生创业奖”（Tremplin Entrepreneuriat Etudiant）（Tremplin pour l’entrepreneuriat étudiant），由教育部资助，获奖者在创办公司时会获得 5 000~10 000 欧元不同等级的资助，最有发展潜力的 3 个项目还会获得 1 万欧元的额外奖励。

法国高校中以法国 EMLYON 商学院为代表，几乎在所有的教育项目中都加入了创业教育活动。这些活动包含三个层次：一个是基础创业教育，每一个学生至少有一门课程与创业有关，二是较为深入的创业课程，三是丰富的创业教育实践活动，实践活动可以由学校的孵化器或者通过学生社团来实施。EMLYON 商学院与创业教育相关的课外活动包括 Junior World Entrepreneurship Forum，主要关注微金融和社会创业的 EMicrocrédit，这些活动加强了在校学生对创业实践的理解。EMLYON 商学院还开设了一些网络创业教育课程，如“创业入门”（Introduction to Entrepreneurship）就集成了视频讲课、学生互动、在线论坛、评价等功能，慕课（MOOC）“通过设计思考成为创新创业者”（Becoming Entrepreneur of Innovation through Design Thinking）等。

法国高校的创业教育还体现出国际合作的特点。2016 年 9 月 4 日，巴黎综合理工大学，法国高等技术学院（ENSTA ParisTech），巴黎高等电信学校（Télécom Paris Tech）与中国浙江大学签订了双学位合作协议，这项协议的目的是培养在创新和创业领域具有国际视野的顶尖中国科学家。浙江大学选拔的学生分别在中国和法国学习，并得到法国工业集团的支持，可以参与具体案例研究项目。

针对女性的创业教育亦有进展。法国 BNP Paribas Wealth Management 和 Martine Liautaud’s Women Initiative Foundation 于 2015 年共同发起了一个面向世界高成长企业女性创业者的培训项目 Women Entrepreneur Program，培训地点在美国斯坦福大学，为期一周。2017 年有 40 位来自 12 个国家的女性创业者接受培训。培训的内容包括理论和实践（如创新管理、M&A），目标是提高创业者的领导力、管理水平和个人发展技能（谈判、决策），并参观多家优秀企业。大学教授和有经验的创业者会担任教师和 Mentor。在这个项目中，会为女性创业者加强创业榜样（Role model）的宣传并为她们搭建人际网络（Network）。法国高等商学院 HEC 的支持女性创业的项目主要向低收入地区的女性群体提供培训，以帮助更多女性通过创业解决就业问题。项目名称是 Stand-up，为期两年。两年中会集中学习几次，每次一周或几周不等。2018 年 HEC 的计划是帮助 380 名女性创业者。

韩国

概要

虽然早在 1966 年韩国政府就颁布了《中小企业基本法》来保护中小企业[①]的利益，但是在韩国经济发展初期强调大企业的优越性，并不重视创业和中小企业的发展。20 世纪 70 年代以来，韩国开始不断完善支持中小企业发展的法规体系，并制定和完善创业投资相关法规，促进创业投资的发展。2017 年文在寅政府将中小企业厅升格为韩国中小企业和创业部（Ministry of SMEs and Startups），以推动经济结构向以创业和中小企业为中心转变，促进大中小企业之间的合作。

在财税和金融支持方面，韩国政府对创新创业和中小企业实施税收减免的激励措施，并提供政策性贷款支持。韩国中小企业的公司税可获得 5% 至 30% 不等的减免。另外，为核心技术商业化进行的投资、为提高生产率对设施或者设备的投资等可从企业所得税汇中扣除。2017 年 7 月，韩国政府通过补充预算，以“中小企业政策赠款”（SME Policy Grants）的形式向中小企业提供 8 000 亿韩元（约 7.5 亿美元）的贷款。由韩国中小企业公司（SBC）和各银行组成的融资系统，为韩国创业企业和中小企业提供融资支持。其中，韩国央行韩国银行分别在 2015 年和 2017 年增加了中小企业贷款额度上限，使银行贷款支持中介机构（the Bank Intermediated Lending Support Facility）总规模达到 25 万亿韩元（约 233.7 亿美元）。天使投资已成为韩国创业投资的主要部门，给韩国创业企业和中小企业拓展了融资渠道。截至 2016 年年底，韩国天使投资总额达到 2 126 亿韩元（约 1.98 亿美元），创历史新高。另外，众筹在韩国的合法化以及韩国科技股市场高斯达克市场（KOSDAQ）为创业企业提供了多样化的融资渠道。

中小企业全球化是韩国中小企业和创业部（MSS）最重要的政策目标之一，也是对创业企业和创业者的重要服务措施。对此，韩国实施了包含系列项目的出口促进计划，如设立了出口支持中心，实施“全球高速公路计划”（Global Highway Program）。在 2016 年开始实施“最佳中小企业产品电商直销店计划”（Online Reverse-Direct Purchase Store Project for Best SME Products），利用大型

① 根据“中小企业框架法实施法令”，超过 1 000 名全职雇员或总资产超过 5 000 亿韩元的企业被排除在中小企业类别之外。2013 年，中小企业占韩国企业总数的 99.9%。

企业的在线平台，联合中小企业与大型企业拓展海外市场。并与多个国家签订自贸协定、缔结中小企业合作 MOU（谅解备忘录）。韩国政府还在信息、经验分享方面搭建创业者之间的交流平台。例如，2017 年在韩国各地举行了十余次“市政厅会议”（town hall - type meetings），帮助韩国出口商分享主要出口商的最佳做法；举办口号是“创业 101，有我在”（Startup 101，Pick Me Up）的青年就业节等活动。

韩国政府层面有一些创业培训项目，面向人群包括青年、大学生，支持领域包括软件相关领域。韩国高校创业教育的相关指标是大学获得财政支持的考量指标。韩国高校注重高校之间的创业教育合作，共同举办各类活动、共同搭建创业平台。此外，韩国在“工作一学习双体系”（Work-Study Dual System）中设有专门针对高中、高等职业学院的学生的培训项目。韩国政府和高校在创业教育领域所作出的努力推动着韩国创业精神和创业文化的发展。

政府服务

在 2017 年中小企业创业部成立之前，韩国中小企业厅是韩国创业支援体系的推动机构。2017 年，文在寅当选第 19 届韩国总统，对政府机构进行新一轮改组，将中小企业厅升格为韩国中小企业和创业部（Ministry of SMEs and Startups），把分散在各部门的小商工业者、自营业者、中小企业等相关业务部门合并到单一部门，制定统一政策措施，提高政策效力。

韩国中小企业和创业部（Ministry of SMEs and Startups，MSS）旨在推动经济结构向以中小和创业投资企业为中心转变，负责营造鼓励创新创业的社会环境，为中小企业营造良好的成长环境，推动大中小企业合作。文在寅政府计划将每年发放 2.5 万亿韩元（约 23 亿美元），约占总预算的 7%，以支持创业公司和中小型企业。

韩国政府对创投发展也制定了相关法规。韩国政府分别于 1998 年和 2002 年修订了《培育高科技企业特别措施法》，鼓励对中小型企业进行创业投资，导入股票交换制度，简化企业并购过程，并改善了对创投企业的特定制度。1999 年制定《科技创新特别法》，对扶持中小型企业发展做了明确的政策界定，明确了国家发展中小型创业企业的责任。

财税和金融支持

韩国政府对创新创业和中小企业实施了税收减免、政策性贷款的激励措施

韩国中小企业的公司税可获得 5% 至 30% 不等的减免，具体取决于公司的地理位置、规模、业务类型等，减免的额度上限为 1 亿韩元（约 9.3 万美元）。该税收激励适用于 2020 年 12 月 31 日以前的纳税年度。

2018 年底前，为核心技术商业化进行的投资，其投资额的 10%（中小企业）、7%（中型企业）、5%（大型企业）将从企业所得税中扣除。2019 年底以前为提高生产率对设施、设备的投资、对工业用途所需的安全性投资，投资额的 3%（中型企业）、7%（中小企业）将从企业所得税中扣除，未使用的税收抵免可以结转至未来五年。

2017 年 7 月，韩国政府通过补充预算，以“中小企业政策赠款”（SME Policy Grants）的形式向中小企业提供 8 000 亿韩元（约 7.5 亿美元）的贷款。其中，2 000 亿韩元（约 1.87 亿美元）将贷款给中小企业的设备投资，2 000 亿韩元（约 1.87 亿美元）贷给有财务困难的中小企业，4 000 亿韩元（约 3.73 亿美元）用于创业企业。

“中小企业政策赠款”（SME Policy Grants）是向创新创业企业和高新技术中小企业提供的政府低息贷款，帮助他们解决银行融资困难，由中小企业和创业部（MSS）和韩国中小企业公司（SBC）实施。在筛选贷款申请者时，中小企业和创业部（MSS）和韩国中小企业公司（SBC）将优先考虑有员工招聘计划的创业企业和中小企业。在评估时，还结合工资和雇员福利来评估工作岗位的“质量”。此外，如果创业企业和中小企业在三个月内获得贷款并雇用新雇员，中小企业和创业部（MSS）和韩国中小企业公司（SBC）将退还公司支付的利息。每名雇员可返还 0.1% 的额度，最高可达 2.0%，但是只有当公司在获得贷款后六个月内继续雇用新员工，才能获得利息返还。

由韩国中小企业公司（SBC）和各商业银行组成的融资系统，以及创业投资在韩国的发展为韩国创业企业和中小企业提供多样化的融资支持

韩国中小企业公司（SBC）根据中小企业的不同发展阶段（创业—增长—重新启动）提供金融支持，包括为创业企业提供启动资金，在中小企业的增长阶段、重新启动阶段以及高科技企业的研究成果商业化过程中提供资金支持，另外还帮助企业渡过因自然灾害或陷入困境带来的不稳定阶段。SBC 的全球合作计划等咨询项目支持创业企业和中小企业提升其全球竞争力。

韩国银行是韩国的中央银行，也是向小企业提供低息贷款的主要机构。2017 年，韩国银行在提交给议会的报告中表示将改善银行贷款支持中介机构（the Bank Intermediated Lending Support Facility）的信贷政策，将正在进行公司重组处于困境的企业纳入贷款支持范围，并将中小企业贷款总额度上限提高 5 万亿韩元（约 46.7 亿美元），使银行贷款支持中介机构（the Bank Intermediated Lending

Support Facility）总规模达到 25 万亿韩元（约 233.7 亿美元）。2015 年韩国银行将中小型企业贷款额度上限提高 5 万亿韩元（约 46.7 亿美元），银行贷款支持中介机构（the Bank Intermediated Lending Support Facility）的规模达到 20 万亿韩元（约 187 亿美元）。

天使投资已成为韩国创业投资的主要部门，给韩国创业企业和中小企业拓展了融资渠道

截至 2016 年底，韩国天使投资总额达到 2 126 亿韩元（约 1.98 亿美元）。其中私人投资者投资 1 747 亿韩元（约 1.63 亿美元），共 3 984 名私人投资者，通过私人投资协会（Private investment associations）的投资为 379 亿韩元（约 3 543 万美元），创 2004 年以来的新纪录。

韩国中小企业和创业部（MSS）认为，韩国私人投资协会（Private investment associations）的规模继续扩大，在专业知识、规模经济、投资风险控制、投资组合建设等方面均优于私人投资者。截至 2017 年 6 月，私人投资协会（Private investment associations）共有 273 家，资金规模达 1 378 亿韩元（约 1.29 亿美元）。自 2015 年底以来，私人投资协会（Private investment associations）数量增加了 206.7%，资金规模增加了 209.0%。2016 年，私人投资协会的投资额创历史新高。截至 2017 年 8 月，总投资额达 867 亿韩元（约 8 106 万美元）。

2015 年 7 月，韩国国民议会（Korea's National Assembly）通过法案，使众筹和众筹网站在韩国合法化，该法案出台之前，韩国的创业者只能使用自己的资金、小型的创业投资资金池，或者国外众筹平台来融资。

韩国的科技股市场——高斯达克市场（KOSDAQ）是由韩国证券商协会仿美国的纳斯达克市场于 1996 年 7 月 1 日设立并正式开场交易的。韩国政府《振兴高斯达克市场计划》，包括增加高斯达克公司的资本金，扩大高斯达克上市法人转让收益的免税范围，放宽在高斯达克上市的条件，对上市中小企业给予更优惠的税收待遇等一系列措施来促进其发展。

创业者服务

市场支持

中小企业全球化是韩国中小企业和创业部（MSS）最重要的政策目标之一，也是对创业企业和创业者的重要服务措施。对此，韩国中小企业和创业部（MSS）

制订了出口促进计划，其下属的中小企业管理局（Small and Medium Business Administration，SMBA）负责具体实施。

韩国中小企业和创业部（MSS）在全国各地的区域办事处设立了 14 个出口支持中心，以提供一站式支持并解决中小企业面临的出口困难。在这些出口支持中心，中小企业不仅可以获得政策支持，还可以从中小企业公司（SBC），韩国贸易投资促进局（KOTRA）和其他政府组织获得有关出口的政策支持。譬如，帮助解决中小企业面临的原产地认证困难，以能够充分利用自由贸易协定（Free Trade Agreement，FTA）。

韩国中小企业和创业部（MSS）的出口促进计划还包括参与全球展览，派遣贸易代表团，帮助中小企业加入国际供应链。此外，韩国中小企业和创业部（MSS）还提供与研发、融资等政策领域的出口促进计划，如“全球高速公路计划”（Global Highway Program）。

与以往以营销支持为重点的项目不同，“全球高速公路项目”（Global Highway Program）为企业的全球化能力提升提供指导和政策支持，帮助企业成长为“强大的全球中小企业”（strong global SME）。

引领市场的技术发展、快速本地化以及快速应对全球市场环境变化的管理体系，是决定企业在全球市场中命运的关键因素。许多公司在经历了一段时间的增长后，由于理念、技术的原因，在国内外市场上陷入增长停滞。对此，“全球高速公路项目”（Global Highway Program），帮助初创企业和中小企业克服增长停滞，寻找拓展全球市场的机会，快速成长为强大的全球中小企业（strong global SME）。

“全球高速公路项目”（Global Highway Program）按三个步骤提供系统的、有重点的支持：诊断全球化能力、制定全球化战略和提供营销、研发和金融支持。在前两个步骤里，由拥有全球网络和丰富的全球化公司咨询经验的咨询公司提供咨询服务，并制定措施提高企业全球化能力。在步骤三里，由企业、韩国中小企业和创业部（MSS）、中小企业管理局（SMBA）和其他政府部门共同执行这些措施，企业由此获得定制的支持。

“全球高速公路项目”（Global Highway Program）的重点对象是，当前出口规模不大、但需要建立全球化管理体系以扩大出口的企业，或者是亟须寻找出口停滞突破口的企业。

韩国中小企业管理局（SMBA）在 2016 年开始实施“最佳中小企业产品电商直销店计划”（Online Reverse-Direct Purchase Store Project for Best SME Products），这是利用大型企业的在线平台，联合中小企业与大型企业拓展海外市场的新模式。

自 2014 年以来，韩国中小企业管理局（SMBA）一直在实施中小企业产品全球在线商店项目（Global Online Store Project for SME Products），截止上述项目的推出，已通过全球网上商店销售了 2 571 家中小企业合计约 540 亿韩元（约 5 408 万美元）的产品。

该项目委托专门机构负责维护运营在五个全球在线商店（亚马逊、易趣、淘宝、乐天和 Qoo10）（Amazon，Ebay，Taobao，Rakuten，Qoo10）上的整体销售流程，如从产品网页构建（翻译）到推广和最终出货。将涉及三个大型企业的运营平台（SK Planet，乐天，现代家居购物）（SK Planet，Lotte.com，Hyundai Home Shopping），约 1 000 家中小企业的产品。平台开设“最佳产品专卖店”（Best Products Store）推广中小企业产品，并提供以下服务：

■ 网页创建。创建带有详细产品描述的产品网页，并翻译成目标国家/地区的语言。

■ 培训和咨询。全球出口培训、基于销售记录分析的咨询以及专门用于全球运输产品的仓储物流服务。

■ 促销。提供广泛的促销活动，包括韩国品牌销售日、购买里程和免费送货券等

此外，参与项目的中小企业还可以受益于韩国中小企业银行（Industrial Bank of Korea，IBK）共同增长贷款计划（Shared Growth Loan program）提供的优惠贷款利率。

2016 年 10 月，韩国中小企业管理局（SMBA）与中国阿里巴巴签署了“通过在线渠道促进中小企业出口的谅解备忘录”（the MOU for the Promotion of SME Exports through Online Channels with Alibaba），这也是对前文中提及的“最佳中小企业产品电商直销店计划”（Online Reverse-Direct Purchase Store Project for Best SME Products）的跟进行动。备忘录将允许韩国中小企业从阿里巴巴的 B2B 平台中获益，并通过联合运作的电子商务培训项目，帮助有潜力的中小企业拓展海外业务。

韩国中小企业管理局（SMBA）与中阿里巴巴（Alibaba）相互合作，允许韩国政府推荐的中小企业进入阿里巴巴的 TA（贸易保证）[①]（Trade Assurance）服务。这项服务预计可提高韩国中小企业对海外买家的可靠性，促进在线 B2B 交易。

---

① TA（贸易保证）（Trade Assurance），阿里巴巴（Alibaba.com）提供的一种服务，为买家提供付款、产品质量和准时交货的保证。这项服务目前只提供给中国供应商。

谅解备忘录的主要特点如下：

- 通过使用全球黄金供应商会员（Global Gold Supplier Membership，GGS）等工具，合作改善阿里巴巴为韩国中小企业提供的平台的用户体验。
- 阿里巴巴B2B平台（Alibaba.com）提供优质的会员服务，包括搜索结果列表的曝光率、为单个供应商提供的迷你网站以及无限的产品注册。
- 韩国中小企业管理局（SMBA）选择优质的韩国中小企业，帮助它们申请和利用全球黄金供应商会员（GGS）优惠，如补贴高达70%的会员费，并协助创建外语产品页面。
- 阿里巴巴B2B平台（Alibaba.com）向韩国中小企业管理局（SMBA）推荐的中小企业提供会员费折扣、搜索结果列表的曝光率等支持。

在该备忘录框架下，2017 年 3 月，韩国中小企业管理局（SMBA）和韩国中小企业公司（SBC）宣布在阿里巴巴 B2B 平台（Alibaba.com）上为韩国中小企业设立一个“产业枢纽”（Industry Hub），提供多样化的优质服务，包括搜索结果页面中的优先推荐，为他们进入全球在线 B2B 市场提供战略上的便利。

韩国首个自由贸易协定是与智利于 2004 年签订的，截止到 2015 年底，韩国与 51 个国家签订自贸协定。为了促进韩国中小企业的海外进出口及应对海外市场的变化，韩国政府还与 FTA 国家以外的新型发展国家缔结中小企业合作 MOU（谅解备忘录）。2015 年与科威特、巴西、智利、丹麦、匈牙利等 5 个国家缔结中小企业合作谅解备忘录（MOU）。2018 年与厄瓜多尔签署中小企业合作谅解备忘录（MOU），内容包括扩大双方贸易和投资，交流有关中小企业政策的经验和信息，制订培训和教育计划，并通过派遣专家检查进展情况。韩国中小企业和创业部（MSS）将确定并推动可以帮助韩国中小企业进入厄瓜多尔市场的合作项目。

交流平台

韩国中小企业管理局（SMBA）将“扩大韩国中小企业的全球出口”作为 2017 年的首要目标之一。为此，韩国政府也在信息、经验分享方面搭建创业者之间的交流平台。

2017 年在韩国各地举行了十余次“市政厅会议”（town hall - type meetings），帮助韩国出口商分享主要出口商的最佳做法，并讨论解决出口商面临的各种问题，例如获取市场信息和确保潜在买家和分销网络的安全。第一届出口商市政厅会议于 2017

年 4 月在首尔举行。来自出口商、中小企业和与出口机构的大约 200 名代表参加了这次活动。与以往只有少数公司参加的会议不同，此次首尔会议是以“市政厅会议”（town hall - type meetings）的形式举行的，在这种形式下，小组和听众进行了双向的自由讨论。在会议上，韩国中小企业管理局（SMBA）部长、主要出口商的首席执行官、与出口机构的高管以及听众讨论了“通过市场 / 产品多样化促进出口”的方法。对于那些不能出席会议的企业家，韩国中小企业管理局（SMBA）在 YouTube 和 Facebook 上直播会议，企业家通过聊天窗口[①]实时参与。

2017 年 5 月，韩国青年就业节[②]（Start-up Youth Job Festival）在永世大学（Yonsei University）举行。这次就业节由青年委员会（ Youth Committee）和韩国中小企业管理局（SMBA）、首尔商务局（Seoul Business Agency）等机构以及包括延世大学（Yonsei University）在内的 7 所大学及组织。这届青年就业节的口号是“创业 101，有我在”（Startup 101，Pick Me Up）。

作为创业企业的招聘会，为了提高公众对初创企业的看法，就业节通过创业投资公司等的推荐，选出了 101 个有前途的初创企业，如 Mimi Box、Flitto 和 Wadiz。初创企业将从青年希望基金会（Youth Hope Foundation）获得创业青年就业人才补助金（Start-up Youth Employment Talent Grant），每月 50 万韩元（约 470 美元）×6 个月。就业节还采取文艺节目的形式提高社会对初创企业的认识，帮助公众了解初创企业对社会的积极贡献。就业节还可以接受大脑能力测试（200 名初来游客）、职业咨询、求职信咨询和创业咨询。

创业教育

韩国政府层面有一些创业培训项目，面向人群包括青年、大学生，支持领域包括软件相关领域。

韩国教育部和韩国国家研究基金（National Research Foundation of Korea）为推动大学和产业合作开展的项目“Leaders in Industry-University Cooperation（LINC+）”，是一项大型的财政支持计划，总额约 3 亿美元。这项计划希望能够把大学的课程和社会的实际需求结合起来，缓解青年就业的危机和解决企业对人才的需求。韩国企业孵化协会（Korea Business Incubation Association）为大学生提供短期培训或协助开展创业大赛。

---

① http：//www.youtube.com/bizinfo1357，http：//www.facebook.com/bizinfo1357

② 官网：www.startup.kban.or.kr

Two Smart Venture Institutes，韩国中小企业局（SMBA）下设机构，在软件相关领域对创业企业提供 28 周的支持，包括教育和培训、咨询服务等，并提供最高不超过 9.4 万美元的资金支持，以及与创业投资的对接。培训结束之后，仍将持续帮助企业 5 年，帮助创业企业达到 90% 的生存率。

韩国政府重视推进高校的创业教育，把创业教育的相关指标作为大学获得财政支持的考量因素。韩国高校的创业教育注重高校之间的合作，共同举办各类活动，积极发展创业教育。此外，韩国的“工作－学习”双体系（Work-Study Dual System）中设有专门针对高中、高等职业学院的学生的培训项目。

韩国创业振兴院（KISED）大学的“创业教育领先大学”项目（Leading Universities for Start-up Business）旨在帮助多所韩国大学建立青年创业的平台。这个项目包括学生创业培训、辅导和资金支持。这些大学和韩国创业振兴院（KISED）大学共同组织了“青年创业者旅行节”和地区性的创业公司展览会，为创业的学生展示自己，在学生中营造创业文化提供了很好的机会。

韩国科学技术院（KAIST）为培养和推动学生创业，于 2014 年 4 月正式发起了 Startup KAIST 运动，口号是“别想，去做”（Stop Thinking，Start Doing）。在促进创业文化方面，学校会组织一些活动，比如社交活动 Start-up Network Program，“Again Let's Meet Then x Doryong Venture Forum”，聘请嘉宾演讲，创业者可以互相交流创业方面的信息。在帮助企业成长方面，会有不同的项目在不同阶段为创业者提供相应的帮助，从激发学生的创业热情，到创办公司的基本知识技能、协助获得资金支持、加速企业发展等。

高丽大学商学院设立了专门的创业教育机构（Startup Institute），由两部分组成，一部分是孵化器，主要举办创业大赛，提供创业辅导（包括法律、税务、技术、市场等）、人际网络拓展机会（创业者、投资人）、以及办公空间；另一部分是创业教育课程，主要包括创业方面系统性的课程、校内外教师或者嘉宾的讲座、由创业者主导的专题研讨会、以及由其他院系教师开设的相关课程。高丽大学 2017 年入选韩国教育部和韩国国家研究基金的 LINC+ 项目，从 2017—2021 年每年将获得约 460 万美元的资金支持。

高丽大学与韩国科学技术研究院研究生院（Korea Institute of Science and Technology）签订合作协议，拟打造类似于美国硅谷的平台 Anam-Hongreung Valley。

韩国科学技术信息通信部（MSIT）和教育部（MOE）于 2013 年推出了“培养

创造性人才 Fostering Creative Individuals”的政策，具体内容包括推动职业教育的发展、建立“工作—学习双体系”、发展创业友好型教育等。随后发布的“工作—学习双体系（work-Study Dual System）”是一种借鉴德国学徒制的把实际工作和理论学习结合起来的方式，韩国劳动部（Ministry of Employment and Labor）和教育部（Ministry of Education）负责共同推进。2015 年 3 月开始在 9 所高中试点实行，2015 年实行的 Uni-Tech 项目是双体系中的一个项目，培养对象是高中、高等职业学院的学生。

加拿大

概要

根据加拿大统计局的定义，创业企业是指两年及以下的新企业，小企业是指雇员人数在 1~99 之间的企业，中型企业是指雇员人数在 100~499 之间的企业。根据加拿大统计局的数据，截至 2015 年 12 月，加拿大共有 116.7 万家企业，其中小型企业占比 97.9%，中型企业 1.8%，中小企业合计占比 99.7%。

加拿大联邦公司法是加拿大基本法律之一。2017 年 3 月底加拿大政府公布 2017 年财政预算案，提出“创新与技能计划”（Canada’s Innovation and Skills Plan），旨在使加拿大成为世界创新中心，创造更好的就业岗位，加强和发展中产阶级。2018 财年预算案中提出加拿大有史以来第一个“妇女创业战略”（Women Entrepreneurship Strategy），增加了对妇女创业的专项支持。加拿大中小企业事务主要由加拿大创新科学与经济发展部（Innovation，Science and Economic Development，ISED）负责。该部门下属的加拿大国家研究院（National Research Council，NRC），负责组织实施加拿大政府支持中小企业发展的研究援助计划（Industrial Research Assistance Program，IRAP）。

加拿大政府较早就已经开始实施税收优惠政策来支持创新和创业，其中一些税收优惠政策在近些年修改后至今仍在沿用，如科学研究和实验投资税收抵免政策（Scientific Research and Experimental Development（SR&ED）Investment Tax Credit Policy）、终身资本利得豁免政策（Lifetime Capital Gains Exemption，LCGE）等。加拿大小企业融资项目（Canada Small Business Financing Program，CSBFP）通过给小企业提供固定资产贷款担保为小企业发展提供融资支持。2017 年，加拿大启动战略创新基金支持创新企业的高速发展，发起新的 Venture Capital Catalyst Initiative（VCCI）以刺激创投发展，加拿大发展银行也在 2017 年出台系列措施支持小企业以及一些特殊领域的创新创业。

2017 年加拿大政府启动新方案、继续加拿大产业研究援助计划以及由多个部门联合实施的企业加速服务，在技术和信息支持方面促进创新创业以及中小企业的加速发展：2017 年加拿大政府启动 Innovative Solutions Canada，加大对创新小企业产品、服务的政府采购；加拿大产业研究援助计划（Industrial Research Assistance

Program，IRAP）向各发展阶段的中小企业提供技术援助并帮助中小企业的创新产品、服务商业化；由加拿大发展银行（BDC），加拿大出口发展公司（EDC），加拿大国家研究院（NRC）的产业研究援助计划（IRAP）以及新科学与经济发展部，加拿大贸易专员服务（Global Affairs Canada's Trade Commissioner Service，TCS）等多个部门联合实施的企业加速服务（Accelerated Growth Service），为中小企业的加速发展提供融资、咨询等服务。2016 年加拿大政府发起 Canada's CanExport Program，成立新基金支持中小企业扩大海外市场。

加拿大创业服务在企业孵化方面的进展也颇有特色。加拿大 2017 年财政预算案中提出的超级创新集群倡议（Innovation Superclusters Initiative）将重点关注高创新型产业。Futurpreneur Canada 专为 18~39 岁的年轻创业者提供融资、咨询和其他创业支持工具，2017 年和 2018 年，加拿大政府继续对 Futurpreneur Canada 拨款以支持青年创业。加拿大的一些高校孵化器结合高校自身特点而成立，如瑞尔森大学的数字媒体区利用了瑞尔森大学在媒体方面的特色和优势，是一个以数字媒体创业孵化为核心的孵化器。TEC 埃德蒙顿孵化器是区域性孵化器和加速器的代表，为新兴科技创业公司提供服务。

在创业教育方面，2017 年加拿大政府开始实施的创新与技能计划（Canada's Innovation and Skills Plan）中，三大主要内容之一是加强技能培训。加拿大联邦和各省都很重视创业教育和培训，不仅创业相关类课程得到大幅度增加，以滑铁卢大学为代表的部分高校还将创业教育列入战略规划，致力于建立一个包括创业教育、实践和研究在内的创业生态体系。另外，以劳瑞尔大学为代表，其创业教育包含科学创业和社会创业，体现出创业教育跨学科和解决社会或环境问题的特点。加拿大学生创业发展组织 Enactus Canada 举办的创业大赛和创业活动在培养学生创业意识的同时还强调为社会作贡献。

政府服务

加拿大联邦公司法是加拿大基本法律之一，加拿大既有联邦公司法也有省公司法，联邦公司法不适用于非营利性机构和金融机构，除此之外的公司在公司法内不分大小一律平等。

2017 年 3 月底加拿大政府公布 2017 年财政预算案，预算案中提出新的“创新与技能计划”（Canada's Innovation and Skills Plan）。该计划包含成立新的战略创新基金、启动 Innovative Solutions Canada，加大联邦基金对 Mitacs 的投入等系列措施，旨在使加拿大成为世界创新中心，创造更好的就业岗位，加强和发展中产阶级。预算案包括三个部分，加强技能培训（Equipping Canadians With the Skills They Need to Get Good Jobs），促进创新（A Nation of Innovators），和关键产业的创新（Canada's Innovation Economy：Clean Technology，Digital Industries and Agri-Food）。加拿大政府 2018 财年预算案中提出加拿大有史以来第一个"妇女创业战略"（Women Entrepreneurship Strategy），该预算增加了对妇女创业的专项支持，投入 20 亿加元（约 16 亿美元）旨在到 2025 年使妇女为主控股的企业增加一倍；到目前为止，上述企业不到加拿大中小企业的 16%。

加拿大中小企业事务主要由加拿大创新科学与经济发展部（Innovation，Science and Economic Development，ISED）负责。该部门的历史最早可以追溯到 1887 年成立的 Department of Trade and Commerce，1969 年被 Department of Industry 替代，在经历数次变更后于 2015 年更名为 Innovation，Science and Economic Development Canada。目前担任该部门小型企业及出口促进部长（Small Business and Export Promotion）的是伍凤仪女士（Mary Ng），她也是加拿大联邦政府有史以来第二位华人女性部长。

加拿大国家研究院（National Research Council，NRC）是加拿大创新科学与经济发展部（Innovation，Science and Economic Development，ISED）的下设机构，主要职责之一是负责组织实施加拿大政府提供财政支持的加拿大产业研究援助计划（Industrial Research Assistance Program，IRAP），为小企业和创业者提供技术咨询、融资等服务。

加拿大小企业和企业家理事会 The Canadian Council for Small Business and Entrepreneurship（CCSBE），为学者、企业家、政策影响者等搭建的关于创业和小企业发展的交流讨论平台，旨在促进加拿大创业和小企业的发展。

财税和金融支持

加拿大政府较早就已经开始实施税收优惠政策来支持创新和创业，其中一些税收优惠政策在近些年修改后至今仍在沿用。

科学研究和实验投资税收抵免政策，Scientific Research and Experimental Development（SR&ED）Investment Tax Credit Policy，开始实施于 20 世纪 80 年代且至今仍在沿用。2016 年该政策为加拿大企业提供了约 27 亿美元的税收援助，目前仍是加拿大支持工业部门进行商业研究和开发的最大联邦计划。2014 年底修改后的政策规定，2013 年 12 月 31 日后，符合要求的公司可以获得 15% 的联邦投资税收抵免，先于这个日期的是 20%，税收抵免可以用来抵消税收年度的联邦税收负债，未使用的税收抵免可以向后结转 20 年。小型的加拿大控制的私营企业（Canadian-controlled private corporation，CCPC）适用的税收抵免额度可退还，税收抵免率为 35%。

根据终身资本利得豁免政策 Lifetime Capital Gains Exemption（LCGE），加拿大 2013 年经济行动计划（Economic Action Plan，EAP）将合格小企业法人的终身资本收益豁免额从 75 万加元（约 60 万美元）提高到 80 万加元（约 64 万美元），其中包括处置农场和渔业财产的收益。2017 年该豁免额为 835 716 加元（约 66 万美元）。

加拿大实施允许扣除的商业投资损失政策（Allowable business investment losses，ABILs），以补偿投资小企业的损失。根据该政策，一部分处置小公司股份或者其债务的资本损失可以抵扣其他应纳税额。

在融资支持方面，加拿大小企业融资项目 Canada Small Business Financing Program（CSBFP）通过给小企业提供固定资产贷款担保为小企业发展提供融资支持；2017 年启动的战略创新基金主要支持创新企业的高速发展。此外，根据 2017 年预算案，加拿大政府还发起新的 Venture Capital Catalyst Initiative（VCCI）以刺激创投发展。

加拿大小企业融资项目 Canada Small Business Financing Program（CSBFP）的主要任务是为小企业的创建、扩展、现代化提供融资支持，促进小企业的发展。在该项目下，小企业可获得最高 100 万加元（约 80 万美元）的贷款，其中 350 000 加元（约 28 万美元）可作不动产以外的用途，贷款机构单独负责批准贷款，政府承担 85% 的合格损失。该项目发起于 1961，当时是在小企业贷款法案 Small Business Loans Act（SBLA）下设立，1999 年上述法案修改并更名为 Canada Small Business Financing Act（CSBFA）。该法案只给小企业提供固定资产贷款担保，而不提供流动资金贷款担保。

2017 年财政预算案提出成立一个 5 年战略创新基金，基金规模为 12.6 亿加元（约 10 亿美元），用于加强、简化现有的商业创新规划。同年 7 月，加拿大政府宣布启动该基金，主要支持的创新活动包括创新产品、流程和服务的研发及商业化，促进高潜力企业的成长，为加拿大吸引新投资从而创造商业机会和就业，通过公共部门和私人部门间的合作促进新技术研发。

预算案还提出从 2017 年开始，在未来 5 年投入 2.21 亿加元（约 1.75 亿美元）加大联邦基金对 Mitacs 的投入，支持 Mitacs 实现每年向大学毕业生和在校生提供 10 000 个实习机会的目标，以提高就业者的技能。目前 Mitacs 每年可提供 3 750 个实习机会。Mitacs 是一个非营利组织，主要目的是促进产业和教育机构的合作。

2017 年加拿大政府发起新的 Venture Capital Catalyst Initiative（VCCI），通过加拿大商业发展银行（Business Development Bank of Canada，BDC）提供 4 亿加元（约 3.18 亿美元）以刺激加拿大创业投资（2017 年财政预算案中提出该方案）。该资金中 3.5 亿加元（约 2.78 亿美元）用于成立母基金，5 000 万加元（约 3 980 万美元）提供给支持特殊区域和特殊群体的投资者。该计划是继 2013 年加拿大政府创业投资行动计划（Venture Capital Action Plan，VCAP）之后的新创投刺激措施。在 2013 年创业投资行动计划（Venture Capital Action Plan，VCAP）中，加拿大政府投入了 3.9 亿加元（约 3.1 亿美元），其中 3.4 亿加元（约 2.7 亿美元）用于建立母基金，以吸引来自养老基金、公司、银行以及安大略省和魁北克省和包括联邦政府在内的投资。目前，四只母基金已经成功融资 13.56 亿美元，包括：Northleaf Venture Catalyst Fund（3 亿），Teralys Capital Innovation Fund（3.75 亿），Kensington Venture Fund（3.06 亿），HarbourVest Canada Growth Fund（3.75 亿）。另外的 5 000 万加元（约 3 980 万美元）分配给加拿大四个高业绩创业投资基金，包括 Lumira Capital II，Real Ventures III，CTI Life Sciences II，Relay Ventures III。

2017 年，加拿大创投总额为 35 亿美元，共 592 笔交易，资金主要流向种子期企业（2.05 亿美元）、早期阶段企业（19.73 亿美元）、成熟期阶段企业（13.47 亿美元）。从平均交易规模来看，种子期企业为 143 万美元，早期阶段企业为 829 万美元，成熟期阶段企业为 664 万美元。2016 年加拿大创投总额为 32 亿美元，共 530 笔交易，资金主要流向种子期企业（1.94 亿美元）、早期阶段企业（15.56 亿美元），成熟期阶段企业（14.6 亿美元）。从平均交易规模来看，种子期企业为 112 万美元，早期阶段企业为 596 万美元，成熟期阶段企业为 1 570 万美元。

加拿大发展银行（Business Development Bank of Canada，BDC）是加拿大最主要的小企业银行，向小企业提供贷款、创业投资和咨询等服务。2017 年 4 月，BDC 的投资部门 BDC Capital 表示，将在接下来的 5 年内提供约 20 亿加元（约 16 亿美元）的资金来支持加拿大轻资产、高增长的中小企业，提高其创新能力、生产力以及全球化程度。2016 年 11 月，BDC 投资部门 BDC Capital 拨款 5 000 万加元（约

3 980 万美元）用于支持女性企业家主导的企业。其中，4 000 万（约 3 184 万美元）将用于为女性企业家的科技公司开发新的项目，包括创业投资，这部分资金面向现有的 BDC Capital 客户以及 BDC 的加速器合作伙伴开放；另外 1 000 万（约 796 万美元）将用于支持建立新的女性种子基金，增加女性创始人的社会网络和资源的深度，吸引其他投资者筹集更多的资金。同月，BDC Capital 宣布了一项新的计划，将新增 1.35 亿加元（约 1.07 亿美元）的创业投资资金，用于支持加拿大能源和清洁科技并具有全球潜力的初创企业。

2001 年 5 月 1 日，加拿大创业交易所（CDNX）和多伦多创业交易所签署合并协议，9 月 14 日，获得加拿大政府批准，CDNX 更名为多伦多创业交易所（TSX Venture Exchange），成为多伦多交易所集团的一员。12 月 10 日，CDNX 的上市公司全部转入多伦多创业交易所的交易系统；同日，新的 S&P/CDNX 指数启用，初始值为 1 000 点。2002 年 5 月，该指数更名为 S&P/TSX 创业综合指数。目前，多伦多证券交易所已成为加拿大证券市场的主体之一，而其中的创业板市场更是其颇具特色的重要组成部分。

创业者服务

技术服务

2017 年预算案中提出，联邦政府将投入 5 000 万加元（约 3 980 万美元）在 2017 年启动 Innovative Solutions Canada。该项目是加拿大学习美国 SBIR 模式（U.S. Small Business Innovation Research program）加大对创新小企业产品、服务的政府采购，从而促进创新小企业的发展。

加拿大产业研究援助计划（Industrial Research Assistance Program，IRAP）是加拿大国家研究院（National Research Council，NRC）负责管理、运营的一个主要项目，该项目有 70 年的历史，向各发展阶段中小企业提供技术援助并帮助中小企业的创新产品、服务商业化，促进中小企业的加速发展。NRC-IRAP 的 Industrial technology advisors（ITAs）是有着技术和管理等专业背景，且是中小企业领域的专家，对客户提供针对性的技术创新、商业运营等方面的咨询服务。NRC-IRAP 的另一个职能是向符合条件的中小企业提供融资支持，帮助他们进行技术创新和升级。在加拿大 Youth Employment Strategy 下，加拿大国家研究院（NRC）有一个 Youth Employment Programs，为中小企业雇佣年轻人提供金融支持。

信息服务

加拿大政府多个部门联合实施的企业加速服务（Accelerated Growth Service），针对中小企业提供融资支持、信息咨询、出口和创新支持等服务，促进中小企业的加速发展。参与该计划的有加拿大发展银行（BDC），加拿大出口发展公司（EDC），加拿大国家研究院（NRC）的产业研究援助计划（IRAP）以及新科学与经济发展部，加拿大贸易专员服务（Global Affairs Canada's Trade Commissioner Service，TCS）。

加拿大贸易专员服务（Canadian Trade Commissioner Service，TCS）是加拿大 Foreign Affairs，Trade and Development Canada 提供的服务，其历史可以追溯到 1894 年成立，自 1895 年第一位贸易专员抵达澳大利亚开始，就通过派遣贸易专员提供信息咨询、市场指导等，帮助加拿大企业开拓国际市场。该机构在加拿大全境内设有分支，在全球范围内共有 161 个分支机构。

市场支持

2016 年加拿大政府发起 Canada's Can Export Program，将在 5 年内成立规模为 5 000 万（约 3 980 万美元）的基金，由 Global Affairs Canada 下属部门 Trade Commissioner Service（TCS）管理，为中小企业扩大海外市场提供金融支持。根据该项目，中小企业 50% 的合格费用可以得到基金偿还，这些费用包括商务旅行、参加交易会、市场调研、新市场的营销和法律费用等。该项目计划每年支持 10 000 名中小企业。

加拿大出口发展公司（Export Development Corporation，EDC），国有金融机构，成立于 1944 年，主要向企业提供贸易融资方案、拓展出口和国际投资的机会。加拿大出口发展公司（EDC）有一个跨行业的部门专门向小企业提供服务：出口信贷保险、国外投资担保、海外买家风险以及政治风险，以促进本国企业对海外的出口。

创业孵化

加拿大 2017 年财政预算案中提出新的“创新与技能计划”中，包含一项超级创新集群倡议（Innovation Superclusters Initiative），计划将在未来 5 年内投资 9.5 亿加元（约 7.56 亿美元）、以竞争的方式支持少量企业主导的、有潜力加速经济增长的超级创新集群，重点关注高创新性的产业。

Futurpreneur Canada 是加拿大一家全国性的非营利机构，1996 年成立并推出，为 18~39 岁的年轻创业者提供融资、咨询和其他支持工具等。该机构的 START-UP

项目与 Business Development Bank of Canada 合作，最高可为创业者提供 45 000 加元（约 3.58 万美元）的融资支持，还提供为期 2 年的导师服务，以及其他运营服务。截至 2017 年 3 月，该计划已经成功支持了 1 025 个年轻创业者。2017 年，Futurpreneur Canada 在加拿大 Northwest British Columbia 与 Prince Rupert LNG 合作，连续三年举办 Thrive North Business Challenge，奖金为 43 000 加元（约 3.42 万美元）；2017 年还在 Northwest Territories 与 Northwest Territories Business Development and Investment Corporation 开始合作，推出 Mentor-MeNWT 项目，为年轻创业提供咨询和创业导师的服务，在 British Columbia and RBC 政府的支持下，开展 Rock My Business Plan 活动，帮助年轻创业者制定商业计划书。2017 年和 2018 年，加拿大政府将给 Futurpreneur Canada 拨款 1 400 万加元（约 1114 万美元）以支持其对青年创业者继续提供融资和导师服务支持。

瑞尔森大学充分利用该校在媒体方面的特色和优势，在 2010 年 4 月创建数字媒体区，该实验区位于多伦多市市中心著名的央街上，拥有多伦多市中心的各种资源，是一个以数字媒体创业孵化为核心，为年轻初创公司提供多学科支持的工作区域，适合企业创新，商业合作，营销新产品和新服务。数字媒体区在 2014 年大学企业孵化器全球 25 强中排名第五，加拿大高校排名第一。

TEC 埃德蒙顿孵化器主要帮助新兴科技公司发展，是埃德蒙顿地区最大的孵化器及加速器。该孵化器为技术公司提供早期服务，并为技术的商业化提供支持。TEC 埃德蒙顿的服务主要分为四个方面：业务发展，金融服务，技术管理和企业发展。

创业教育

2017 年，加拿大政府开始实施的创新与技能计划（Canada’s Innovation and Skills Plan）中，三大主要内容之一是加强技能培训（Equipping Canadians With the Skills They Need to Get Good Jobs）。具体措施包含支持加拿大公民终生学习、帮助成年人回归学校接受继续教育、通过失业保险帮助失业者获得就业培训，帮助学生获得工作经验，吸引国内外人才。

加拿大教育归各省管理，各省教育部制定相应制度，联邦政府向各省提供部分教育经费。加拿大联邦和各省都很重视创业教育和培训，在过去 20 多年，创业教育在加拿大得到较快发展，1999 年共有 72 门创业课程，到目前已经增加到 446 门。

以滑铁卢大学为例，把创业教育提高到大学战略的高度，目标是建立一个创业生态体系，包括创业教育、实践和研究。滑铁卢大学制订了2013—2018年创业大学执行计划，该计划主要是培养学生的创业意识，具体教学包括从制订创业计划，到孵化项目，到加速商业化的措施，学校还提供学生与公司接触学习的机会。针对创业教学分别建立了不同的项目或管理中心。比如Velocity，是一个帮助学生从创意到产品开发到商业化的整体过程的项目，包括课程讲解、专题研讨会（workshop）、专人辅导（mentor）等。Research Entrepreneurs Accelerating Prosperity（REAP），为学生提供课外创业活动的机会，主要集中在数字技术、物联网等领域。Accelerator Center则主要致力于帮助创业企业扩大规模。

劳瑞尔大学的商学院是加拿大领先的商学院，学校的创业教育内容比较有特色，把创业教育分成了科学创业（Science Entrepreneurship）和社会创业（Social Entrepreneurship）。科学创业，就是学生用所学科学知识和方法去探索商业机会。科学创业课程主要有三个组成部分，介绍科学工作的日常；创业的基本知识；Science market lab为开发产品样品和测试提供空间和资源。值得说明的是，这些课程都是由Faculty of Science的老师开设的，是跨学科组成的一个机构，为了解决包括创业教育课程在内的跨学科协调问题。学校还有一门课程是建立商业模式（Business model creation），采用体验教学法（experiential learning）教学生创办企业。社会创业，就是创办的企业致力于解决社会问题或者环境问题。这门课的教学方法包括案例、讲课、项目研究等。另外学校还开设有管理家族企业的课程。

Enactus Canada是加拿大的学生创业发展组织，通过举办创业大赛及创业相关活动促进学生创业的发展。该组织已经在加拿大70多所大学开展创业相关活动，每年有数千名学生参与。有的创业活动在培养学生创业意识的同时还强调为社会作贡献。比如有一个项目，是教学生把废弃的饮料杯变成贺卡，学生创业者会雇用一些正在恢复中的吸毒人员，这些人本来面临失业，难找工作，通过这样的活动获得了工作机会。在Enactus举办的2017年大学生全国创业大赛中，滑铁卢大学的一名学生Amr Abdelgawad凭借纳米技术项目夺得冠军，获得1万美元的奖励。

美国

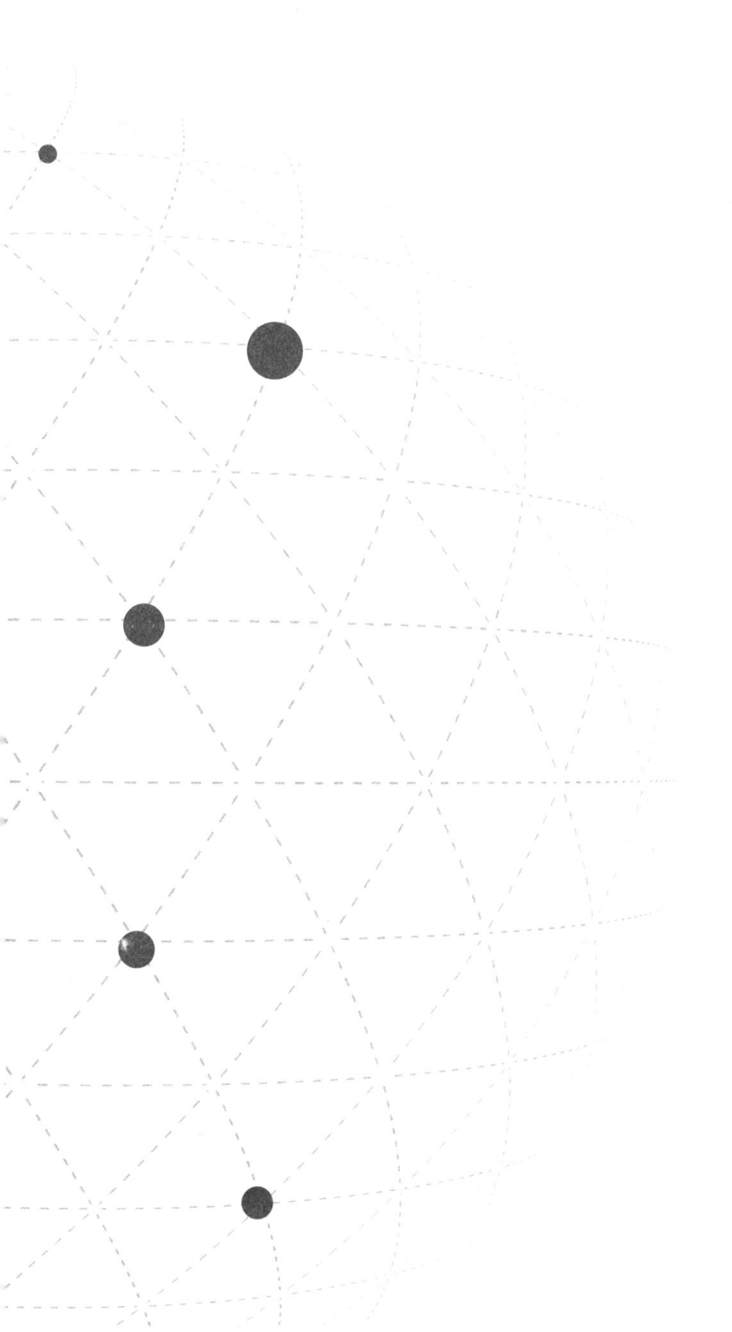

概要

美国[1]政府将技术创新和解决就业确立为中小微企业的两大功能，通过立法不断优化中小微企业的外部环境。2016 年底，美国通过了《美国创新与竞争力法案》（American Innovation and Competitiveness Act），为美国政府在基础研究方面的投资提供了政策基础。

美国政府在服务中小微企业方面强调服务效率和灵活性，以减轻中小微企业的行政负担。继 Regulatory Flexibility Act of 1980 和 Paperwork Reduction Act 之后，2017 年初美国政府通过了 The Regulatory Accountability Act（2017），旨在减轻政府部门的繁文缛节，促进就业、创新和经济增长。作为国务院商业和商业事务办公室（CBA）的一部分，全球创业方案（GEP）寻求通过协调私营部门和支持世界各地企业家的政府方案来促进创业和激励创新，第八届全球创业峰会（GES 2017）于 2017 年 11 月在印度举办。2017 年 3 月，美国白宫成立创新办公室（White House Office of American Innovation，OAI），就提高政府服务和效率、创新、促进就业等方面直接向美国总统报告工作。

2018 年 1 月起正式实施的《减税和就业法案》（Tax cuts and Jobs Act）将公司所得税最高税率从 35% 降至 21%，是继《2010 年小企业就业法案》（Small Business Jobs Act of 2010）对小企业实施 140 亿美元的减税之后的又一次激励。美国政府通过授权小企业管理局（SBA）协调美国商业借款部门为创业者和中小企业提供融资支持，此外，还有专业服务中小企业的商业银行系统。创业投资是创业和中小企业获得融资的一个重要来源。针对创业企业融资成本过高，但资本市场融资规模却又太低的矛盾，美国政府拓宽小企业与资本市场对接的通道，让小企业能够更容易获得成长所需的资本，在 2012 年 Jumpstart Our Business Startups（JOBS）Act 基础上，于 2015 年 10 月通过了 Jumpstart Our Business Startups（JOBS）Act 第三章。

美国政府主要通过 SBIR、STTR 来促进创新研发，为创业和中小企业提供技术

---

① 小微企业在美国企业数量中占有绝大多数。根据美国小企业管理局（SBA）的数据显示，截至 2017 年底，美国共有 3 020 万家小微企业，占美国企业总数的 99.9%。

服务。2017 年 10 月，美国政府通过 Small Business Innovation Research and Small Business Technology Transfer Improvements Act of 2017，对 SBIR 和 STTR 进行了必要的改进，内容包括支持高校技术转让创新，对从事网络安全研究的小型制造企业给予高度优先等。美国小企业管理局（SBA）以及其他政府部门美国专利与商标局，与其他众多的小企业服务机构为小企业提供信息服务。

美国政府通过政府采购和推动出口来支持中小企业的市场拓展。2017 年 7 月通过的 The Clarity for America's Small Contractors Act of 2017 重点强调政府采购的公开透明，确保小企业可以公平地获得政府采购订单。同年小企业委员会提交众议院的 Small Business Payment for Performance Act of 2017（HR 2594）主要确保政府采购对小企业的及时支付。《小企业法》规定联邦机构执行采购时应专门考虑小企业，《联邦采购条例》中也明确了小企业预留制度，《退伍老兵中小企业发展法》则规定政府采购中和退伍及伤残老兵经营的中小企业签订的比例。根据《小企业出口增强法令》美国政府制订了小企业出口推动计划，由小企业管理局（SBA）具体实施。在创业孵化服务方面，美国通过建设科技园、创新创业空间为创业提供良好的条件，并制订专项计划、设立专项基金等来促进创新创业。

目前，美国部分高校已经把创业课程融到课程体系中作为必修课，美国大学越来越多的面向所有院系的学生开展创业教育。美国还将创业教育嵌到基础教育环节，大部分州都制定了 K12 教育体系中创业教育的教学大纲。美国女性创业教育和培训也在不断发展中。美国的创业文化有代表性，创业榜样（Role Model）激励创业者尝试创新创业。

政府服务

2016 年底，美国通过《美国创新与竞争力法案》（American Innovation and Competitiveness Act）。该法案包含扩大基础研究、减轻联邦资助项目行政管理负担、加强科学、技术、工程、数学（STEM）教育、鼓励私营部门创新、制造业创新、加速技术转移与商业化主题。

在扩大基础研究方面，法案重申了对美国国家科学基金会（National Science Foundation，NSF）基于业绩的审查要求，强调在基础研究方面持续、可预见的联邦资助对于维持美国在科学和技术领域的领先地位至关重要；提高了对美国国家科学基金会（NSF）的透明度和问责制要求，为了促进公众对于基础研究资助的理解和信心，联邦基金所资助的研究项目在公开通知中应以技术或非技术受众容易理解的方式明确提出研究项目的目标；法案还重申了美国政府对“激励竞争性研究的设立计划”Established Program to Stimulate Competitive Research（EPSCoR）的支持。

在鼓励私营部门创新方面，该法案所包含的Science Prize Competition Act对创新奖励授权进行更新，对史蒂文森—怀德勒技术创新法案（1980年）（the Stevenson-Wydler Technology Innovation Act of 1980）中相关内容进行了修订，赋予了联邦政府在设置科学比赛奖项包括奖金来源等方面更大的灵活性；该部分内容还规定了联邦科学机构可以通过众包或者和自愿的美国公民合作来推进任务；授权National Institute of Standards and Technology（NIST）为美国总统“国家科技竞争力和创新能力相关标准政策的首席顾问”。

在商业化和技术转移方面，该法案允许其他联邦机构资助（非NSF资助）的研究人员、学生和其他机构参加美国国家科学基金会（NSF）的INNOVATION CORPS Program（I-Corps），提出应通过指导、教育、培训以及投资来支持女企业家以构造强有力的创新体系，还要求美国国家科学基金会（NSF）为I-Crops计划参与者提供资助；另外，法案要求美国国家科学基金会（NSF）继续向其他合格实体进行资助，以促进联邦资助的研究成果的商业化。《美国创新与竞争力法案》的颁布旨在提高美国竞争力，创造就业机会，刺激发展新的商业和工业机会，为美国政府在基础研究方面的投资提供了政策基础。

一直以来，美国政府在服务中小微企业方面都强调服务效率和灵活性，以减轻中小微企业的行政负担。2017年初美国政府通过了The Regulatory Accountability Act（2017），旨在减轻政府部门的繁文缛节，削减不必要的烦琐的条例，促进就业、创新和经济增长。实际上，美国政府在1980年就颁布过Regulatory Flexibility Act of 1980和Paperwork Reduction Act。根据Regulatory Flexibility Act of 1980（RFA or RegFlex Act），如果联邦政府法规、条例对多数小企业有重大影响，则需要政府各部门审查可减轻负担的替代办法，在实现管理目的的同时，确保小企业的创造力、生产力和竞争力不受到影响。

The Regulatory Accountability Act of 2017包含六个独立的改革法案，其中一个是专门针对小企业的Small Business Regulatory Flexibility Improvements Act，修改了the Regulatory Flexibility Act of 1980（RFA）和the Small Business Regulatory Enforcement Act of 1996（SBREFA），修订和扩大了联邦机构修改小企业相关法规条例的规定和程序，要求政府部门充分考虑到法规条例制

定、颁布对小企业直接、间接和长远影响，寻求灵活的解决办法，提高服务效率和灵活性。譬如，法案要求联邦机构须对法规条例制定或修订的目的、法律依据，以及可能影响的小企业的类型、数量、范围等提出详细分析报告；须对任何给小企业造成不合理影响尤其是经济影响的法规条例提供详细的分析报告；制订计划对现行以及新规则进行定期审查，以确定是否继续、修订或者撤销对众多小企业造成重大影响的法规条例等。

《文书减少法案》（Paperwork Reduction Act，PRA），要求联邦政府在向公众收集资料前，需向信息和管理事务办公室 Office of Information and Regulatory Affairs（OIRA）提交所有信息收集请求。PRA 规定只有在必需的情况下或法律要求的情况下，OIRA 才批准报告和记录要求，以尽量减少个人和小企业的文书工作负担。

美国国务院商业和商业事务办公室（Office of Commercial and Business Affairs，CBA）有一部分职能是促进创业。作为国务院商业和商业事务办公室（CBA）的一部分，全球创业计划（GEP）寻求通过协调私营部门和支持世界各地企业家的政府方案来促进创业和激励创新。本着传播美国创业文化的精神，全球创业计划（GEP）于 2010 年 4 月在总统企业家峰会（Presidential Summit on Entrepreneurship）上启动。

全球创业计划（GEP）包括以下几方面内容：支持建立综合创业生态系统，侧重于创业发展的七个关键领域：识别、培训、连接和维持、指导融资、便利市场准入、扶持政策和激励企业家。全球创业计划（GEP）的合作伙伴包括美国国内和全球非政府组织、公司、基金会、教育机构和投资者。伙伴组织被要求将目前的创业方案扩展到一个新的国家，或深化现有的创业方案来推动创新创业，以发展创业生态系统，

全球创业计划（GEP）具体的活动包括：

全球创业峰会（Global Entrepreneurship Summits，GES）。将美国企业家和投资者与国际同行联系起来，为合作创造新的机会，形成持久的关系，并强调创业精神是应对一些最棘手的全球挑战的手段。全球创业峰会（GES）通常包括一系列广泛的研讨会、小组讨论会、讲座、比赛、辅导和关系网会议，为与会者提供有针对性的机会，以获得技能和人际关系，从而帮助他们的企业发展。第八届全球创业峰会（GES 2017）于 2017 年 11 月在印度海得拉巴（Hyderabad）举办，主题是“妇女第一，人人繁荣”（“Women First，Prosperity for All”）。

全球创业周（Global Entrepreneurship Week，GEW）。11 月是美国的“国家创业月”（National Entrepreneurship Month），是庆祝为社区服务、支持美国

经济的企业家们的节日。在每年 11 月的一周时间里，美国大使馆和领事馆组织活动庆祝全球创业周（Global Entrepreneurship Week），来宣扬、激励美国的海外创业精神。

墨西哥—美国创业和创新委员会（Mexico-United States Entrepreneurship and Innovation Council，MUSEIC）。该委员会的使命是促进和加强跨境设计和创新体系，以完善跨境生产体系。共分七个小组委员会，分别推进：提供鼓励创新创业的法律框架；促进妇女创业；让居住在美国的拉丁美洲侨民中的企业家参与进来；促进和整合支持企业家和中小型企业的基础设施；分享专门知识和最佳做法，以发展区域创新集群和营销链；交流技术商业化方面的最佳做法；分享融资工具和最佳做法，促进创新和创业。委员会由创业领域的 24 名领导人组成，每个国家有 12 名领导人，成员包括美国国务院（Department of State），墨西哥国家创业研究所（National Entrepreneurship Institute，INADEM）在内的政府、学术界、非政府组织、私营部门、商业加速器和天使创业资本基金等的代表。

2017 年 3 月，美国成立 the White House Office of American Innovation（OAI）。新办公室直接向美国总统特朗普报告工作，就提高政府服务和效率、创新、促进就业等方面向总统提交政策和计划建议。

财税和金融支持

美国政府在 2017 年底推出《减税和就业法案》（Tax cuts and Jobs Act），于 2018 年 1 月起正式实施，旨在通过简化税制和降低税率等税制改革措施来扩大就业，刺激投资以及促进经济发展。该法案将联邦企业所得税的八档超额累进税率（大公司平均税率约为 35%）改为采用单一税率 21%，对规定范围的中小企业不征公司所得税，而征个人所得税，并且应税收入减计 20%。相对之前，税改之后的税率降低，税制得到简化。在美国政府推出此次税改计划后，G20 成员的一些国家也开始推出各自的减税计划来应对。如英国政府宣称到 2020 年将企业税率下调至 17%；印度政府推出了针对个人和中小企业的减税计划和进行税种减并改革。美国政府 2017 年的《减税和就业法案》（Tax cuts and Jobs Act），是继 2010 年《小企业就业法案》（Small Business Jobs Act of 2010）对小企业实施高达 140 亿美元的减税、信贷等刺激措施来促进经济增长和增加就业之后的重要举措。

美国政府对创业和中小企业融资支持主要做法是授权小企业管理局（SBA）协调

美国商业借款部门为创业者和中小企业提供融资支持，此外，美国还有专业服务中小企业的商业银行系统

小企业管理局（SBA）帮助小企业获得资金的形式主要有以下项目：

（1）7（a）Loan Program。全美约有 6 000 家商业银行能够提供由 SBA 进行担保的 7（a）贷款，单笔限额 500 万美元，SBA 对贷款的担保比例最高可达 90%。

（2）CDC/504 Loan Program。SBA 通过注册开发公司（CDC）为成长中的小企业提供用于土地和建筑等主要固定资产的长期贷款，单笔限额 500 万美元。504 贷款由 CDC 和私营贷款机构合作向小企业提供资金，私营贷款机构对资产有最高 50% 的优先留置权，CDC 有最高 40% 的次级留置权，借款企业自有资金比例不得低于 10%。504 贷款的 CDC 出资部分由 SBA 提供 100% 担保。

（3）Microloan Program。SBA 与非营利性贷款中介机构合作，向小企业提供 5 万美元或者更少的小额贷款。

（4）Small Business Investment Company（SBIC）Program，小企业投资公司计划（SBIC），专为小企业提供创业资金和企业开办资金。小企业投资公司是由小企业管理局（SBA）批准发照，接受小企业管理局（SBA）监管并由小企业管理局（SBA）提供部分资助的私人投资公司。

美国拥有专业服务中小企业的商业银行系统。如专门服务于科技型中小企业的硅谷银行（Silicon Valley Bank），提供基本的贷款和储蓄，以及创业投资、投资银行等业务服务。为辖区内的中小企业提供服务的小型商业银行——社区银行（community bank），基本业务与大型商业银行相同，但贷款量级较小，主要为中小企业提供“关系型贷款”，因为社区银行与中小企业关系更紧密，可以为中小企业提供更稳定的融资。区别于商业银行的线上小企业贷款机构，这些专业机构为小企业提供无抵押贷款（unsecured loan），通常资金量较少，不超过 5 万美金。

创业投资是创业和中小企业获得融资的一个重要来源

根据普华永道和美国创业投资协会发布的 Money Tree Report，2017 年度美国创业投资共交易 5427 笔，交易额 738 亿美元，创业投资主要流向早期企业（24.8%）和扩张期企业（19.9%）、种子期企业（29.3%）、以及成熟期企业（9.5%）。从平均交易规模来看，种子期企业为 690 万美元，早期企业为 2 460 万美元，扩展期企业为 6 400 万美元，成熟期企业为 1.12 亿美元。

美国拥有较成熟的创业投资协会作为信息沟通以及教育普及的平台。美国的天使投资协会（ACA）作为天使投资者与创业企业的连接平台，帮助创业企业寻找天使投资团队，同时为天使投资者提供投资指导与教育。与 ACA 类似，美国还有创业投资协会（NVCA），创业投资企业作为协会成员，可以接受协会提供的教育、研究、相互联络等服务，同时协会向政府提供政策建议，以促进美国创业投资行业以及创业企业的发展。

针对创业企业融资成本过高，但资本市场融资规模却又太低的矛盾，美国政府于 2012 年推出 Jumpstart Our Business Startups（JOBS）Act

该行动计划以放松监管为主要解决方案，拓宽小企业与资本市场对接的通道，让小企业能够更容易获得成长所需的资本，2015 年 10 月又通过 Jumpstart Our Business Startups（JOBS）Act 第三章，取消了投资人必须是认证合格投资人的限制，规定普通投资人可通过众筹投资有融资需求的小企业。

2015 年通过的 Jumpstart Our Business Startups（JOBS）Act 第三章规定个体投资者如果年收入小于 10 万美元，每年可以参与投资的额度为 2 000 美元或其年收入的 5%，两者之中的大数；个体投资者如果年收入大于 10 万美元，每年可以参与投资额度为其年收入的 10%或者个人净资产的 10%；此外，个人投资者每年的最高股权众筹投资额为 10 万美元。另外还规定，创业公司和小企业每年可以通过股权众筹的模式私募集资不超过 100 万美元。

JOBS 法案涵盖新兴成长企业（emerging growth company，EGC）的认定、简化 IPO 发行程序、降低发行成本和信息披露义务等方面，第四部分 Regulation A（Title IV）对《1933 年证券法》A 条例对于小额融资豁免注册的相关规定进行了修订，将 12 个月内小额融资（可以为公开发行）豁免注册的金额上限提高到 5 000 万美元，也被叫做“迷你 IPO”。

创业者服务

技术服务

在《专利与商标修正法案》（《拜杜法案》）、《史蒂文森—威德勒技术创新法》《技术转移商业化法》等法律法规的基础上，美国政府主要通过 SBIR、STTR 来促进创新研发，为创业和中小企业提供技术服务。2017 年 10 月，美国政府通过《小企业创新研究和小企业技术转移促进法》（Small Business Innovation Research and Small Business Technology Transfer Improvements Act of 2017），对

SBIR 和 STTR 进行了必要的改进，如要求参与 STTR 的联邦机构执行 Innovative Approaches to Technology Transfer Grant Program，支持高校的技术转让创新；要求在实施 SBIR 和 STTR 时，对从事网络安全研究的小型制造企业，给予高度优先；细分 SBIR 和 STTR 对小企业进行技术和商业援助的类型及金额；要求小企业管理局（SBA）每年年底提交 SBIT 和 STTR 的年度分析报告等。

SBIR 是美国政府根据国会 1982 年通过的《小企业创新开发法令》组织实施的一项全国性、永久性的企业技术创新活动。SBIR 的对象是小企业，通过保证联邦政府研发经费的投入来支持小企业的研发工作，帮助小企业与大公司的公平竞争。STTR 于 1994 年开始实行，是一项全国性计划，旨在推动公私部门、非营利性研究机构和小企业合资合作开发科技成果，把高校和研究机构与小企业两者的优势结合起来，促进技术和产品从实验室转移到市场，促进科技成果商品化。

信息服务

在信息服务方面，美国小企业管理局（SBA）从创业准备、计划拟定、公司成立、行政管理、商业理财等方面向中小企业提供咨询服务和培训，并开办讲座和讨论会，配合发行各种出版物。其网上信息咨询服务是其信息服务的重要组成部分，在小企业管理局（SBA）网站上可以获得有关小企业创办、发展方面的资料，关于创办、经营小企业过程中可能碰到的各种问题已经被整理成规范化的答案，供用户随时查询。美国众多的小企业服务机构也为小企业提供信息服务。譬如，小企业发展中心（SBDC）聘请了法律、金融、税务、贸易、管理、技术等有关专家，对小企业进行有针对性的指导。

美国其他政府部门也向创业者和中小企业提供信息服务。美国专利与商标局在底特律、丹佛、硅谷和达拉斯设立的四个区域办公室开始面向创业企业开通专门的咨询热线，发布详细的指南文件，就专利和知识产权问题向创新创业者提供指导，并在全美举办一系列路演宣传，帮助创业者了解知识产权体系。另外，美国专利与商标局通过举办暑期培训班等活动培训年轻创业者开展发明创造，让初高中教师了解知识产权。

市场支持

在市场服务方面，美国政府通过政府采购和推动出口来支持中小企业。

美国众议院于 2017 年 7 月通过了 The Clarity for America’s Small Contractors Act of 2017（HR 1773），重点强调政府采购的公开透明，确保小企业可以公平地获得政府采购订单。主要内容包含要求 SBA 详细列举采购代理机构职责，专门报告单一来源方式采购合同价值等。美国小企业委员会在 2017 年初提交众议院 Small

Business Payment for Performance Act of 2017（HR 2594），对小企业法（Small Business Act）中涉及政府采购内容进行部分修订，该草案主要包括在采购订单变更时，可以确保政府采购对小企业的及时支付，以及政府采购向二级分包商和供货商支付等内容。

根据《小企业法》规定，联邦机构执行采购时，应专门考虑小企业，称为小企业单列。法律明确要求将预期金额在 3 万至 10 万美元、小企业有能力承担的合同全部预留，尽量给予小企业；10 万美元以上的部分预留；50 万美元以上的合同投标者，必须在二级合同给小企业提供一定的承包子项目。为了帮助小企业更多地获得政府采购合同，小企业管理局（SBA）成立了政府采购办公室，其任务就是最大限度地为小企业提供参与联邦采购的机会。《联邦采购条例》中也明确了小企业预留制度、小企业分包制度、报价小企业优惠制度等。1999 年颁布的《退伍老兵中小企业发展法》规定，每年政府采购总额的 3% 以上应该和退伍及伤残老兵经营的中小企业签订。

根据《小企业出口增强法令》美国政府制订了小企业出口推动计划，小企业管理局（SBA）在全国设立了多个小企业出口辅助中心，并在小企业管理局（SBA）地区办公室内设置了出口贸易促进部门，在小企业发展中心设置了国际贸易中心，为小企业产品出口提供法律、金融等方面的服务。同时，还和商务部、进出口银行以及地方政府、商业贸易机构合作，为小企业产品出口提供资源支持。譬如，小企业管理局（SBA）和银行合作研制的在线出口风险分析工具，帮助小企业获得出口贷款。小企业管理局（SBA）还主动和俄罗斯、墨西哥、南非等国家签订协议，建立贸易关系，组织小企业出国参加产品展销、促销活动等。

创业孵化

在创业孵化服务方面，美国通过建设科技园、创新创业空间为创业提供良好的条件，并制订专项计划、设立专项基金等来促进创新创业。

美国政府建设高效服务的科技园为创新创业创造良好的条件。如北卡罗来纳州政府与大学共同合作建设“三角研究园”、奥斯汀市政府建设“奥斯汀高技术中心”、犹他州的“硅坡”（Silicon Slopes）等，催生了 DOMO 这样成功的案例（2010 成立的商业智能云平台初创企业，致力于为企业提供公司信息、数据服务等，并支持跨平台、跨终端的信息推送和交互，2015 年估值超过 20 亿美元）。

包括加州硅谷在内的美国其他州建设创新创业空间来促进创业。如犹他州建立生物创新走廊（Bio Innovation Gateway，BIG）孵化器，与犹他大学、犹他州立大学以及杨百翰大学等合作促进生命科学产业的创新创业。生物创新走廊由犹他州立法院和州长共同设立的 USTAR（The Utah Science Technology and Research Initiative）计划支持建立。USTAR 的主要职能是支持创新创业，通过连接资本、管理和产业打通技术转移障碍和突破市场鸿沟等。

美国商务部实施的清洁能源国家孵化器计划，投入 300 万美元支持 5 个专业孵化器帮助转化清洁能源技术，并实施跨国家实验室试点计划，投入 2 000 万美元向小企业提供创新券，小企业可利用创新券获得清洁能源技术。

美国政府出台“i6 挑战”计划，由美国国立卫生研究院（NIH）和美国国家科学基金会联合投资 1 200 万美元设立的创新竞赛计划，旨在通过驱动创新与创业以及建立强大的公私合作伙伴关系，促进创新思想进入市场。

犹他州技术商业化与创新项目（Technology Commercialization & Innovation Program），由犹他州政府经济发展办公室负责实施，为小企业和大学创新团队加速创新技术商业化提供不超过 20 万美元的竞争性资助，旨在帮助企业和团队在商业化生命周期的关键阶段确保资金来源。

美国南达科他州设立概念验证基金（Proof of Concept Fund），该基金为每项创新概念技术和经济可行性论证研究提供最高 2.5 万美元的支持，适用于创业者、大学和现有南达科他企业或其他试图将成果在南达科他州商业化的实体。

创业教育

目前，美国部分高校已经把创业课程融到课程体系中作为必修课

美国大学中创业教育课程中，比较受欢迎的课程是创业概论（Entrepreneurship）、商业计划（Business Planning）、创业财务（Entrepreneurial Finance）、创办新企业（New Venture Creation）、创新概论（Innovation）等，心理特质（Psychology Traits）和创业企业特征（Startup Characteristics）等课程在创业课程中颇受重视。

美国大学越来越多的面向所有院系的学生开展创业教育。比如斯坦福大学工程学院的创业中心，发起了 Stanford Technology Ventures Program（STVP），与管理工程学院合作，为斯坦福学生开设创业课程及组织课外相关活动，研究有影响力的技术创业企业，并通过不断完善在线课程为全球创业教育提供支持。

加州大学伯克利分校建立了创业生态系统 BEGIN（Berkeley Gateway to

Innovation），包括创办企业教育（New venture education）、创业企业加速（Acceleration）、资金支持（Funding）等多个环节。其中开设创办企业教育的机构或项目，有商学院的 Berkeley-Haas Entrepreneurship Program，也有工程学院（college of engineering）的 Jacobs Institute for Design Innovation，以及 Intellectual Property & Industry Research Alliances（IPIRA）等。学校会得到政府的关于创业教育方面资助，比如，2017 年 12 月其获得加州政府 220 万美元的拨款，用于基础设施及课程的建设。

百森商学院（Babson College）把创业教育的理念应用到多个方面，作为挑战困难的一种精神，而不限于创办新企业。学院针对创业教育有一套评价体系（Assessment for learning），根据学生的课业完成情况，由教师评价。

美国还将创业教育嵌到基础教育环节

美国 50 个州中，已有 42 个州制定了 K12 教育体系中创业教育的教学大纲，有 18 个州制定了创业教育相关课程。美国 K12 教育中，各州采用的创业教育课程，很大程度上是经济学常识课程，有一部分州采用由 Council for economic education 开发的 National standards for financial literacy 课程体系。有一部分州（比如亚利桑那州、加州、阿肯色州等）是采用自己州制定的课程标准，主要是以各州教育部制定的社会学习（Social Studies Standards）中的经济学内容为主，包括沟通技巧（communication skills）、商业技能（business skills）等。美国 Secondary school（high school）开设的有 Career and Technical Education（CTE），创业教育的内容包含在 CTE 课程中。

美国女性创业教育和培训也在不断发展

美国国务院设有全球女性问题秘书办公室（The Secretary's Office of Global Women's Issues at the U.S. Department of State），致力于支持全球女性创业者，方式包括培训、在线教育、拓展人际网络、辅导等。

美国国务院的全球女性问题秘书办公室与美国国务院国际信息项目办公室（the U.S. Department of State's Office of International Information Programs）以及亚利桑那州立大学的雷鸟管理学院（Arizona State University's Thunderbird School of Management）合作建立了为想创业的女性提供在线免费学习的网站 DreamBuilder，全球用户可以在 American Spaces 找到这个网站。DreamBuilder 包含 13 门课程，供创业者逐步学习创业。大部分课程需要 1~2 个小时完成学习。整个学习完成后，学生会形成一个完整的商业计划。女性商业中心（Woman Business Centers，WBCs）是一个非营利组织，在全国有 100 多个分支机构，该组织致力于通过培训和技术支持促进女性创业企业，并提供资金对接和国际贸易机会。

美国的创业文化是非常有代表性的鼓励创业的文化

2017 年《财富》世界 500 强中，美国企业有 132 家，其中有不少创新型企业创业者的创业故事为人们所熟知，比如微软的比尔盖茨、苹果的乔布斯、Google 的两位创始人、Facebook 的扎克伯格、亚马逊的贝索斯等，这些成功创业者的创业故事不仅激励着美国的创业者，对世界各地的创业者也都有激励。足够多的创业榜样（Role Model），激励创业者尝试创业，提供创新、合作等促进创业成功的经验，以及理解失败的态度。与创业教育和培训一道，形成创业教育培训、成功创业、产生创业榜样、接纳失败、鼓励创业的良性循环。

墨西哥

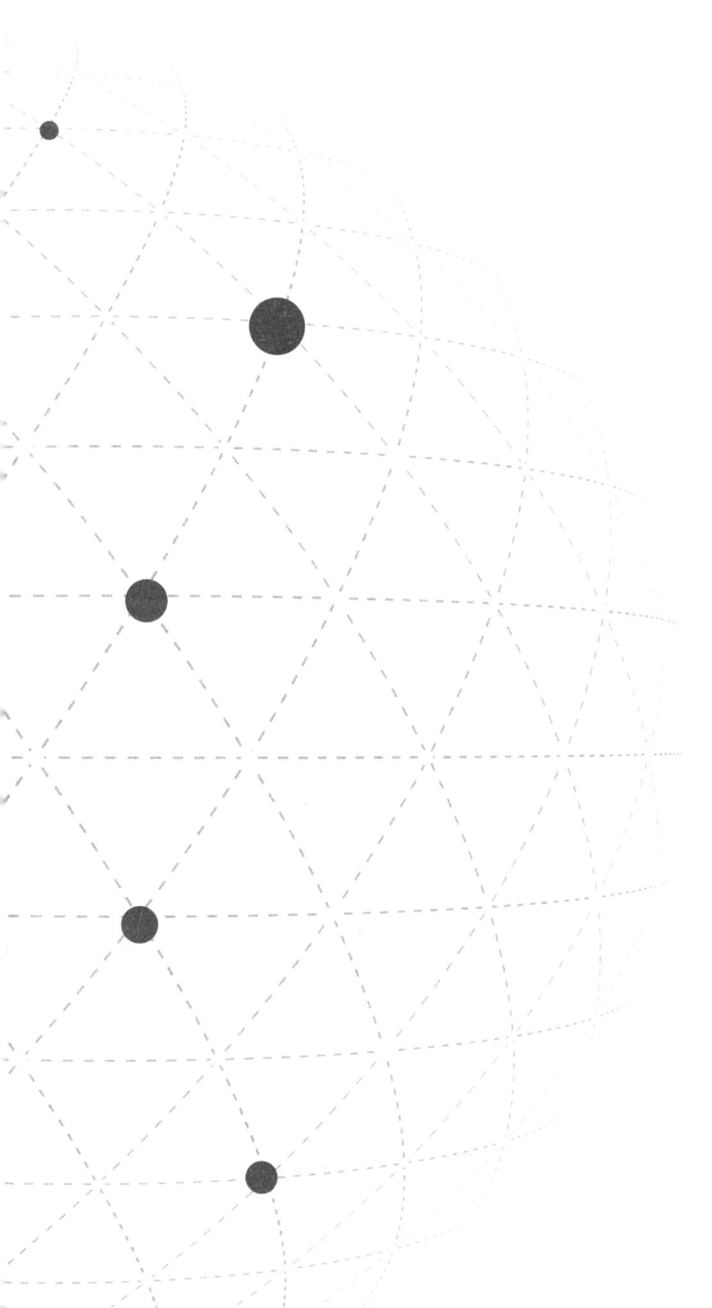

概要

墨西哥[1]关于创业和中小微企业的立法，如《微型和中小企业竞争力发展联邦法》（2002 年）、《微型和中小企业竞争力发展实施细则》（2006 年），从中小微企业的创立、发展和创新创业等方面提供法律支持。墨西哥政府的国家发展战略，如“2013—2018 年国家发展规划”“2014—2018 年科技创新特别计划”，就包括了对促进创新创业和支持中小微企业发展的安排。墨西哥政府通过推广提高企业注册效率的 SARE 系统、提供企业注册一站化服务、取消创立公司最低资本要求等措施为创新创业创造更有效率的市场环境。根据《微型和中小企业竞争力发展联邦法》，墨西哥经济部服务中小微企业相关事务，墨西哥经济部下属的国家创业局（INADEM）发挥了重要作用。

墨西哥政府通过税制改革、担保体系建设以及专项融资计划和项目来帮助创业企业和中小企业解决融资问题，但这些措施多为 2016 年之前制定，截至目前取得了成效。墨西哥财税改革中针对小企业的新税制参与税收制度（RIF）有利于促进小企业的正规化经营。

国家创业基金（FNE）是墨西哥政府支持墨西哥企业家和微型和中小型企业的主要财政工具，通过担保体系促进商业银行系统支持企业家和小企业的贷款，2016 年墨西哥国家创业基金总额 72 亿比索（约 3.65 亿美元）。公开信息中尚无 2017 年的数据，从 2016 年的情况看，截至 2016 年 5 月创业者融资项目（Financing Program for Entrepreneurs）已经支持 626 个项目，1.78 亿比索（约 900 万美元）。

高影响力创业计划 High Impact Entrepreneurship Program（HIEP），向具有创新产品或创新商业模式，并具有高增长潜力和高影响力的初创企业、处于扩张期的企业提供资金补贴，2016 年该项目为 150 ~ 200 家企业提供补助，2017 年的计划是补贴 200~250 家企业。

墨西哥政府还实施了一些支持创业和中小微企业融资的计划，如青年信贷计划（Youth credit program）、中小企业生产计划（SME Productive Projects）、

① 墨西哥的中小型企业通常称为 PYME，0~10 人的为微型企业，0~50 人的为小型企业，50~250 人的为中型企业。

墨西哥特许经营国家项目（National Program of Franchises）、国家微型企业融资计划（National Microenterprise Financing Program），向特定人群、特定区域和特定用途提供优惠利率的贷款。墨西哥政府通过实施促进创业投资行业计划（Program to Foster the Venture Capital Industry）来鼓励创建创投基金，扩大融资渠道，促进创新创业的发展。

在对创业者提供服务方面，墨西哥政府注重发挥政府采购政策功能，帮助创新企业和中小企业开拓市场。《公共部门采购、租赁和服务法》、新型政府采购网络系统支持更多中小微企业参与到政府采购中来。TPP 中政府采购章节对墨西哥中小微企业也存在有利规定，包括允许墨西哥中小微企业参与其他缔约国政府采购项目等。

墨西哥政府创办了创业网（RAE）优化注册流程，改善了创业者的创业环境。endeavor、startupmexico、500 startupmexico 孵化器等为创业者和初创企业提供创业孵化服务。

墨西哥政府重视创新创业的国际交流，既有墨法两国的创新创业新机制，2015 年墨西哥与法国两国政府建立“创业与创新委员会机制”，也有全球性的创新创业赛事，作为拉美和加勒比地区第一个举办该竞赛的国家，墨西哥主办了 2015 全球最佳科技新创公司竞赛（Startup Nations Summit 2015）。

墨西哥政府开设了创业培训项目和课程，重视与高校合作在高等教育机构促进创业和创新文化。由国家创业局开设的“创业者大学”为创业者提供在线学习创业知识的平台，还有专门为青年创业者提供的培训项目和课程。全国性赛事如“全国创业周”（National Entrepreneur Week）有利于培育创业文化。

和美国合作的 I-Corps 和 NoBI-U 项目重点在于帮助创业者了解真实市场需求，将技术商业化。在墨西哥，也有专门的机构支持女性创业。如女性社会创业支持组织（Crea Communities of Social Entrepreneurs，AC）（简称 Crea）主要致力于帮助女性创业者或者商界女性提高业务能力。

2015 年墨西哥国家企业局与大学和高等教育机构协会（ANUIES）签署合作协议，旨在加强协调，在高等教育机构促进创业和创新文化。

以蒙特雷理工学院（Instituto Tecnológico de Estudios Superiores de Monterrey）为代表，墨西哥高校将创业教育纳入课程体系，并结合家族企业的问题成立家族企业创业中心网络（Network of Centers for Entrepreneurial Families），该高校也设立了孵化器和加速器等帮助创业者创办、发展企业。

政府服务

墨西哥 2013—2018 年国家发展规划中对促进创业、加强微型和中小企业发展作出战略规划，并在“2014—2018 年科技创新特别计划”中提出了促进创新创业发展的措施计划。例如，增加国家研发投入，将逐年把研发投入占 GDP 的比重由 0.43%（2013 年）提升到 1%（2018 年）；建立大学、科研机构和企业之间的稳定合作机制，促进知识转移转化，鼓励创建科技类企业；建立国家科技基础设施信息网络系统，制定开放获取政策，投资建设科研信息知识库等。

和其他成员相比较，墨西哥政府较早时间就开始通过推广提高企业注册效率的 SARE 系统、提供企业注册一站式服务、取消创立公司最低资本要求等措施来为创新创业创造更有效率的市场环境。2002 年墨西哥开始在不同城市逐步推广 SARE 系统（Rapid Business Opening System），随后推出了新的商业注册网站 www.tuempresa.gob.mx，提供企业注册一站式服务（One-stop Shop），创业者可以通过简化的注册流程并利用网络进行注册。2013 年，墨西哥公司法（Corporate Law）取消了对创立有限责任公司（SRL）和股份公司（Stock Company）的最低资本要求。

《微型和中小企业竞争力发展联邦法》（2006）规定，墨西哥经济部承担关于中小微企业规则发布、计划的启动和实施、修改相关规定的责任。2013 年，墨西哥经济部成立专门负责创新和创业相关工作的机构——国家创业局（INADEM），国家创业局作为墨西哥经济部下属机构，负责实施、协调，通过国家支持创业网保证恰当有效地执行各项支持政策措施。

财税和金融服务

墨西哥财税改革中针对小企业的新税制参与税收制度（RIF）有利于促进小企业的正规化经营，增加国家税收收入。2013 年墨西哥财税改革中，对小企业纳税规定作出了重要调整，推出针对小企业的新税制——参与税收制度（RIF），鼓励非正式企业正规化，并在墨西哥税务总局网站设立“我的账户”，为小企业提供税收优惠：年收入低于 10 万比索（约 5 000 美元）的纳税企业，10 年内免增值税和生产服务特别税（IEPS）；年收入在 10 万至 200 万比索（约 10 万美元）的企业，享受 10 年内阶梯减免增值税和生产服务特别税的待遇。通过该网络平台，纳税人可以登记收入支出、报税、完成纳税手续，开具发票。该措施促进了小企业的正规化经营，并有利于增加国家税收收入。

墨西哥国家创业局（INADEM）下设国家创业基金（FNE），资金主要来自于联邦财政预算，墨西哥经济部每年制定具体使用规定，国家创业局（INADEM）负责具体实施。该基金于2014年创建，前身为中小型企业支持基金（Fund for the Support of the Small and Medium Enterprise，SME Fund）①，是墨西哥政府支持墨西哥企业家和微型和中小型企业的主要财政工具。国家创业局（INADEM）每年将国家创业基金（FNE）预算的1/3分配给国家担保体系（Sistema Nacionalde Garant í as），通过商业银行系统支持企业家和小企业的贷款。2016年墨西哥国家创业基金总额72亿比索（约3.65亿美元），重点支持创业者、中小企业融资及使用先进技术。

墨西哥经济部于2011年发起的“创业者融资项目”（Financing Program for Entrepreneurs），是一个由国家创业局（INADEM）提供资金的担保基金，鼓励商业银行拓宽渠道帮助创业者融资。信贷的前两年，该基金承担100%的风险，第三年和第四年调整为75%。根据创业者项目技术复杂程度的不同，传统创业者能够获得5万（约2 500美元）至50万比索（约2.5万美元）不等的信贷，而高新科技的创业企业则能够获得35万（约1.78万美元）至150万比索（约7.6万美元）不等的信贷。贷款的期限从36个月延长至48个月并且能够得到3到9个月的宽限期，按照固定利率13.0%计算利息。截至2016年5月，该项目已经支持626个项目，总金额为1.78亿比索（约900万美元）。

墨西哥国家创业局（INADEM）在2014年发起“高影响创业计划”（High Impact Entrepreneurship Program，HIEP），向具有创新产品或创新商业模式，并具有高增长潜力和高影响力的初创企业、处于扩张期的企业提供资金补贴。通过申请审核流程的初创企业最多能获得17万美元，处于扩张期的企业最多能得到28万美元补贴。企业提交的申请将由两个小组进行评估审核，分别是由政府工作人员组成的小组和具有丰富经验的行业专家组成的小组，评分超过规定标准的企业才有资格获得补助。2016年该项目计划在1 000份申请中，为150~200家企业提供补助；2017年预计补贴200~250家企业。HEIP项目进行的同时，一项关于政府补助对于创业和中小企业发展影响的研究也会进行，1 000份申请中将会有400家企业被视为合格，政府将随机对其中一半的企业给予补助，另一半未获得资金补助的企业将会被视为对

① 2004年墨西哥政府创立中小企业基金（SME Fund），直接计入国家预算，是当时墨西哥管理最严格、体量最大的中小企业扶持基金项目。

照组。研究的初步结果计划于 2019 年产生。

墨西哥政府还实施了一些支持创业和中小微企业融资的计划，如青年信贷计划（Youth credit program）、中小企业生产计划（SME Productive Projects）、墨西哥特许经营国家项目（National Program of Franchises）、国家微型企业融资计划（National Microenterprise Financing Program），向特定人群、特定区域和特定用途提供优惠利率的贷款。

青年信贷计划（Youth credit program），于 2015 年初启动，旨在通过为 18 至 35 岁青年人提供担保商业贷款。该计划以银行融资为基础，通常由国家创业局（INADEM）提供贷款担保。贷款最高可达项目成本的 100%，固定年利率为 13.0%。自该计划开始至 2017 年 9 月，已向年轻企业家提供了 4 248 笔贷款额度，总金额为 15.545 亿比索（约 7 886 万美元）。

中小企业生产计划（SME Productive Projects）主要是为在农村地区的企业提供贷款，贷款可用来购买生产设备、基础设施以及最多 50% 的流动资本，每个项目最多贷款 200 万比索（约 10 万美元），4 年期贷款利率为 12%，如果每月按时还款，利率可以下降至 6%。获得项目贷款的要求是企业需要注册成立至少满一年且对于新项目的投资至少贡献 30% 的资本。

墨西哥特许经营国家项目（National Program of Franchises），企业主可以从合作的金融机构中获得零息贷款以支付最多 50% 的特许经营费用，但必须在未来 36 个月内还清贷款。墨西哥企业如果在至少两个地方经营满两年，想要扩展业务也可以享受这笔贷款带来的福利。

由墨西哥经济部（Ministry of Economy）发起的国家微型企业融资计划（National Microenterprise Financing Program）是当时规模仅次于 SME Fund 的项目，主要目标是通过小额融资、贷款、咨询、培训来帮助低收入和较贫困的企业家。通过两个信托基金进行运营，FINAFIM（Trust of the National Program for Microenterprise Fiancing）和 FOMMUR（Trust of the Fund for Microfinance for Rural Women）。

墨西哥国家创业局（INADEM）在 2013 年制订并开始实施“促进创业投资行业计划”（Program to Foster the Venture Capital Industry），旨在鼓励创建创投基金，扩大融资渠道，促进创新创业的发展。2013 年至 2017 年，在 40 余家基金的支持下，来自 17 个不同部门的 142 家公司获得了投资，总金额 2 829 万美元。这些公司或者项目，除了获得投资以外，还得到了创业和业务发展的指导和咨询服务。

创业者服务

墨西哥政府注重发挥政府采购功能，以规范预付金和鼓励更多中小企业参与政府采购，使用新型政府采购网络系统促进中小微企业发展。2010 年公布《公共部门采购、租赁和服务法》新规则，以规范预付金和鼓励更多中小企业参与政府采购。新规则规定，如果产品生产过程超过 60 天，中标的中小企业可获得合同总金额 10% ~ 50% 的预付金，对国际招标的优惠幅度也提高到 10%~15%。墨西哥政府 2010 年开始使用新型政府采购网络系统。新系统建立了新的供应商数据库，增加更多符合资质的中小企业，并公开对每个供应商合同履行的评估文件，包括合同的终止和相应的罚款等信息。供应商企业均可以在政府采购网站（compranet.gob.mx）上注册，然后收到网站电子版的标书和相关招标信息。墨西哥加入 TPP 后，TPP 中政府采购章节对墨西哥中小微企业也存在有利规定，一是允许墨西哥中小微企业参与其他缔约国政府采购项目，二是墨西哥小微企业参与 TPP 其他缔约国政府采购项目享有便利化手续，三是设置墨西哥中小微企业参与本国政府采购项目特殊保护比例。

创业网（La Red de Apoyo al Emprendedor，RAE）是墨西哥国家创业局（INADEM）建设的创业支持数字平台，为中小微企业提供服务，目的是以简单，有效和透明的方式接收，处理和跟踪中小企业和创业者的支持请求。创业网（RAE）由墨西哥政府机构及享有良好声誉的非政府机构、企业等共同为创业者提供支持项目、产品、服务和解决方案。截至 2016 年，创业网注册创业者 69.5 万，合作方 284 家，相关机构 417 家，参与企业 27 万家。

在创业孵化方面，墨西哥以 endeavor、startupmexico、500 startupmexico 孵化器为代表，为创业者和初创企业提供服务。墨西哥的 endeavor 成立于 2002 年，在墨西哥有 9 个办事处，迄今为止已经为企业家提供了超过 20 000 小时的指导，间接创造了超过 8 600 个高价值的工作岗位，其孵化企业的 50%的企业家拥有专利或正在申请中。墨西哥的 endeavor 还推出了一项创新的特许经营战略，以吸引墨西哥各地的有前途的企业家，并与七个州的顶尖大学和当地商人合作，设立了地区办事处。startupmexico 孵化器，参加者可以通过电话参加孵化会议，获取产品或服务，也可以加入共享空间，参加活动和课程，现已经孵化了 150 家企业。500 startupmexico 孵化器，隶属于 500 startup 全球孵化器的一部分，成立于 2011 年，到现在已经投资了 100 多家企业，主要投资于金融科技，交通运输，旅游，教育，电子商务，公民科技，健康等领域，在墨西哥城对孵化企业提供为期 16 周的种子计划，47 500 美元现金和价值 12 500 美元的服务，并提供公开的免费投资课程。

墨西哥政府重视创新创业的国际交流，有墨西哥和法国的两国创新创业新机制，也有全球性的创新创业赛事。2015 年，墨西哥与法国两国政府建立“创业与创新委员会机制”，墨方牵头单位是墨国家创业局（INADEM）。该机制下设三个委员会：创业委员会、创新委员会和战略部门委员会，创新委员会机制下还建立墨西哥—法国创新研究中心，旨在扩大两国在知识产权、专利保护领域的合作交流。2015 年墨西哥国家创业局主办 2015 全球最佳科技新创公司竞赛（Startup Nations Summit 2015），成为拉美和加勒比地区第一个举办此项活动的国家，来自全球 60 个国家 104 位代表和 31 个国家的 30 位创新公司参会，1.5 万青年创业者参会。

创业教育

由国家创业局开设的“创业者大学”不仅包含丰富的创业项目和课程，还有为青年创业者提供的培训项目和课程

墨西哥国家创业局开设了供创业者在线学习创业知识的平台——创业者大学。创业者大学平台上包含与创业相关的多个培训项目和课程，如在线孵化项目、创业领导力课程、关于创新的课程、电子商务营销、人才招聘等。有些课程由国家创业局独立开设，有些课程是国家创业局和各行业内有经验的企业合作开设，使得创业者可以获得与实践结合较为紧密的知识与技能。国家创业局还发起了“全国创业周”（National Entrepreneur Week）活动，旨在促进创业和创业文化，为期 6 天，期间会组织多个创业培训项目和论坛，创业者可以根据自己的情况选择参加。全国赛事如“全国创业周”（National Entrepreneur Week）有利于培育创业文化。

和美国合作的 I-Corps 和 NoBI-U 项目重点在于帮助创业者了解真实市场需求，将技术商业化

墨西哥—美国 I-Corps 和 NoBI-U 项目，是 2015 年在墨西哥国家科学技术理事会（National Council of Science and Technology，CONACYT）、美国—墨西哥科学基金（FUMEC）在美国国家科学基金（National Science Foundation，NSF）的支持下，发起的 I-Corps 在墨西哥的试点项目。2017 年墨西哥国家科学技术理事会（CONACYT）开始推广项目，将在墨西哥建立 5 个大学之间的合作试验点 NoBI-U，每个试验点由不同的大学或科研机构联合建设。其中一个试验点是墨西哥国立自治大学（Universidad Nacional Autónoma de México，UNAM）和阿纳瓦克大学（Universidad Anahuac）合作建立的。I-Corps 项目的培训内容，是基于 Steven Blank 的精益创业理论（Lean Startup）。从两所大学选出 23 个团队，在 7~8 周的培训周期内，这些团队将被指导如何把技术商业化，其中一项重要内容是每个团队都要对潜在客户做不低于 100 次的访谈，以了解真实的市场需求。2017 年参加项目的 23 个团队中，项目涉及生物柴油、废水处理、3D 打印以及教育、医疗等行业的技术。在 2015 年墨西哥的 I-Corps 试点项目中，有一个 TOCO 项目较为成功，他们研发一种检测角膜的便携式仪器，因为性价比高被市场认可，成立了创业公司，正在开发新的产品。

墨西哥政府墨西哥国家创业局的创业者大学提供的创业培训课程，为有志于创业的青年提供了学习的机会

墨西哥的青少年（15~29 岁）中有 22% 处于没有工作、没有接受教育和培训的状态（Youth neither in employment，education or training，NEET）。为提高青年的创新创业能力和国际化视野，墨西哥青年局（Instituto Mexicano de Juventud，Imjuve）和青年创业相关组织（Startup Mexico，Plug Cambridge）共同发起了国际青年创业交流项目 RUMBO JUVEN（Young course）计划，面向 18~29 岁的墨西哥优秀青年创业者。该项目要求创业者的创业项目已经有创新性的产品，最好是处于行业领先水平，通过国际交流，可以互相分享经验和学习，并为拓展国际市场寻找机会。2018 年项目主要面向生命科学领域的青年创业者，入选者将前往美国波士顿参加研讨会和参观企业，为期一周。2016 年该项目的青年创业者前往法国巴黎，参观和体验了巴黎的时尚和服装产业，并参加了研讨会，和行业专家进行了交流学习。

墨西哥女性社会创业支持组织 Crea Communities of Social Entrepreneurs，AC （简称 Crea）成立于 2008 年，主要致力于帮助女性创业者或者商界女性提高业务能力，避免社会地位和经济地位的边缘化

该组织与合作单位一起开发了与实践结合较为紧密的培训项目。Crea 的意思是创造机会和创立企业。Crea 有面对面的培训和在线培训。Crea 和墨西哥国家创业局合作了面对面的培训项目 Women Moving Mexico（Mujeres Moviendo Mexico），对想创业或者想发展自己企业的女性创业者进行培训，这个项目在全国有 6 个培训中心，提供商业培训、技术支持、研讨会等。这项活动为女性创业者搭建了一个全国性的创业者网络，并可以提供全国范围内的在线诊断和支持。在国家创业局主办的全国创业周活动中，也有专门的女性创业者论坛，与会人员就女性创业过程中存在的问题展开讨论和分享自己的观点。

2015 年 10 月，墨西哥国家企业局与大学和高等教育机构协会（ANUIES）签署合作协议，旨在加强协调，在高等教育机构促进创业和创新文化，促进青年发展，密切与生产领域的联系。邀请教育机构参与创业者支持项目，支持创业者和中小微企业。

以蒙特雷理工学院（Instituto Tecnol ó gicoy de Estudios Superiores de Monterrey）为代表，墨西哥高校将创业教育纳入课程体系

该高校从 1978 年就开始创业教育项目，是墨西哥最早开展创业教育的大学之一，目前还与斯坦福大学有合作。在课程设置方面覆盖了高中部、本科生、研究生（硕士和博士）三部分。墨西哥的公司 90% 是家族企业，有 55% 的家族企业在成立 2 年内失败，85% 的家族企业失败是因为家族问题，而不是商业问题。为了应对这个问题，学院成立了家族企业创业中心网络（Network of Centers for Entrepreneurial Families），致力于帮助解决中小型家族企业的问题，注重实践，提高创业者的技能以使家族企业实现可持续发展，并通过家族企业的发展推动地区经济的繁荣。该学院于 2001 年建立了孵化器，帮助创业者把创意转化为企业并发展壮大。根据创业企业的技术水平，孵化器分为高科技孵化器（Incubators of technological base）、中间技术孵化器（Intermediate technology incubators）以及社会孵化器（Social incubators）。高科技孵化器主要面向农业工程、生物技术、信息技术、制药工程、航天、汽车等领域的企业；中间技术孵化器主要面向咨询、连锁、软件等领域的企业；社会孵化器主要面向小微企业，通过教育培训帮助他们解决就业问题。目前学院共有 101 个孵化器，分布在全国各地，其中高科技孵化器 8 个，中间技术孵化器 25 个，社会孵化器 67 个。学院的孵化器不仅对学生、教职员工及亲属开放，也欢迎外部有志于创业的人士。2006 年建立了加速器体系，主要面向有潜力实现高成长的企业。具体主要从市场、创新、资金三个方面进行协助创业者。市场方面就国际贸易、市场计划、价值链、公关等方面提供建议；创新包括商业模式、生产流程改进、新产品开发等方面；资金包括财务管理、税务规划和融资。学院目前有 17 个加速器。蒙特雷理工学院的校友还组织成立了 E+E 链接网络，聚集各行业有经验的企业家，为创业企业提供更多的支持和帮助。

南非

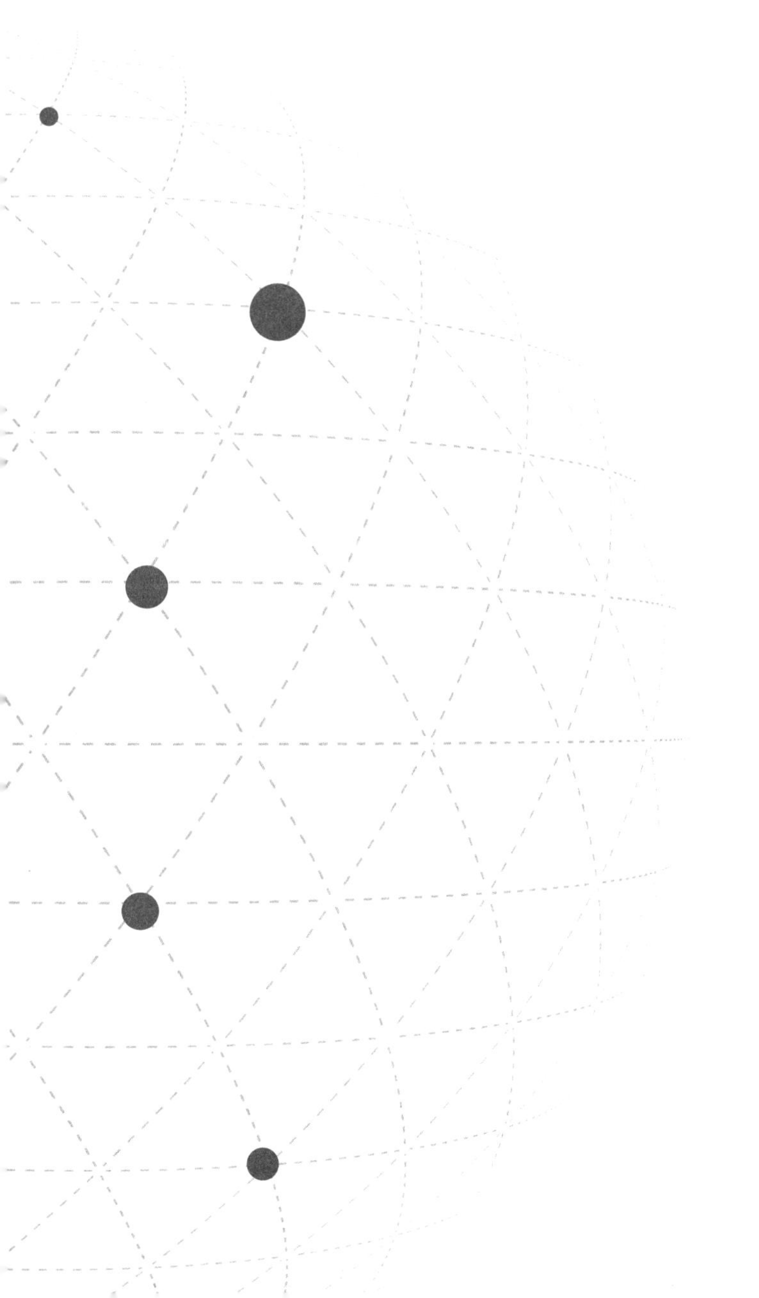

概要

受各种因素影响，南非 2016 年 GDP 增长率仅 0.3%（2015 年为 1.3%，2017 年为 1.31%），创下了 2009 年以来最低水平。同时，自 2009 年以来南非财政收不抵支，政府债务水平持续上升，失业率居高不下[①]。低迷的经济发展现状向南非的创业创新和中小企业发展提出严峻考验。

南非政府对创业创新和中小微企业的支持政策最早可以追溯至 1995 年中小微企业[②]发展白皮书（White Paper on SMME development）。2003 年修订《国家小企业法令》（1996 年），简化创业手续，降低融资门槛，并实施减免增值税的优惠政策。次年，依法成立了南非小企业发展局（Small Enterprise Development Agency，SEDA）。2011 年南非新公司法生效，进一步放宽了对创业要求。

2017 年南非政府在全国发展计划（NDP）中将中小企业发展定为优先事务。2016 年以来，南非政府加大对科研的财政预算，将研究、创新和创业置于优先领域，南非科技部在 2017/18 财年支持了 2800 家中小企业，优先支持领域包括创业创新。

南非政府对黑人创业和黑人企业家给予特别关注和支持。《黑人经济振兴法案》（2004）（Broad-Based Black Economic Empowerment Act）、《黑人经济振兴政策》（BEE）释放了南非黑人的创业和企业管理潜力。另外，南非人口结构年轻化，且青年失业问题严重，对此南非设立了国家青年发展局（National Youth Development Agency，NYDA）支持年轻人创业。

南非政府通过不断提高小型企业所得税起征点以向新创企业和中小微企业提供税收优惠支持。另外，通过金融发展机构（Development Finance Institutions，DFI）对中小微企业和创业者提供补贴和融资支持，小企业融资机构（Small Enterprise Finance Agency，SEFA）也提供不同形式的贷款支持。信用担保融

① 2016/17 财年，南非财政收入 12 973 亿兰特（约 1 047 亿美元），财政支出 14 452 亿兰特（约 1 167 亿美元），2016/17 财年南非政府债务余额 22 330 亿兰特（约 1 803 亿美元）。2017 年南非失业率 27.33%，2016 年为 26.5%。

② 在南非《国家小企业修正法案》（The National Small Business Amendment Act 26 of 2003）中，微型企业（Micro-business）的定义是拥有五个或更少员工、营业额低于 10 万兰特（约 8 076 美元）的企业；特小企业（Very Small Business）的员工数量在 6 ~ 20 人，小企业（Small Business）在 21 ~ 50 人，营业额的标准根据不同行业有所不同。

资是南非政府支持初创企业和中小微企业的另一重要途径。在南非，主要由国家主导的基金项目来促进创投的发展，并且在诸多基金中包含侧重资助女性创业的项目，如 Women Empowerment Fund 和 Thelsivande Women's Fund（IWF）。2016 年，ZAR X 证交所成立，是继约翰内斯堡证券交易所（JES）之后南非第二家证交所，也是 100 多年来南非政府颁发的首张证交所执照。

南非在对创业者提供的技术支持等方面特别关注处于边缘化的小企业，并专门为女性创业者和企业提供技术支援。另外，在行业鼓励方面南非政府也重点关注到黑人创业者和初创企业。

自《重建与发展计划》（1994 年）要求在教育系统中加入创业培训以来，南非政府一直对创业教育给予重视。南非的创业教育体现出多方合作的特点，包括政府部门、教育部门、私立机构、企业、非政府组织以及国际组织。一方面，有南非政府部门合作向高成长企业（High growth）提供创业培训的项目；另一方面，针对青年失业问题，南非政府和国际组织、非政府组织合作在中学阶段加入创业教育，以提高青年学生的就业和创业能力。南非高校的创业教育项目同时也向没有大学文凭的弱势青年群体提供，关心社会创业和系统改变（Social Entrepreneurship & Systems Change）是南非高校创业教育出现的新趋势。南非社会对创业榜样的宣传对创业文化的传播也起到积极作用。但和创业教育和培训一样，创业文化的培育非一朝一夕，也还需要时间的积累。

政府服务

南非政府对创业创新和中小微企业的支持政策最早可以追溯至 1995 年中小微企业发展白皮书（White Paper on SMME Development）。在白皮书里，南非政府提出对创业和中小企业提供金融及非金融支持，扩大产品需求、减少管制。2003 年，南非政府对《国家小企业法令》（1996 年）进行了修订，简化创业手续，降低中小企业融资门槛，并实施减免增值税的优惠政策。次年，依法成立了南非小企业发展局（Small Enterprise Development Agency，SEDA）。南非新公司法于 2011 年生效，根据新公司法，成立私人公司不再限于 50 人，私人公司不需要每年递交财务报表，也不需要向公众发布，进一步放宽了创业要求。

2017 年，南非政府在南非全国发展计划（NDP）中，将中小企业发展定为优先事务，包括要在 2030 年前实现中小企业部门贡献 90% 就业，以及促进创新创业和中小企业的可持续发展。2016 年以来，南非政府加大对科研的财政预算，将研究、创新和创业置于优先领域。根据南非科技部 2017/2018 财年预算报告，南非政府在 2017/2018 财年通过 Technology Innovation Agency（TIA）支持了 2800 家中小企业，并将在 2018/2019 财年支持 3 380 家中小企业。南非科技部 2015/2016 财年预算报告《科学与创新：未来增长的驱动力》显示，2015/2016 财年南非科技部的年度预算为 74.82 亿兰特（约 6 亿美元），显著高于 2014/2015 财年的 64.8 亿兰特（约 5.2 亿美元），优先领域包括发展人力资本、创建新知识、投资研究与基础设施、鼓励创新。

南非政府致力提高黑人在社会经济中的地位，《黑人经济振兴法案》（2004）（Broad-Based Black Economic Empowerment Act）、《黑人经济振兴政策》（BEE）使黑人对企业股权和控制权上升，并推动黑人中产阶级崛起，这不仅改变着南非黑人和白人之间的贫富差距促进经济的可持续发展，还释放着南非黑人的创业和企业管理潜力。2018 年 5 月，南非政府宣布将对综合农业支持计划、Ilima-Letsema 补助计划等政府补助项目进行改革，以更好地让小型黑人农业企业受益。综合农业支持计划（Comprehensive Agricultural Support Program，CASP）自 2005 年开始实施，措施包括支持土地改革，通过农业金融机构（Mafisa）为农民提供融资，建立农业合作社，制定农业物流战略，制定农业可持续发展战略，天气预测，改善农产品营销环境。Ilima / Letsema 是帮助黑人农业社区发展农业生产的一个政府补贴项目。黑人工业家计划（Black Industrialists Scheme，BIS）于 2015 年开始实施，旨在运用国家金融和非金融干预措施，释放在南非经济体内黑人拥有，运营和管理企业的工业潜力。

南非人口结构年轻化，且青年失业问题严重。南非成立了国家青年发展局（National Youth Development Agency，NYDA）帮助年龄在 14 岁到 35 岁之间的年轻人创业，并向新创企业提供金融支持。

财税和金融支持

南非政府自 2015 年起不断提高小企业所得税起征点，从 2015 年起征点 73 650 兰特（约 5 948 美元）已提高至目前的 78 750 兰特（约 6 359 美元）。

南非政府通过金融发展机构（Development Finance Institutions，DFI）对中小微企业和创业者提供补贴和融资支持。在 2016 年，南非政府对中小微企业的直接贷款数量是 87.22 亿兰特（约 7.04 亿美元），占中小微企业全部贷款数量的 1.4%。

小企业融资机构（Small Enterprise Finance Agency，SEFA）向新创企业和中小微企业提供过桥贷款（Bridging loans），定期贷款（Term loans），结构行

融资（Structured finance）等。该机构是工业发展公司（Industrial Development Corporation Limited）的子公司，该机构的产品和服务主要分为两个方向：

直接贷款。小企业融资机构（SEFA）直接向中小企业或合作社提供贷款。贷款金额从最低 5 万兰特（约 4 038 美元）到最高 500 万兰特（约 40 万美元）。这些贷款包括：资产贷款（Asset loans）根据企业的需求，帮助企业融资购买新的资产，新的资产可以作为贷款的担保；过桥贷款（Bridging loans）为企业提供短期过渡性贷款，为企业的营运活动提供资金；以及定期贷款（Term loan）等。南非的残疾人群体失业率高、贫困率高，小企业融资机构（SEFA）的 Amavulandlela 资助计划专门为残疾人企业家而设计，为残疾人企业家的融资、技术、采购以及与供应商的谈判提供援助，并将提供最高 35 万兰特（约 2.8 万美元）用于深入培训和其他业务方面的支持。

批发贷款（wholesale lending）。小企业融资机构（SEFA）为中介机构、合资企业、专项基金合作伙伴等提供资金，增加南非中小微企业获得融资的机会。该部分资金目标是市场中陷入资金困难的中小微企业，为微型企业提供 500（约 40 美元）到 5 万兰特（约 4 038 美元）的贷款，为小型企业提供 5 万（约 4 038 美元）到 100 万兰特（约 8 万美元）的贷款，为中型企业提供 100 万（约 8 万美元）至 500 万兰特（约 40 万美元）的贷款。

信用担保融资也是支持创业和中小微企业和重要途径。2016 年由工业发展公司基金（Industrial Development Corporation，IDC Funding）提供的信用担保额度为 2.34 亿兰特（约 1 889 万美元），在经历了 2013 年、2014 年显著的下降趋势后，相较 2015 年增加了 2 300 万兰特（约 185 万美元）。与此同时，南非政府正在努力建立动产登记系统以及信用记录数据库，以降低贷款的风险，使得银行贷款的比率上升。

在南非主要由国家主导的基金项目来促进创投的发展，诸多基金中包含侧重资助女性创业的项目。

国家振兴基金（National Empowerment Fund，NEF），是南非政府主导的鼓励黑人创业的基金，包括 iMbewu Fund、Rural& Community Development Fund、uMontho Fund、Strategic Projects Fund 等，还包括侧重资助女性创业的 Women Empowerment Fund。

工业发展公司基金（Industrial Development Corporation，IDC Funding），主要向已经有企业在运营以及希望发展新业务的企业家提供的支持，包括发展基金（Development Funds）、农业加工竞争力基金（Agro-Processing Competitiveness Fund）、产品工艺创新计划（Product Process Development Scheme，PPD）、

风险资本基金计划（Risk Capital Facility Program）、转型与企业家计划（Transformation and Entrepreneurship Scheme）、绿色能源效率基金（Green Energy Efficiency Fund）。

The Isivande Women's Fund（IWF）旨在促进女性创业。Khula SME Fund 主要给创业企业在初期阶段和扩展阶段提供资金，基金于 2012 年并入小企业融资机构（SEFA）。

约翰内斯堡证券交易所（JES）是非洲最大的证券交易所，也是南非新创企业和中小企业重要的融资渠道。2016 年，南非金融服务委员会向 ZAR X 证交所颁发了 100 多年来首张证交所执照，ZAR X 证交所将成为南非第二家证券交易所。

创业者服务

南非在对创业者提供的技术支持等方面特别关注处于边缘化的小企业，并专门为女性创业者和企业提供技术支援。另外，在行业鼓励方面南非政府也重点关注到黑人创业者和初创企业。

南非《小型企业发展机构科技计划》（Seda Technology Program，STP）针对小型企业，尤其是对被南非政府定义为第二经济的企业提供营利和非营利技术转让、企业孵化和质量支援服务。第二经济是指处于边缘化的注册和未注册的小企业。该计划为每个项目提供最高 60 万兰特（约 4 万美元）的非偿还性财政补贴，保障小型企业可以顺利获得新技术。并对女性所有权超过 50% 的小企业提供特定的技术支援。

南非政府在 2016 年宣布，重新开放受理制造业竞争力提升计划（MCEP）的申请，每个符合条件的制造商可获得上限为 5 000 万兰特（约 403 万美元）的贷款，固定年利率为 4%。该计划为所有符合条件的初创企业申请者和现有黑人工业企业提供同样最多 5 000 万兰特（约 403 万美元）、年利润率为 4% 的贷款。

创业教育

南非政府一直重视创业教育。《重建与发展计划》（1994 年）强调培养公民创业意识，要求把创业培训加入教育与培训系统。中小微企业发展白皮书（1995 年）（White Paper on SMME Development）提出必须将创业教育加入学校课程内。“南非人力资源发展委员会的实施进展”报告（2013 年）提出学校应该支持创业培训，发展创业教育。《一个协调的青年就业战略》（2013 年）将“青年创业与青年合作企业”列入南非政府优先发展的六个领域之一。

南非有面向高成长企业（High growth）提供创业培训的项目。南非小企业发展部（Department of Small Business Development，DSBD）和小企业发展机构（the Small Enterprise Development Agency，SEDA）于2015年发起了面向高成长企业的“瞪羚计划”（National Gazelles Program），每年评选40家快速发展的企业，并对40家企业提供资金支持。2017年11月宣布了40家入选企业，之前入选的企业中有68%的企业实现了17%的业绩增长，说明该项目实现了帮助入选企业发展到更大规模的目标。

南非青年失业问题严重，南非人口结构年轻化，2016年青年失业率约为30%，约有60%的人口在35岁以下。针对青年失业问题，南非政府和国际组织、非政府组织合作，在中学阶段加入创业教育以提高青年学生的创业能力。

2013—2015年国际劳工组织（ILO）和南非经济发展及旅游和环境事务部（Department for Economics Development，Tourism and Environmental Affairs，DETEA）在南非青年失业严重的Free State省推行了StartUP&go创业教育项目。StartUP&go项目更注重培养青年的创业思维（Mindset）、创业态度和个人品格。这个项目在Free State省62所学校的10~12年级的商业学习课程中实行。在南非还有一些为中学提供创业教育的非政府组织，如商业与发展基础（Foundation for Business and Development，FEBDEV）、企业信任教育（Education with Enterprise Trust，EWET），以及南非创业研究所（South African Institute of Entrepreneurship，SAIE）。

南非高校之间合作、与产业界和企业合作提供创业教育项目，这些项目也向没有大学文凭的弱势青年群体提供。关心社会创业和系统改变（Social Entrepreneurship & Systems Change）是南非高校创业教育出现的新趋势。

南非瓦尔理工大学的VUT/Sasol entrepreneurship program创业项目，面向没有大学文凭的18~30岁的年轻人，这些年轻人来自弱势群体家庭。培训为期8个月，完全免费，资金由瓦尔理工大学和Sasol提供。

Raymond Ackerman学院创业培训项目，主要为没有机会上大学的18~30岁的年轻人提供创业培训课程，为期6个月，学生需要全时参加学习（Full time）。由Raymond Ackerman[①]和开普敦大学商学院以及约翰内斯堡大学合作的Raymond Ackerman学院（Raymond Ackerman Academy）是一个大学级别的机构。学院认识到创业者的个人性格特征和创业思维对于创业也起到关键作用，所以在课程体

① 南非企业家。

系的设计上包含了这些方面。学院有 Graduate Entrepreneur Support Service（GESS）项目，帮助毕业学员解决资金问题、拓展人际网络。GESS 项目入选 Taillores Network Youth Economic Participation Initiative（YEPI），是入选的 8 所大学之一。YEPI 致力于在南半球挑选最好的大学创业教育机构和方法，推动青年创业教育。

约翰内斯堡大学的青年创业培训项目。2016 年有 340 名小微创业者（small business owners）从约翰内斯堡的创业培训项目毕业。参加这个项目学习的学员不少是来自弱势群体家庭。其中有 136 名学员（73 个业务种类）来自农村，并且参加过专门支持农村创业者发展的 Pfunanani Enterprise Development project 项目。约翰内斯堡大学的创业培训项目是响应南非青年创业的号召而开展的，项目获得了大学和产业界人士的支持，比如 Buffelshoek Trust，Sabi Sand Pfunanani Trust，Sabi Sand Wildtuin 等。

金山大学在 2017 年发起了“学生创业周（Student Entrepreneurship Week）”活动，目的是激发学生的创业意识，把创业作为就业的一种方式。发起这项活动的原因也是因为南非青年失业问题严重，以及响应南非高等教育培训部（the Department of Higher Education and Training，DHET）要求大学积极开展创业教育活动的号召。创业周以“iEntrepreneur”为主题，主要集中在几个方面：information，创业信息；ideas and innovations，创意和创新；implementation and impact，创业计划的实施和影响。

开普敦大学在 2018 年启动社会创业和系统改变（Social Entrepreneurship & Systems Change）的培训项目。系统改变指的是改变上千万人的工作和生活条件，比如疫苗的接种、妇女的投票权和免费的义务教育等。这个培训项目面向从事社会创业的企业或者非营利组织的资深领导，通过短期（5 天）的培训，给这些领导者提供一套新的管理工具和框架。课程讲解社会创业在南非及全球的现状、机会、实践方面的问题等。这个项目得到洛克菲勒基金、施瓦布基金，以及 Motsepe 基金的资金支持。

南非社会对创业榜样的宣传对创业文化的传播起到积极作用。比如创业者杂志（Entrepreneur Magazine）评选 27 位南非最富有的人并分享他们的成功故事。南非还有一些对年轻创业者的评选，如 2017 年评选了 10 位 30 岁以下的创业者。这些成功故事的宣传，对于有志向创业的年轻人有积极的引导作用。但总体而言，创业文化的培育非一朝一夕，和创业教育和培训一样，也需要时间的积累。

欧盟

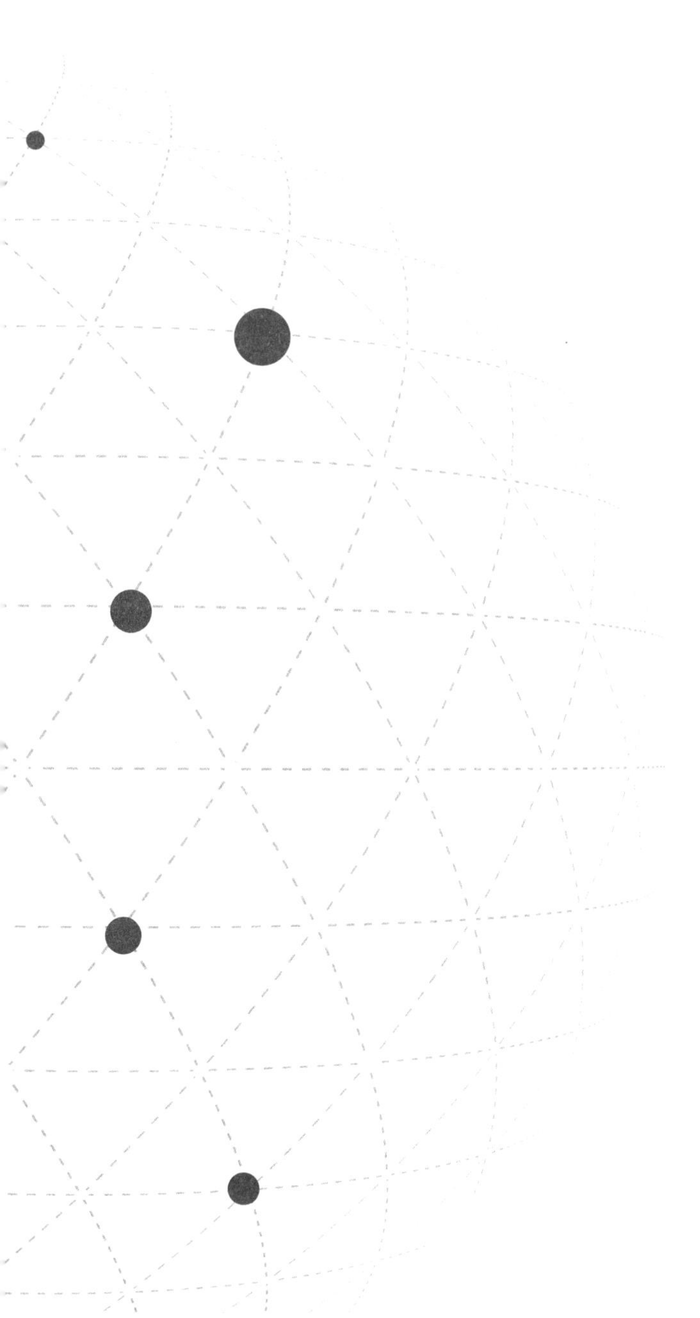

概要

2008年12月欧盟出台《小企业法案》（The Small Business Act for Europe，SBA），是欧盟中小微企业[①]政策的框架基础。之后针对创业和中小微企业，欧盟制定颁布了系列方案："地平线2020"（2012年）（Horizon2020）、《2020创业行动计划》（2013年）（Entrepreneurship 2020 Action Plan）、"欧盟2014—2020年中小企业竞争力项目"（2013年）（Competitiveness of Enterprises and SMEs，COSME）、《欧洲中小企业行动计划》（2017年）（European SME-Action Program）、"地平线2020"（2018—2020年工作计划）（2017年）。

欧委会企业与工业司（European Commission for Internal Market，Industry，Entrepreneurship and SMEs），主要负责为企业发展创造良好环境，推动企业创新，提高企业竞争力。欧盟"中小企业特使网络"（SME-Envoy Network），主要职责是为中小企业的监管以及政策制定提供建议，及时了解、协调和促进各国的中小企业发展。

在财税支持方面，2018年初欧委员会出台了针对中小企业增值税优惠的法规，以减轻中小企业的税收负担。《2020创业行动计划》（Entrepreneurship 2020 Action Plan）提出降低税收遵从成本，改善中小企业所处商业环境。

在融资支持方面，《欧洲中小企业行动计划》（2017年）中，"中小企业特使网络"（SME-Envoy Network）提出要拓宽中小企业的融资渠道。欧盟主要通过欧盟欧洲结构性基金、发展小额信贷、支持中小企业进入资本市场等措施，执行"欧盟2014—2020年中小企业竞争力项目"（COSME）和"地平线2020"（Horizon2020）中改善新创中小企业的融资难题的计划、方案。

在扶持创业创新的技术支持、信息支持、市场拓展和创业孵化等服务方面，欧盟在2017年发布的"地平线2020"（2018—2020年工作计划）中提出，启动欧洲创新理事会（EIC）支持突破性创新。欧盟通过公共科研信息共享和将中小企业纳入公

① 欧委员会（European Commission）根据企业员工数量以及资产数量的不同，确定了中型企业、小型企业、微型企业的标准。截至2017年11月，欧盟内部贸易的企业中，98%为中小企业，70%为微型企业；中小企业的贸易占据了总贸易额的一半。

共泛欧洲信息化基础设施建设，从而促进中小企业共享科研信息，促进研究成果商业化。“欧盟 2014—2020 年中小企业竞争力项目”（COSME）包括支持中小企业国际化以及进入市场、创造有利于竞争的良好环境对中小企业给予市场支持和服务。欧盟还通过建设欧盟企业信息网 EEN 和欧洲集群战略平台（ECCP）加大对欧盟中小企业的服务支撑。2017 年由欧盟委员会资助的创业加速器“数据场”项目正式推出。

《2020 创业行动计划》把加强创业教育和培训从而支持创业和经济增长，以及重新点燃欧洲的创业文化以培养下一代创业者作为重要内容。欧委会和欧盟成员国对女性和青年创业给予了积极的支持。欧洲大学创业网络（SEUN）将欧洲的大学、企业、科技园资源链接，为创业提供更好的支持。

政府服务

欧盟《小企业法案》（2008 年）（The Small Business Act for Europe，SBA），作为欧盟针对中小企业的相关政策的框架基础，主要方面包括促进创业、简化中小企业监管、放松政策环境、减少发展障碍等。在该框架内，欧盟针对创业和中小微企业制定、颁布了系列方案。

《2020 创业行动计划》（Entrepreneurship 2020 Action Plan）（2013 年），是欧盟推动创业开展的蓝图，号召各成员国共同开发欧洲创业者潜力，消除创业障碍，改变欧洲创业文化，促进中小企业发展，创造更加适宜创业者成长的环境，进而增强欧洲经济实力。

为行动计划的推进和实施，欧盟发起预算为 23 亿欧元的“欧盟 2014—2020 年中小企业竞争力项目”（Competitiveness of Enterprises and SMEs，COSME），旨在便利中小企业融资、市场准入、支持创业、为企业创立和增长提供有利环境。项目实行期为 2014 年至 2020 年。

欧盟《欧洲中小企业行动计划》（European SME-Action Program）于 2017 年 7 月颁布，从监管制度、市场准入、融资渠道、创业精神、技能培训和中小企业数字化 6 个方面考察现存的中小企业政策以及好的实践，并确定了之后的方向与机会。

在同一年的 10 月，欧盟还发布了“地平线 2020”（2018—2020 年工作计划），提出 300 亿欧元投资的执行方案。“地平线 2020”（Horizon2020）是 2012 年欧盟公布的科研规划提案，旨在整合欧盟各国的科研资源，提高科研效率，促进科技创新，推动经济增长和增加就业。“地平线 2020”总投资 770 亿欧元，截至 2017 年 10 月，已提供投资 266.5 亿欧元，其中近 37.9 亿欧元用于中小企业。

欧委会企业与工业司（European Commission for Internal Market，Industry，Entrepreneurship and SMEs），主要负责为企业发展创造良好环境，推动企业创新，提高企业竞争力。

欧盟在2011年创建“中小企业特使网络”（SME-Envoy Network），由每一个成员国提名一位特使加入该网络。欧委员会也任命一名特使加入，现特使是欧盟企业与工业司（European Commission for Internal Market，Industry，Entrepreneurship and SMEs）的ElżbietaBieńkowska女士。特使隶属企业与工业司。该网络的主要职责是为中小企业的监管以及政策制定提供建议，及时了解、协调和促进各国的中小企业发展。欧委会制定出台任何政策，都要求开展中小企业测试，评估政策出台后中小企业可能遭遇的风险，以切实减少官僚作风和监管负担。

财税和金融支持

《2020创业行动计划》（Entrepreneurship 2020 Action Plan）提出降低税收遵从成本，改善中小企业所处商业环境

为了使现行的欧盟税收体制更好地服务于创业企业的发展，欧委会致力于消除创业活动的税收障碍，包括取消中小企业的注册费、减少雇工税、实行分期付税等手段。

2018年1月，欧委会出台了针对中小企业增值税优惠的法规，以减轻中小企业的税收负担。欧委会提出所有的小企业，不论是否已免除缴纳增值税，只要年营业额不超过200万欧元，都可以享受增值税简化衡量方式。除此之外，在某一成员国注册的小企业，如果在另一成员国开展业务且年营业额不超过85 000欧元，也可以享受当地的增值税免除优惠。

《欧洲中小企业行动计划》（2017年）（European SME-Action Program）中，“中小企业特使网络”（SME-Envoy Network）提出要拓宽中小企业的融资渠道

例如，在传统融资方式中保持银行贷款对中小企业的支持，较少限制中小企业融资的创新形式；鼓励支持担保机构，使中小企业融资渠道更为便利。在小额贷款（微融资）方面，欧盟层面应完善并加强欧洲小额贷款网络的活动，分析特定目标群体的小额贷款；成员国层面应为小额贷款设计监管框架，通过指导、辅导和培训提高金融机构能力，支持小额贷款行业数字化。同时也鼓励非银行性的替代性融资的发展，不局限于创业投资，欧盟应减少监管障碍，鼓励跨境非银行融资，为非银行股权和债务融资设立基金；创建能够为替代性融资提供启发和指引的专家小组；成员国层面应通过定向举措增进中小企业对替代性融资的认知；通过各国银行和金融机构促进资金来源多元化。

“欧盟 2014—2020 年中小企业竞争力项目”（COSME）中也包含了帮助中小企业融资的内容

为了向中小企业在其发展的不同阶段提供更多的融资渠道，欧盟将推进对中小企业的贷款和股权投资。一是通过贷款担保基金，该计划将为金融机构（如担保协会，银行，租赁公司）提供担保和反担保，以便为中小企业提供更多贷款和租赁融资。预计“欧盟 2014—2020 年中小企业竞争力项目”（COSME）将使 22 万至 33 万家中小企业获得融资，总价值在 140 亿至 210 亿欧元之间。二是通过股权成长平台，该计划将为主要投资中小企业扩张和增长阶段的股票基金提供创业资本，帮助 360 至 560 家公司获得股权投资，总投资额预计为 26 亿至 40 亿欧元。

结合“欧盟 2014—2020 年中小企业竞争力项目”（COSME），欧盟通过欧洲结构性基金（European Structure Funds）、发展小额信贷（Progress Microfinance）、支持中小企业进入资本市场等措施支持中小企业融资支持。

欧洲结构性基金（European Structure Funds）

在该基金的支持下，执行“欧盟 2014—2020 年中小企业竞争力项目”（COSME）和“地平线 2020”（Horizon2020），解决新创中小企业的融资难题。

结构基金主要由四部分组成：欧洲社会基金（ESF）、欧洲地区发展基金（ERDF）、欧洲农村发展农业基金（EAFRD）以及欧洲海事和渔业基金（EMFF）。欧洲社会基金（ESF）主要提供职业培训和就业帮助，以解决青年和妇女的就业问题。欧洲地区发展基金（ERDF）是四个基金中最大的，约占整个结构基金的一半，该基金的主要目的是支持落后地区的中小企业的发展、促进投资和改善基础设施。虽然欧盟区域协调政策的目的在于加强整个欧盟经济、社会和区域方面的整合，但其首要关心的问题是创造就业机会，并不是把经济增长放在首位。而且，对受助区域的资格条件和扶持额度是全面把关的。欧洲农村发展农业基金（EAFRD）主要是为农村地区采用农业新技术、改进农业产业结构和发展非农产业提供资金支持。欧洲海事和渔业基金（EMFF）是为帮助沿海地区受渔业生产萎缩影响的渔民而设立的。

小额信贷（Progress Microfinance）

欧盟通过发展小额信贷（Progress Microfinance）和支持小额信贷机构联合行动（Joint Action to Support Microfinance Institution，JASMINE）在欧洲开发

小额信贷市场。

欧洲小额信贷发展基金（European Progress Microfinance Facility）是2010年3月由欧委会和欧洲投资银行（European Investment Bank，EIB）共同出资2亿欧元建立的小额金融工具，主要面向微型企业及自主创业人员，提供25 000欧元以下的小额信贷，支持方式包括提款、股权权益担保、直接担保、反担保等。

支持小额信贷机构联合行动（Joint Action to Support Microfinance Institution，JASMINE）是欧委会和欧洲投资银行于2008年9月推出的一项联合计划，旨在为欧洲非银行系统的小型信贷组织和机构提供技术服务，提高向微型企业提供贷款的能力。

欧洲投资基金（European Investment Fund，EIF）

欧洲投资基金（European Investment Fund，EIF），属于欧洲投资银行（EIB），主要为中小企业提供创业投资。

1992年欧洲理事会European Council 提出设立欧洲投资基金（EIF），以帮助欧洲经济复苏，1994年欧洲投资基金（EIF）正式成立。欧洲投资基金（EIF）股东由欧洲投资银行（EIB）、欧盟委员会代表的欧盟、以及公共或私人银行和金融机构组成。欧洲投资基金（EIF）用自己的资源或者欧盟委员会、欧盟成员国或其他第三方的资金开展项目。通过欧洲投资基金（EIF）的中介机构如银行、担保公司、小额信贷提供商或私募股权基金，为中小企业提供融资的渠道。

欧洲投资基金（EIF）的目标是通过分散中小企业的风险，促进欧盟在创业、增长、创新、研发、就业和区域发展领域的进步；通过商业定价的政策以及建立于费用和风险平衡之上的收入，为股东创造一定的收益。

欧洲投资基金（EIF）对创业企业和中小企业的支持主要分为以下三个方向：（1）股权类产品（Equity products），在企业发展的不同阶段，从最早期的知识技术的研发，到技术成果向产品转化，再到企业更成熟的发展阶段，从创业投资和增长资本方面提供支持。股权类产品（Equity products）的资金主要来自于欧洲投资银行（EIB）和欧盟委员会。（2）债券类产品（Debt products），通过证券化提供担保和信用增级，以提高金融中介机构的贷款能力，使得更多中小企业能够受益。欧洲投资基金（EIF）与金融中介机构合作，如银行、租赁公司（leasing companies）、担保基金、互保机构、发展银行（promotional banks）或其他为中小企业提供贷款或者贷款担保的金融机构，主要通过两种途径为中小企业提供融资支持。一是信用增级和证券化，欧洲投资基金（EIF）是欧洲中小企业证券化3A级信用增级提供方，金融机构对欧洲投资基金（EIF）提供担保的资产应用 0% 的风险权重。二是小额信贷、中小企业贷款和租赁组合的担保与反担保。（3）包容性金融产品（Inclusive Finance），包括为创业者和微型企业（占欧洲企业总数的 91%）量身定制的小额贷款（低于 25 000 欧元）。在整个欧盟，99%的初创企业是微型或小型企业，其中三分之一是由失业人员创办的。作为克服金融危机影响的重要工具，欧洲投资基金（EIF）自 2000 年以来一直参与欧洲小额信贷行业，为广泛金融中介机构提供融资（股权和贷款）、担保和技术援助，这些金融中介机构包括小型非银行金融机构以及小额信贷银行。

欧盟金融工具市场指令（Market in Financial Instruments Directive，MiFID）

欧盟在该法规下，发展专门从事发行股票和债券交易的中小型企业，促使中小企业直接进入资本市场。

2008 年全球金融危机发生后，该法规的不足之处逐渐暴露。2018 年 1 月 3 日欧盟金融工具市场指令 II（MiFID II）正式生效，这是应对 2008 年金融危机的亡羊补牢产物，目标是增强透明度，促进金融市场的更有效监管。

2011 年 10 月 20 日，欧盟委员会通过了修订欧盟金融工具市场指令（MiFID）的提案。经过两年多的讨论，欧洲议会（European Parliament）和理事会（the Council of the European Union）通过了欧盟金融工具市场指令 II（MiFID II）和欧盟金融工具市场条例（Market in Financial Instruments Regulation，MiFIR），决定于 2018 年 1 月 3 日起正式生效。

欧盟金融工具市场指令 II（MiFIDII）通过下列措施加强证券市场的监管：确保有组织的交易在受监管的平台上进行；引入高频交易的法规；提高金融市场（包括衍生品市场）的透明度和监督；加强投资者保护，改善业务规则的执行、金融工具交易的竞争环境以及金融工具的清算。修订后的欧盟金融工具市场指令 II（MiFID II）还通过对市场中的参与者的组织和行为进行约束，来加强对投资者的保护。

欧盟金融工具市场条例（MiFIR）要求向公众披露交易活动数据；向监管机构披露交易数据；在指定的交易场所进行衍生品的交易；消除交易所和清算服务提供商之间的障碍，以确保更多的竞争；对金融工具和衍生品头寸进行特别监管。

创业者服务

信息服务

欧盟通过公共科研信息共享和将中小企业纳入公共泛欧洲信息化基础设施建设，

从而促进中小企业共享科研信息，促进研究成果商业化。

公共科研信息共享

《2020 创业行动计划》规定将研究与发展框架计划（Framework Programmes for research and Development）中的信息与中小企业共享，允许中小企业将研究成果商业化。

欧委会要求原则上一律公开欧盟第七研发框架计划和“地平线 2020”（Horizon2020）的所有科研基本数据，并创建科研信息共享电子基础设施（E-infrastructure）平台实现成员国之间以及欧盟与外部之间的互联互通。

2016 年欧委会评估报告认为，科研数据开放有利于欧盟创新和科研合作，欧委会将专门为科研数据开放申请预算，提供经费支持，推出与之相配套的数据管理计划，吸引更多的科研人员参与到数据开放中来。

将中小企业纳入公共泛欧洲信息化基础设施

2017 年欧盟委员会发布“地平线 2020”（2018—2020 年工作计划），重点是促进科研基础设施的长期可持续发展，扩大设施对创新链的作用和影响。工作计划 3 年总预算 12 亿欧元。工作计划提出要激发中小企业创新潜能，建立包括财政支持在内的有效机制，将中小企业纳入公共泛欧洲信息化基础设施的建设中。

技术服务

欧盟在 2017 年发布的“地平线 2020”（2018—2020 年工作计划）中提出，在接下来的 3 年中，欧盟将通过关注移民、安全、气候、清洁能源和数字经济等较小但关键的主题来寻求研究经费产生更大影响，并将更加致力于推动突破性创新。

欧盟将启动欧洲创新理事会（EIC）支持突破性创新。欧洲创新理事会（EIC）将在整合原有的企业支持计划上，在未来 3 年投入 27 亿欧元支持高风险、高回报的创新，以创造未来的市场。并设立“破解挑战奖”为紧迫问题提供突破性技术解决方案。

市场支持

“欧盟 2014—2020 年中小企业竞争力项目”（COSME）包括支持中小企业国际化以及进入市场、创造有利于竞争的良好环境对中小企业给予市场支持和服务。欧盟还通过建设欧盟企业信息网（EEN）和欧洲集群战略平台（ECCP）加大对欧盟中小企业的服务支撑。

“欧盟 2014—2020 年中小企业竞争力项目”（COSME）支持中小企业国际化

以及进入市场：

为欧洲企业提供支持，使他们能够从欧盟的单一市场中受益，并充分利用欧盟以外市场提供的机会。

为企业欧洲网络（EEN）提供资金，该网络由50多个国家的600多个办事处组成，帮助中小企业寻找商业和技术合作伙伴，了解欧盟立法并获得欧盟融资。

资助专为企业发展而设计的网络工具，如”您的欧洲商业门户“（Your Europe Business Portal）和“中小企业国际化门户”（SME Internationalization Portal）。前者为希望在另一个成员国积极活动的企业家提供实用的在线信息，后者为那些在欧洲以外发展业务的公司提供支持措施。

为在东盟、中国和南方共同市场[①]（Mercado Común del Sur，MERCOSUR）的中小企业知识产权（IPR）服务台提供资金，这些服务台为在这些地区面临知识产权、法律标准或公共采购法规问题的欧洲中小企业提供建议和支持，向欧盟—日本工业合作中心提供资金援助，通过宣传普及有关如何进入日本市场的信息，促进欧盟和日本之间的经验和专门知识交流，促进各种形式的工业、贸易和投资合作。

“欧盟2014—2020年中小企业竞争力项目”（COSME）还致力为创业和中小企业创造有利于竞争的良好环境：

- 减少不必要的行政和监管负担，支持并采取行动来改善企业特别是中小企业的经营环境，包括评估欧盟相关法律对中小企业的影响，加强“小企业优先”原则在国家和地区层面政策制定中的落实。
- 通过帮助中小企业采用新的商业模式并融入新的价值链，支持具有市场潜力的竞争性企业的出现。
- 促进欧盟世界级集群（cluster）的发展，促进集群卓越和国际化，尤其强调跨部门合作和支持新兴产业，该计划还致力于加速商业社区的数字化。

欧盟企业信息网（EEN）是由“欧盟2014—2020年中小企业竞争力项目”（COSME）和“地平线2020”（Horizon2020）计划支持建立的，目标是帮助中小企业创新以及国际化。该组织为中小企业提供三种广泛的服务：

（1）国际合作伙伴关系。欧盟企业信息网（EEN）会帮助中小企业寻找合适的国际合作伙伴，如寻找产品的制造商、帮助中小企业进入国外新的市场、开发推动业

① 1991年3月26日，阿根廷、巴西、巴拉圭和乌拉圭4国总统在巴拉圭首都签署《亚松森条约》，宣布建立南方共同市场（简称“南共市”）。

务创新所需要的技术、合作开展研究项目。欧盟企业信息网（EEN）有 60 多个活跃国家成员，汇集了来自世界上 600 多个不同组织的 3 000 名专家，能够帮助中小企业高效寻找潜在的合作伙伴；在找到合作伙伴之后，EEN 会派一名专家协助支持整个合作过程，确保中小企业能够通过这项计划达到预期的目标，增强国际上的竞争力。

（2）给予中小企业往国际性发展方向上的建议。中小企业能够免费得到一系列咨询服务，如：如何将产品或服务出口到新的市场，如何为企业的扩张计划获得资金的支持，如何保护在另一个国家 / 地区的知识产权等。中小企业首先要到当地设立的欧盟企业信息网（EEN）联络点，随后就能够得到一名专家的帮助。咨询所能提供的服务主题主要有：帮助中小企业寻找合适的融资渠道、根据企业需求升级管理模式、了解学习欧盟法规以及标准等。

（3）支持业务创新。旨在帮助中小企业将业务创新转换为国际市场范围内的商业成功。首先欧盟企业信息网（EEN）会协助中小企业了解创新政策、法律法规、融资渠道等；其次将会派专家进行一对一咨询服务，为制定具体的创新战略、融资、知识产权保护等方面提供建议；最后专家将会帮助企业管理创业活动，确保各方面的业务流程与制定的创新战略一致。

欧洲集群战略平台（ECCP），现有近千个以中小企业集聚为主的产业集群在平台登记注册，已与智利、日本和印度等 8 个国家签署合作协议，引导欧盟各成员国中小企业集聚发展。

创业孵化

2017 年由欧盟委员会资助的创业加速器“数据场”项目正式推出。

根据欧盟委员会的设想，该项目将通过大量的数据信息将区域内现有的企业与组织同创业公司更好地联系起来，经验丰富的企业可以利用积累的数据帮助初创公司进行信息分析。项目是为了在整个欧盟范围内建造一个由数据驱动的创新生态系统。

该项目将为 50 家欧洲创业公司和中小型企业提供世界一流的业务支持，其中包括高达 10 万欧元的免息资金、专业的创业指导与投资机会以及来自成熟企业和公共部门的数据访问服务。“数据场”支持的领域将包括智慧城市、食品农业、健康福利、零售、数据安全、电子旅游以及财务电信等。

创业教育

《2020 创业行动计划》把加强创业教育和培训从而支持创业和经济增长，以及重新点燃欧洲的创业文化以培养下一代创业者作为重要内容。

欧洲女性占总人口的52%，女性创业者占创业者的30%。《2020创业行动计划》主要采取以下措施支持女性创业：

一是将女性创业政策纳入国家战略；二是按性别收集与整理创业数据，以清晰了解女性每年的创业情况；三是继续扩大女性创业大使和女性创业导师的数量；四是采取各种措施，使女性创业者在创业与生活之间取得平衡，如在欧洲社会基金（ESF）、欧洲地区发展基金（ERDF）、欧洲农村发展农业基金（EAFRD）的支持下，为女性创业者家属，尤其是儿童和老人提供适当福利。

“促进女性企业家精神的欧洲网络”（WES European network to promote women's entrepreneurship，WES），代表成员国政府和机构，负责促进女性企业家精神，目的是通过讨论会，与已有网络和组织合作、交流信息与经验以及共同从事项目，提高女性企业家现有的公众形象，创造一个适宜女性企业家成长的氛围，扩大女性中小企业家队伍，增加女性企业家的企业规模。

欧委会还建立了为欧洲女性创业者提供创业辅导的企业家网络（The European Network of Mentors for Women Entrepreneurs），有17个欧洲国家的企业家参与到这个组织中，为女性创办的企业在早期阶段（企业成立的第二年到第四年）提供建议，帮助企业成长。

欧委会2016年9月推出了帮助女性创业的一站式电子平台WEgate，通过这个网站，女性创业者可以获得创业相关的多种信息，包括创业培训、辅导、建议和拓展人际网络的机会。创业者可以根据国家寻找信息。创业培训分在线培训和线下培训。比如Rails Girls是一个帮助女性创业者更好地理解和掌握技术创业的在线社区，教创业者如何开发App。这是一个非营利组织，成立于芬兰，现在已发展成为一个全球化组织，并在欧洲不同的城市举办专题研讨会（Workshops）。而Women PRO是一个致力于帮助年轻女性成为社会创业者的组织，通过创业培训提高她们的创业技能，从而可以创办自己的企业。该组织目前已在波兰、塞浦路斯、立陶宛、保加利亚等地区开展相关业务。

欧盟各成员国都设立有相关的机构以提高女性创业的技能。芬兰贸易工业部、50%的私人企业和协会在首都赫尔辛基成立的女性企业署（Ladies Enterprise Agency）就是一个专门指向女性企业家的机构，其目标是刺激和鼓励女性开办企业，降低女性获取知识和技术的门槛。

《2020 创业行动计划》促进青年创业

措施有：一是改进针对参与全国青年担保（Youth Guarantee）计划青年的创业学习模式；二是通过青年创业者伊拉斯莫斯委员会方案（Commission' s Erasmus[①] for Young Entrepreneurs，YEY），资助潜在创业者与资深创业者共同创业 6 个月；三是通过欧洲社会基金和技术援助。

作为《2020 创业行动计划》的重要内容，"伊拉斯莫斯青年创业者"（Erasmus for Young Entrepreneurs）计划把欧洲不同国家的青年创业者和有经验的中小企业家连接起来，一个新创业者与另一个国家的有经验的企业家组合。青年创业者可以向有经验的企业家学习创业的经验、技能，有经验的企业家可以通过与新创业者交流了解不同国家的市场、行业发展最新动态，双方都可以拓展人际网络，为发展国际业务打基础。这个项目由欧委会提供部分资金支持，从 2009 年启动，计划到 2020 年完成 10 000 对创业者的组合，该项目对参加人员的年龄和行业没有限制。根据 2014 年第一个 5 年的项目总结，该项目实现了 3 000 对组合，效果良好，参加这个项目的新创业者的企业存活率达到 87%，而欧洲一般创业企业 3 年存活率是 57%。由于欧洲 99.8% 的企业是中小企业，所以这个面向中小企业创业的帮扶项目对促进欧洲成功创业有积极的作用。

欧洲大学创业网络（Startup Europe Universities Network，SEUN）是在欧委会支持下成立的一个组织，旨在把欧洲的大学、企业、科技园资源连接起来，为创业提供更好的支持

具体目标和开展的工作包括：通过了解大学创业教育项目的运作情况，提高创业教育项目的质量；通过线上和线下活动，促进大学科技成果的转化；增强创业者、投资人、企业之间的互动，创业者可以通过这个网络在欧洲范围内拓展业务和融资渠道，大公司可通过这个网络获得人才；创业者可以更容易地找到创业孵化基地等。目前有 20 个欧盟国家的代表加入了这个组织。

该组织从 2016 年 10 月开始举办年度线下活动"欧洲创业企业进大学（Startup Europe Comes to Universities，SEC2U）"，主要目标是促进欧洲大学创业和创新文化的发展。这个活动把创业者、企业家、当地大学和政府人员聚集起来，交流创业经验和教训，互通信息，了解政策，拓展人际网络等。活动为期一周。2016 年的 SEC2U 有 18 个国家的 35 个单位同时承办，举办了 38 场活动，2 800 人参加。

---

① 伊拉斯莫斯（Erasmus，1466?—1536），荷兰学者，欧盟首个学生交流项目奖以该学者的名字命名，即 1987 年颁发的 Erasmus 奖。

日本

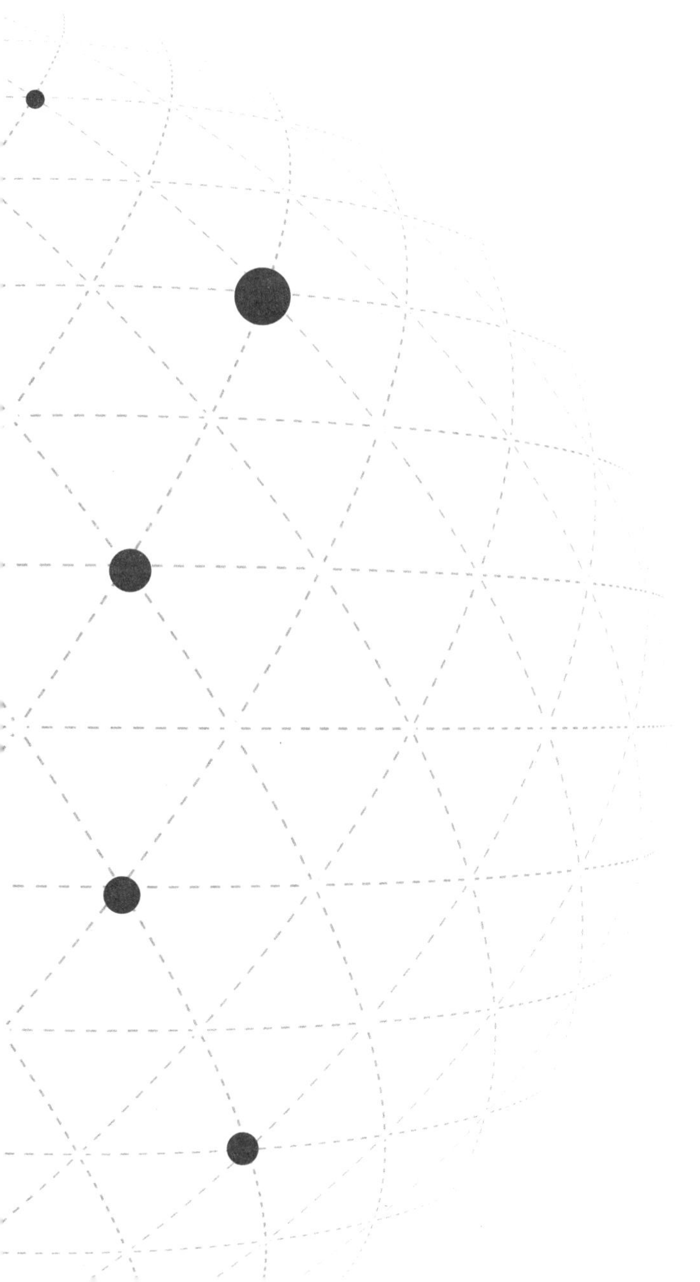

概要

日本[①]《加强中小企业管理法》（Act on Strengthening the Management of SMEs）（2016年）是日本政府提高中小微企业生产力的政策框架。根据《日本振兴战略》（2013年）而制定的《产业竞争力强化法案》（Industrial Competitiveness Enhancement Ac）提出了提高在日本创业的竞争力的发展目标，要求日本地方政府和私营部门，如金融机构、非营利组织、行业协会等共同合作，为创业企业提供支持，促进日本创业的发展。日本政府地方振兴方针（2018年）和国家战略特区城市则致力于促进地方创业、支持外国人在日的创业活动。日本经济产业省中小企业厅对中小企业的管理、资金、技术开发等方面进行指导和扶持，包括日本中小企业支持机构（SME Support Japan，SMRJ）、日本金融公司（Japan Finance Corporate，JFC）在内的众多机构负责政策制定、实施，并为中小企业提供咨询、培训和融资等支持。

日本中小企业补贴政策包括指定补贴金额以及对新开发商业化的支持等，2017财年日本政府拨款460亿日元（约4.07亿美元）用于中小企业等经济实体的计划补贴。日本政府持续对中小企业实施税务减免和优惠政策，《2017年税收改革大纲》和《2016年税收改革大纲》针对中小企业实施了包括降低税率、提升员工工资待遇的税收抵免、固定资产折旧税收优惠等措施。日本政府还通过日本金融公司（JFC）为中小微企业提供贷款及担保来帮助中小微企业解决融资问题。针对受到自然灾害影响的中小企业，日本政府设立东日本大地震特别贷款项目和熊本大地震特别贷款项目，以及新的信用担保系统。日本国内市场的创投发展也为中小微企业提供了融资途径，2016年日本国内市场的创投资金总额为1 048亿日元（约9.28亿美元），主要流向早期阶段企业。“天使税制”和“日本创业板市场（JASDAQ）”为日本的创业企业提供了多样化的融资渠道。

日本政府重视公立研究机构研发成果向民间转移，支持研究成果商业化，参考美国SBIR模式，制定了日本的SBIR（中小企业技术革新制度），以促进中小企业创

① 根据日本经济产业省（METI）的中小企业白皮书（2017 White Paper on Small and Medium Enterprises），2009年到2014年，中小企业数量从420.1万家减少到380.0万家，其中小企业减少12.1%，而中型企业增加了9.9%。

新。计算机和互联网的发展、普及使用网络知识、技能对于创业和中小企业发展日益重要，2017 年日本政府宣布将加大对 IT 创业的扶持力度。另外，日本政府通过政府采购，并重点促进分包企业和分包商之间的公平贸易、改善贸易环境等，支持对创业企业和中小企业的市场开拓。2016 年 9 月发布“面向未来的贸易惯例基本政策”（Basic Policies for Future-oriented Trade Practices）。根据该法，2016 年 12 月修订《禁止延迟向分包商支付分包收益法》（Act against Delay in Payment of Subcontract Proceed）的执行标准，2017 年 1 月开始“交易检查员（subcontract G-men）门到门调查”。日本政府还通过部际联络会议、调查访谈等形式来推进这项工作。2016 年 5 月制定了《提高农业、林业和渔业出口力战略》（Strategy to Boost Export Power of Agriculture，Forestry and Fisheries）将为中小微企业带来巨大的海外市场机会。2016 年，在清凉日本基金（Cool Japan Fund）支持下，日本企业在美国加州和马来西亚分别开设了茶叶店和购物中心。

日本中小企业支持机构（SMRJ）通过全国范围内的孵化器为创业者提供创业服务和支持，该机构还提供包括 J-GoodTech 在内的在线服务以及 CEO 网络增强项目（CEO Network Enhancing Project），帮助中小企业拓展海内外市场、建立商业网络。

日本创业学校认证计划（Startup School Accreditation Scheme）开始于 2017 财年，通过受托负责这项任务的私营部门企业，为符合日本政府认证规定标准的创业学校提供服务。2017 年以来，日本开展了一些针对青年、女性的创业培训活动，如 Global Tech EDGE NEXT 项目以及由东京市政府发起东京女性创业加速计划等。日本金融公司（JFC）每年都为高中生举办“高中生商业计划大奖赛”（High School Student Business Plan Grand Prix），提高年轻人的创业能力。日本的创业教育还体现出国际合作的趋势和特点，由早稻田大学主导的“下一代创业教育联盟”（Consortium for Next-Generation Entrepreneurship Education）于 2017 年成立，纽约大学计划于 2018 年 4 月在日本开设创业技能班，以协助日本大学生应对多变的工作环境。

政府服务

日本《加强中小企业管理法》（Act on Strengthening the Management of SMEs）于 2016 年 7 月 1 日生效

该法是日本政府提高中小微企业生产力的政策框架。根据该法，企业可以获得税收和财政支持措施，包括固定资产税优惠措施。该法还通过社会组织和商会、工业和地方金融机构等区域支援组织，支持中小企业和微型企业的发展。

日本政府在2013年12月颁布的《产业竞争力强化法案》（Industrial Competitiveness Enhancement Act），是根据《日本振兴战略》（2013年6月14日日本内阁批准）而制定的，目的是振兴日本经济，促进工业发展，提高在日本创业的竞争力。具体包括：调整结构，消除经营管制的灰色地带，确认创业企业经营的合法性；创立企业实证特例制度（System of Special Arrangements for Corporate Field Tests），允许个别企业享有优惠的监管灵活性，促进日本的工业竞争力；促进民营企业等进行创业投资等。

根据《产业竞争力强化法案》（2013年），日本地方政府和私营部门，如金融机构、非营利组织、行业协会等共同合作，为创业企业提供支持，促进日本创业的发展。具体而言，地方政府根据国家政府的“创业支持实施指南”（Business Startup Support Implementation Guidelines），制订“创业支持业务计划”（Startup Support Business Plans）提交中央政府批准。地方政府根据批准的计划与创业支持提供商合作，提供具体的创业支持，如设立一站式服务台和举办创业研讨会等。从2014年3月开始第一轮审批，截至2016年12月26日第10轮审批，在总共1741个市镇中，1 275个市镇获得了批准，批准率为73.2%，覆盖了95%的人群。

根据该法，被“创业支持业务计划”（Startup Support Business Plans）录取的创业企业家，创业成本的一半由地方政府和创业支持提供者提供补贴，最高不超过200万日元（约1.8万美元）。同时，创业支持提供者也将得到合格费用如差旅费、广告费、办公室租赁等费用的2/3的补贴，最高不超过1 000万日元（约8.9万美元）。

日本政府的地方振兴方针和国家战略特区城市，旨在促进地方创业、支持外国人在日的创业活动

日本政府2018年初提出地方振兴的基本方针，计划在2019年到2025年的6年间，将东京及周边地带前往地方就业及在地方创业的人员规模扩大到30万人，并将动用“地方创生交付资金”作为“安家费”，对去地方创业、就业的人员给予补贴。在地方就业者增加30万人的目标中，6万人从东京前往地方，包括回到老家就业创业的人群，也包括鼓励在大城市出生去地方创业的人群。剩余的24万人将通过女性就业、老年人就业等新型就业来解决。为了实现目标，基本方针提出将开设全国性的人才招聘网、简化外国留学生在日就业手续。

日本政府在2016年底确立了第二批“国家战略特区城市”，这批城市将采取放宽外国人创业条件等措施，支援外国人在日本的创业活动。外国人在企业的初创阶段预计能满足至少有两名正式社员及确定拥有500万日元（约4.42万美元）以上的资本金的条件，市政府就将先行给予外国创业者申请在留资格，并且为了让创业者筹备两名正式社员以及准备金，还将开放6个月的特殊在留资格。

日本经济产业省（Ministry of Economy，Trade and Industry，METI）下设中小企业厅（The Small and Medium Enterprise Agency），对中小企业的管理、资金、技术开发等方面进行指导和扶持

日本中小企业支持机构（SMRJ）负责制定面向全国的中小企业政策，帮助中小企业获得更多资金支持，以及提供管理经营支持。日本贸易振兴机构（Japan External Trade Organization，JETRO）、中小企业团体中央会（National Federation of Small Business Associations）、日本金融公司（JFC），商工中金（Shoko Chukin Bank），日本商工会议所（Japan Chamber of Commerce and Industry，JCCI），CREDIT GURANTEE CORPORATION配合实施中小企业政策，为中小企业提供咨询、信息、专家指导和培训，以及融资支持等服务。

财税金融支持

日本政府对中小企业实施补贴政策，主要包括针对中小企业的指定补贴金额以及对新开发商业化的支持等。政府鼓励中小企业利用地方产业资源，对利用地方产业资源启动新业务的中小企业实施援助。地方产业资源是指当地生产技术、农产品和旅游资源等，由县一级行政单位认定。企业提出新业务计划，内容包括项目前景、对地方经济的效应等。如果新业务计划获得批准，可以申请上限为500万日元（约4.42万美元）的补贴，最多为新业务总经费的三分之二。该补贴政策是政府小企业创新研究（SBIR）计划（具体计划情况见下文）的一部分。2017财年日本政府拨款460亿日元（4.07亿美元）用于中小企业等经济实体的计划补贴。

日本政府持续对中小企业实施税务减免和优惠政策

主要措施包括：降低税率、提升员工工资待遇的税收抵免、固定资产折旧税收优惠等。《2017年税收改革大纲》规定，年收入低于800万日元（约7万美元）的中小企业在2018年3月以前企业所得税率由19%降至15%，该期限被延长至2019年3月。

《2016 年税收改革大纲》对中小企业企业所得税进行了调整：从 2016 年 4 月开始，年收入低于 800 万日元（约 7 万美元）的中小企业企业所得税率从 19% 降至 15%，并持续至 2018 年 3 月；对于年收入高于 800 万日元（约 7 万美元）的中小企业，2016 年 4 月起，企业所得税率由 23.9% 降至 23.4%，2018 年 3 月之后进一步下降至 23.2%。《2016 年税收改革大纲》还对提升员工工资待遇的中小企业给予了税收抵免，根据该优惠政策，中小企业最多能够获得 22% 的工资支付增加额的税收抵免。该改革大纲还规定，使用某些商业资产作为生产设备（机械、设备、工具、软件等）的中小企业可以从一次性折旧中获益，或者享受 7% 的税收抵免（指定的中小企业可以获得 10% 的税收抵免）。

日本政府还通过日本金融公司（JFC）为中小微企业提供贷款及担保来帮助中小微企业解决融资问题

针对受到自然灾害影响的中小企业，日本政府还设立了特别贷款项目。日本国内市场的创投发展也为中小微企业提供了融资途径。

2016 年由日本政府授权日本金融公司（JFC）提供的贷款及担保项目共 7 项：

Safety net loans program，向受到短期经济波动影响导致销售或者利润降低的中小微企业提供贷款，总额最多 7.68 亿日元（约 680 万美元）。

Managerial Improvement Loans for Micro-Business，向微型企业提供无须担保的低息贷款，2016 财年累计发放贷款 36 863 笔，累计金额 2 187 亿日元（约 19.37 亿美元）。

Micro-Business Management Development Support Loans，支持微型企业的可持续发展，提供低息贷款支持，2016 财年累计发放贷款 205 笔，累计金额 19.7 亿日元（约 1 745 万美元）。

Promotion of Subordinated Lending，该次级贷款计划是日本金融公司（JFC）的一项融资机制，通过向中小微企业提供高风险、长期的子弹贷款（bullet loans）来寻求与私营部门合作融资，2016 财年，累计提供约 900 个次级贷款，累计金额 514 亿日元（约 4.55 亿美元）。

SME and Micro-Business Management Enhancement Loan/Guarantee Program，中小微企业通过日本金融公司（JFC）获得低息贷款（女性、年轻人和高级创业公司能够以低于基准利率 0.4% 的利息获得贷款），致力于支持中小微企业的业务多元化和业务转换。

Encouragement of Refinancing Guarantees，推进再融资担保，旨在鼓励信用担保公司合并多项未偿还债务，减轻手头的还款负担。2016 财年（截至 2016 年 12 月底），该项目累计批准了 133 276 份再融资担保，总金额为 2.56 万亿日元（约 226.78 亿美元）。该计划允许贷款条件的改变或改善，通过放宽还款条件以支持难以获得未来贷款的中小企业。

Safety-net Guarantees，信用担保公司在中小企业获得的担保之外，为那些因为商业伙伴破产、自然灾害等导致公司管理不稳定的中小企业提供担保。中小企业能获得至多 8 000 万日元（约 70.86 万美元）无抵押贷款的担保，其余种类的贷款担保额度最高为 2.8 亿日元（248 万美元）。2016 财年，该计划批准了 21 696 项担保，累计担保金额 4 699 亿日元（约 41.62 亿美元）。

日本金融公司（JFC）是一家日本政府所有的央企，为中小企业提供贷款和担保。由日本国民生活金融公司（NLFC）、农业，林业和渔业金融公司（AFC）、日本中小企业融资公司（JASME）和日本国际合作银行（JBIC）的国际金融业务于 2008 年合并而成。

另外，针对受到自然灾害影响的中小企业，日本政府设立了东日本大地震特别贷款项目和熊本大地震特别贷款项目

东日本大地震特别贷款项目自 2011 年设立到 2016 年 12 月，已经累计发放 297 000 笔贷款，累计金额 6.357 万亿日元（约 563.13 亿美元）。2016 年设立的熊本大地震特别贷款项目，截至 2016 年年底，累计发放 12 000 笔贷款，累计金额 1 650 亿日元（约 14.61 亿美元）。日本政府还推出信用担保系统（Disaster-Related Guarantees and Safety Net Guarantees），旨在减轻灾害为中小企业带来的利息负担。在该担保体系下，中小企业能获得至多 8 000 万日元（约 70.86 万美元）无抵押贷款的担保，其余种类的贷款担保额度最高为 2.8 亿日元（约 248 万美元）。截至 2016 年 12 月，新设的信用担保系统累计担保 129 773 笔贷款，担保金额 2.636 万亿日元（约 233.5 亿美元）。

2016 年日本国内市场的创投总额为 1 048 亿日元（约 9.28 亿美元），共 1 025 笔交易

资金流向种子期企业（23.9%）、早期企业（42.9%）、扩张期企业（23.8%）、成熟期企业（9.5%）。

日本天使税制成立于 1997 年，现行的“天使税制”是 2008 年修改的，为投资于创业企业的投资者和转让未上市创业企业股权提供税收优惠来促进创业投资的发展。该税收制度对投资于创业企业的个人投资者投资和出售股票时给予税收优惠，也适用于合伙企业或有限责任投资合伙企业的直接投资。

1991 年，日本政府仿效美国推出了“日本创业板市场（JASDAQ）”，鼓励和扶持有潜力的中小企业特别是高新技术企业（创业企业）直接进入资本市场获得发展资金。

创业者服务

技术服务

日本政府重视公立研究机构研发成果向民间转移，支持研究成果商业化，参考美国 SBIR 模式，制定了日本的 SBIR（中小企业技术革新制度），以鼓励中小企业和个人开展创新，增加中小企业参加国家研究项目的机会。

每个财政年度 SBIR 都会有一定的预算用以补贴中小企业。获得 SBIR 计划补贴资格的研究项目，可以享受贷款方面的优惠：获得 New Business Development Fund 提供的低息贷款，最高上限 6 亿日元（约 531.5 万美元），前 5 年能够享有特殊利率，第 6 年开始为基础利率 +0.2%；Women，Young people / Senior Entrepreneurs Support Funds，为女性、年轻人或是经验丰富的企业家提供最多 7.2 亿日元（约 637.8 万美元）的直接贷款（包括 2.5 亿营运资金，约 221.46 万美元）等。同时可以享受到的补贴有：专利审查费用减少 50%、专利费用（第一年至第三年）减少 50%；债务担保额度将会被提高，如一般中小企业的担保额度为 2 亿日元（约 177.17 万美元），而获得了补贴资格的企业担保额度为 3 亿日元（约 265.75 万美元）。此外，还可以获得更多的政府采购机会。

日本 SBIR 的网站为每个获得 SBIR 项目补贴资格的中小企业设立了专门的页面，上面有研发成果和商业化的信息，并积极为中小企业联系金融机构，促成业务伙伴的关系，为研发成果拓展更多的商机。

计算机和互联网的发展、普及使网络知识、技能对于创业和中小企业发展日益重要。2017 年日本政府宣布将加大对 IT 创业的扶持力度，可向创业者提供最高达 1 000 万日元（约 8.8 万美元）的资金支持。如果效果显著，日本政府将考虑从 2018 年起扩大扶持对象数量。

市场服务

日本政府通过政府采购，并重点促进分包企业和分包商之间的公平贸易、改善贸易环境等，加大对创业企业和中小企业的市场开拓。

《确保中小企业承包政府及公共需求项目法》（Act on Ensuring the Receipt of Orders from the Government and Other Public Agencies by Small and Medium-sized Enterprise），规定政府机关在政府采购中有义务采取措施，确保中小企业能够中标。可以采取的措施包括设定供应商资格、分别发包、分割发包减小采购批量等。

日本政府在2016年9月发布了“面向未来的贸易惯例基本政策”（Basic Policies for Future-Oriented Trade Practices），促进主要分包企业与分包商之间的公平贸易，改善整体贸易环境。该法特别强调了，要严格防止主要分包企业强制其分包商来支付主要分包企业必须承担的费用，同时要求主要分包企业改进分包费用的支付条件，以现金支付为基本规则，防止单方面承担折扣负担，缩短付款期限等。

根据该法，日本政府在2016年12月修订了《禁止延迟向分包商支付分包收益法》（Act against Delay in Payment of Subcontract Proceed）的执行标准，如规定大企业主要分包企业尽可能以现金支付分包费用；对于本票付款，经充分协商后确定分包费用，以保证不由分包商承担折扣；见票后120天内（纺织品为90天内）支付本票。

2017年1月，日本政府开始“交易检查员（subcontract G-men）门到门调查”。日本中小企业局（Small and Medium Enterprise Agency）将新指派“交易检查员（subcontract G-men）”，每年约谈2000家或更多的分包商中小企业，访谈获得的信息将在保密的前提下，在必要时与安排订单的企业和行业组织分享，以敦促采取促进公平贸易的举措。

日本政府还通过部际联络会议、调查访谈等形式来推进这项工作。2015年12月，日本首相办公室召开第一次联络会议，评估中小企业分包商的实际交易状况以及审查必要的改进。截至2017年3月，联络会议已举行11次。

对分包合同企业进行调查和访谈。2015年12月至2016年3月，对15 000多家大型企业进行书面调查、对约10 000家中小企业进行在线调查，以及对约200家分包商进行访谈调查，对分包交易的实际状况进行了调查。根据截至2016年3月实施的上述调查的结果，对被认为存在问题的行业的95家大型企业进行了访谈，行业覆盖汽车制造、建筑、卡车运输包括航运经营者等，了解采购政策和公平交易举措。

日本政府于2016年5月制定了《提高农业、林业和渔业出口力战略》（Strategy to Boost Export Power of Agriculture，Forestry and Fisheries），通过公共部

门和私营部门的合作来促进农业、林业和渔业产品和食品的出口，并制定了 2020 年实现出口 1 万亿日元（约 88.6 亿美元）的目标。该战略呼吁采取的行动之一是利用日本食品的受欢迎程度扩大日本食品和日本饮食文化的海外市场。如果日本中小微企业能够扩大高附加值食品的海外销售渠道，这将带来巨大的市场机会。

关于在海外推广日本文化和饮食文化及设立销售基地，日本私营部门一直在积极开展活动。2016 年，Maetaku 有限公司与长崎各企业的联合财团在美国加利福尼亚州开设了一家日本茶店，三越伊势丹集团（Mitsukoshi Isetan Group）在马来西亚开设了一家日本购物中心。这两个项目都利用了清凉日本基金（Cool Japan Fund）的投资，都将有望成为日本食品行业中小微企业在未来扩大海外市场的平台。

创业孵化

日本中小企业支持机构（SMRJ）在全国范围内有 32 个孵化器，在东京新设立了 2 个 new business creation hubs，为创业者提供工作空间租赁服务、管理咨询和培训活动，以及和潜在的商业伙伴之间建立联系。

交流平台

由日本中小企业支持机构（SMRJ）提供的 J-Good Tech 在线服务，帮助日本中小企业与海外企业建立联系，目前该平台有 7 000 多家活跃度的海内外注册用户。另一项在线服务“Rin crossing”将传统手工艺小企业与买方联系，帮助中小企业开拓市场。日本中小企业支持机构（SMRJ）的 CEO 网络加强计划（CEO Network Enhancing Projects），通过公司访问、商务会议、讲座和网络活动，帮助日本中小企业与海外公司建立商业伙伴关系。2012 年到 2016 年，共举办了 10 285 场商务会谈，来自海外的 775 名 CEO 和 3 288 个日本中小企业参与该项目，2017 年举办了（2017 印度尼西亚 CEO 网络加强计划（Indonesia CEO Network Enhancing Project 2017）。

创业教育

日本创业学校认证计划（Startup School Accreditation Scheme）开始于 2017 财年，通过受托负责这项任务的私营部门企业，为符合日本政府认证规定标准的创业学校提供服务。这些经认证的学校由学校管理企业管理，提供包括财政和税收、商业计划制定等在内的基础创业课程。该计划的前身是“创业学校”（Startup Schools）计划，该计划一直运作到 2016 财政年度，受国家政府委托的私营部门组织将合同分包给学校管理企业来提供创业教育和培训。

2017 年以来，日本还开展了一些特别针对青年、女性的创业培训活动

Global Tech EDGE NEXT 项目是一个正在开展的项目，由日本政府提供资金支持，旨在培养全球性创业人才以及建立培养创业的生态系统。教育项目由四所大学提供，分别是东京大学（主导项目并协调其他各方）、筑波大学（拥有多项技术）、御茶水女子大学（Ochanomizu university，培养女性领导者）、静冈大学（Shizuoka university，在大学与产业界合作方面有经验）。项目分成三个阶段：基础阶段（basic phase）、高级阶段（advanced phase）、实践阶段（practical phase）。基础阶段的目标是尽可能多的吸引有创业意愿的学生加入这个项目，普及创业方面的基本知识；高级阶段的目标是梳理之前学过的基本知识技能，会有专人提供辅导学员完成商业计划；实践阶段，会选拔团队进行更多的辅导，使这些项目有可能获得投资机构的支持。

由东京市政府发起东京女性创业加速计划（Acceleration program in Tokyo for women），为东京有志于扩大商业规模的创业女性提供短期集中培训课程，提高她们的管理知识和技能，并为她们搭建拓展人际网络的平台，包括企业家、投资人、商业合作伙伴、媒体等，以实现学员企业的业绩增长。通过这个项目，希望能培养一些女性创业的榜样（Role model），激发东京女性的创业意识，把创业作为新的职业发展路径考虑。这个项目的支持方包括公司、公共机构、大学以及其他相关组织，如 facebook，amazon，we nyc 等。培训可分为国内和国外两部分，国内培训为期三个月，之后会选择部分计划海外发展的学员到海外学习两周。项目的培训导师包括有经验的创业者、投资人等。

自 2013 财年以来，日本金融公司（JFC）每年都为高中生举办“高中生业务计划大奖赛”（High School Student Business Plan Grand Prix）

提高年轻人对创业的认识，进行“为自己着想和行动的能力”的创业培训，这在现实世界中被认为是必不可少的。虽然为大学生和在职成年人举办了许多商业理念竞赛，但当高中生开始从事创业规划时，往往会遇到关于市场调查、营销以及财务规划等方面的问题。日本金融公司（JFC）通过派遣在实际创业支持项目中工作的专业员工到高中讲课，利用日本金融公司（JFC）资助的约 26 000 家创业企业获得的专业知识，为学生解决这些问题并支持业务规划的制定。这些计划的内容越来越多样化，标准每年都在提高。各地区的高中生面临着人口减少的问题，他们提出了一些振兴区域的商业计划，如利用当地资源与当地工业和企业合作。教育文化体育科学和技术部

（MEXT）的超级全球高中项目（SGH program）的学生提出的商业计划则带来了国际视野。企业家培训项目也在地区高中和地方政府的联合主持下启动。

日本的创业教育还体现出国际合作的趋势和特点

2017 年 7 月，由早稻田大学主导的“下一代创业教育联盟”（Consortium for Next-Generation Entrepreneurship Education）成立，联盟包括亚洲、欧洲、北美的四所大学和 31 家机构，其中有科研、企业和政府机构。该项目入选日本主管教育的文部科学省（MEXT）的 EDGE-NEXT（Exploration and Development of Global Entrepreneurship for NEXT generation）计划，EDGE-NEXT 旨在联合海内外大学，促进科研成果商业化，培养创业人才，目前已有由 5 所大学（东北大学，东京大学，名古屋大学，九州大学，早稻田大学）各自牵头的 5 个研究项目入选。早稻田大学主导的联盟项目将从 2017 年到 2022 年运行 5 年，共招收 5 200 名学员。联盟的优势在于可以把各联盟成员国的创业教育方面的经验应用到人才培养中。另外，纽约大学计划于 2018 年 4 月在日本开设创业技能班，以协助日本大学生应对多变的工作环境。

沙特阿拉伯

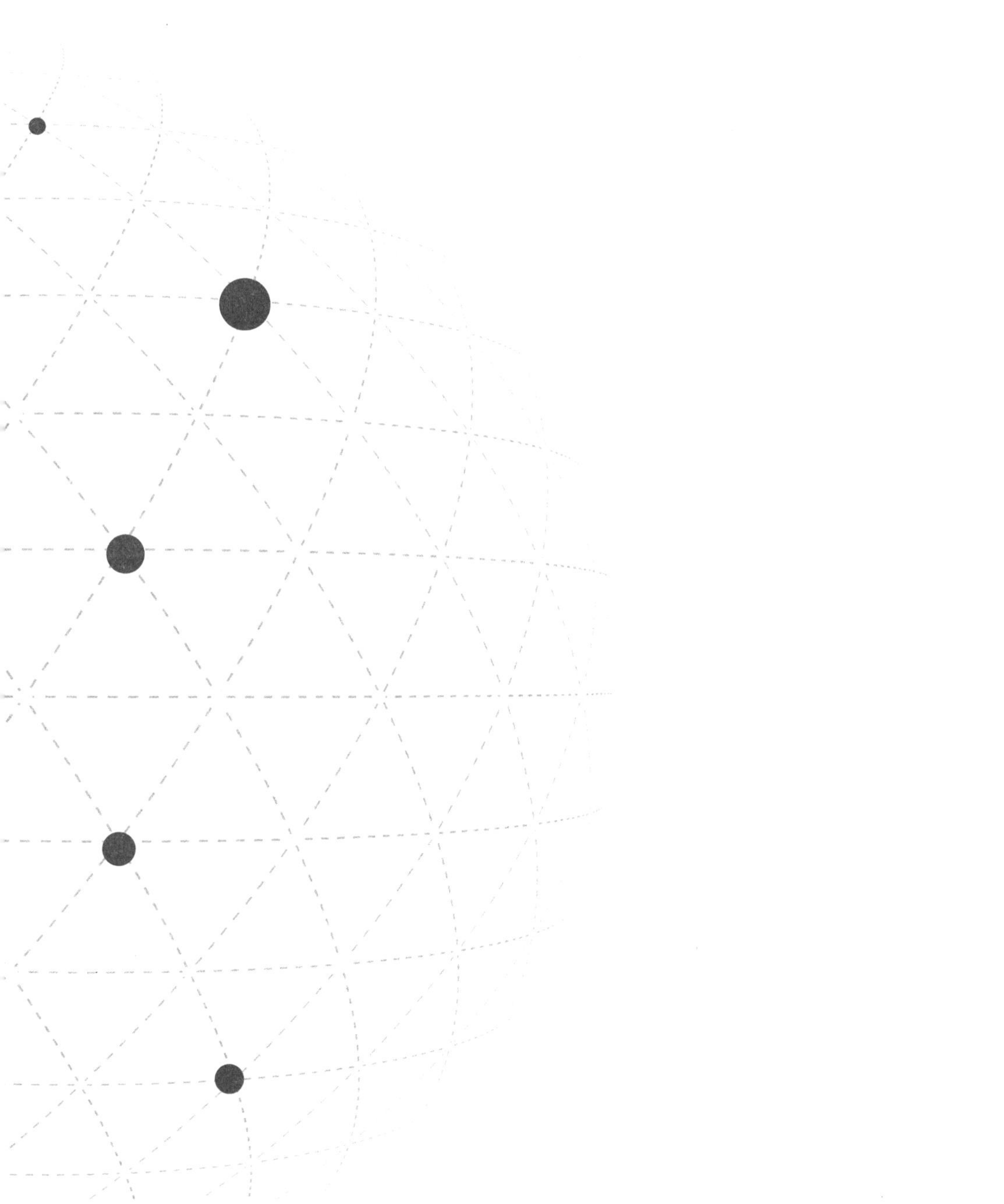

概要

2016 年以来，沙特[①] 在支持创新创业、初创企业和中小企业发展方面采取了积极的行动。

2016 年沙特政府颁布新《公司法》，公布长期发展规划“沙特阿拉伯 2030 愿景”，在该愿景框架内制订了金融支持发展计划、阿美石油公司 IKTVA 计划，设立独立机构中小企业局，并实施私营部门刺激计划等系列措施积极推动创业和中小企业发展。2017 年底，沙特政府推出“沙特私营部门刺激计划”，沙特中小企业局（Small and Medium Enterprises General Authority）发布了四项具体计划促进中小企业发展，总金额超过 120 亿里亚尔（约 32 亿美元）。2017 年，沙特环水农部还研究制定了国家全面农产品安全战略，在战略中提出要支持农业中小企业及农户发展。

在对创业和中小企业的财税和金融支持方面，沙特政府也实施了积极的措施。2017 年底，沙特政府决定对 2016 年至 2021 年间新成立的企业，在公司运营的前三年以报销的形式免征政府税。沙特政府通过沙特公共投资基金会（PIF）设立投资基金、实施中小企业融资担保计划 Small and Medium Enterprises（SMEs）Loan Guarantee Program（KAFALH），以及发展资本市场设立中小企业板（NOMU）等多渠道解决创业和中小企业融资需求，促进创业和中小企业发展。此外，沙特借贷储蓄银行（Saudi Credit and Savings Bank，SCSB）为沙特中小企业提供贷款，伊斯兰发展银行旗下的伊斯兰投资和出口信贷公司（ICIEC）为银行对中小企业贷款的 90% 提供保险服务。

在支持创业者的技术和科研创新、市场拓展、创业孵化和交流方面，沙特也有新的进展。沙特政府通过公共投资基金（PIF）计划到 2020 年加大对前沿科技研发的投入，还将在红海边与埃及、约旦交界处建经济特区——Neom 城。2017 年沙特进出口银行成立，以帮助企业扩大海外市场。沙特的 Badir 孵化器计划（Badir Program for Technology Incubator），源于 2007 年沙特阿卜杜阿齐兹国王设立的科技发展

① 沙特阿拉伯总投资局（The Saudi Arabian General Investment Authority）把员工少于 60 人的企业定义为小企业，60 到 100 人的为中型企业。沙特阿拉伯的中小型企业（SMEs）大约有 95 万家，截至 2017 年底，中小企业有 470 万名员工。

计划，现已经发展为成熟的孵化器。沙特阿拉伯的一些高校也设立了企业孵化器、创业加速器。2018 年 4 月，沙特中小企业局制定并颁布企业孵化器规章，对管理孵化器方面作出相关规定。在交流平台方面，沙特举办了“未来投资倡会议”“沙特初创企业论坛 startup 100”等活动，促进创新创业者、投资者等各方的交流。

针对青年和女性等群体，沙特阿拉伯设置了专门的项目、基金和组织提供创业培训服务。对于高校创业教育，沙特高校不仅将创业教育纳入课程设置，重视国际交流和与国外高校的合作，建设“创新生态系统”（Innovation Ecosystem）也出现在沙特高校创业教育中。

政府服务

2016 年沙特政府颁布新《公司法》。新《公司法》目的是为投资者提供更好的投资环境，鼓励中小企业的企业家来沙特投资，增强沙特在国际市场上的竞争优势。

沙特制定了长期经济发展规划，配合长期发展规划，沙特政府针对创新创业、初创企业和中小企业制订了金融领域发展计划、沙特私营部门刺激计划，以及农业中小企业发展计划。

2016 年，“沙特阿拉伯 2030 愿景”在内阁会议上经国王批准，由王储继承人萨勒曼正式公布。“2030 愿景”文件分为社会、经济、国家建设三大主题，强调要实现“社会欣欣向荣、经济繁荣兴旺、国家理想远大”的目标。经济方面，总体目标是：到 2030 年，使沙特在全球经济体的排名从目前的第 19 名提升至前 15 名。特别提出：加强职业教育，大力发展中小企业，利用中小企业吸纳就业、支持创新、增加出口，为包括妇女在内的全体国民提供平等机会，在 2030 年前将失业率从 11.6% 降低至 7%，将中小企业 GDP 贡献率从 20% 提高至 35%，将劳动人口中的妇女占比从 22% 提升至 30%。2018 年 5 月，沙特经济与发展事务委员会出台隶属“沙特阿拉伯 2030 愿景”的金融领域发展计划，深化金融领域的改革，提高中小企业银行融资金额。“沙特阿拉伯 2030 愿景”框架下还包含“阿美石油公司 IKTVA 计划”，以扶持沙特国内中小企业发展，该计划将为沙特提供 4 万个以上的工作岗位，每年为沙特 GDP 增加约 80 亿美元的收入。

沙特政府在 2017 年底推出“沙特私营部门刺激计划”，旨在到 2030 年将沙特私营部门对沙特 GDP 贡献提高到 65%，并保证私营经济的持续稳定发展。沙特政府将在四年内对该计划拨款 2 000 亿里亚尔（约 533 亿美元）。该计划包含四项总目标：刺激私营经济发展，并对沙特 GDP 的贡献最大化；增强私营部门的信心并消除其发展所面临的障碍；促进经济转型；提高消费的需求。同期，沙特中小企业局也发布四项计划促进中小企业发展，总金额超过 120 亿里亚尔（约 32 亿美元），这四项计划是上述“沙特私营部门刺激计划”的一部分。计划包括：70 亿里亚尔（约 19 亿美元）的政府收费退还，包括商业登记和公司商业登记册的更新费用、市政许可和营业执照费用、外籍员工税等；为 Kafalah 项目（见后文）募集 8 亿里亚尔（约 2 亿美元）的资金，以协助中小企业融资；面向中小企业发放 16 亿里亚尔（约 4 亿美元）间接借贷；设立 28 亿里亚尔（约 7.5 亿美元）针对初创企业的创投基金。

2017 年，沙特环水农部研究制定国家全面农产品安全战略，在战略中提出要支持农业中小企业及农户发展。该战略旨在保障沙特农产品安全、提高农产品产量以及加强农业能力建设，鼓励本国可持续农业生产时间，提高农产品产量努力实现自给自足，实现本国特色农业可持续生产，支持发展本国具有战略意义的农业产业。

负责中小企业事务的沙特中小企业局于 2016 年正式设立。该机构是独立机构，由沙特商业投资部发起，负责协调各政府部门和私营部门的工作，以支持推动中小企业发展。

财税和金融支持

2017 年 12 月，沙特政府中小企业局宣布，针对 2016 年至 2021 年间新成立的企业，在公司运营的前三年可以免征政府税（以报销的形式）。为这项计划制定的预算是 70 亿沙特里亚尔（约 19 亿美元），并将报销包括商业登记证的签发和续期、商会登记、沙特国家域名注册、出版公司章程、许可证及其他商业活动的费用。

2017 年，沙特公共投资基金会（PIF）宣布将建立价值 40 亿里亚尔（约 10.6 亿美元）的投资基金，用以支持私营中小企业的发展。沙特公共投资基金会（PIF）表示，截至 2020 年底，新成立的投资基金对 GDP 的贡献预计将达到 4 亿里亚尔（约 1 亿美元），并将创造 2 600 个就业岗位；2027 年底，贡献值和就业岗位将达到 86 亿里亚尔（约 23 亿美元）和 58 000 个。在“2030 年愿景”的框架下，该项基金对拉动私营部门增长、促进中小企业发展以及降低失业率起到积极的作用。

沙特财政部与沙特各银行共同制定中小企业融资担保项目（SMEs Loan Guarantee Program，KAFALH）为中小企业提供融资支持，该项目由沙特工业发展基金（Saudi Industrial Development Fund，SIDF）管理。自 2006 年开始运行以来，截至 2016 财年，KAFALH 项目已向 8 933 个中小企业提供了 18 289 项担保，担保总额为 89.25 亿里亚尔（约 23.8 亿美元），占总融资额度 179.29 亿里亚尔（约 47.8 亿美元）的 49.8%。2016 财年，该项目共提供 3 390 项担保，金额为 18.29 亿里亚尔（约 5 亿美元），同比增长 0.4%，1 711 中小型企业受惠，同比增长 4%。参与该项目的银行包括沙特投资银行（The Saudi Investment Bank）、Al Rajhi Bank 等。

2017 年，沙特股票交易所中小企业板（NOMU）开盘交易，沙特中小板上市企业必须满足市值超过 270 万美元、至少有 35~50 名股东，且上市交易股份不得低于总股本 20% 等条件。沙特证券交易所称，这一新板块是“上市要求相对宽松的新交易平台”。

2012 年，沙特协商会议（Shoura）决定立法支持中小企业通过沙特借贷储蓄银行（Saudi Credit and Savings Bank，SCSB）贷款。沙特信贷银行（Saudi Credit Bank，SCB）的主要任务是向低收入人群发放社会贷款，以 200 000 里亚尔（约合 5.3 万美元）为上限。该银行向中小企业推出的贷款项目，主要鼓励沙特居民开创自己的事业，形式包括自我雇佣。

2012 年，为使沙特中小企业非石油出口获得资金支持，伊斯兰发展银行旗下的伊斯兰投资和出口信贷公司（ICIEC）与吉达商工会（JCCI）和国家商业银行（NCB）签署支持沙特中小企业发展协议。根据协议，ICIEC 将为银行对中小企业贷款的 90% 提供保险服务。

创业者服务

技术服务

技术服务方面，沙特政府制订公共投资基金（PIF）2018—2020 年计划（该计划也是“沙特阿拉伯 2030 愿景”计划的一部分），计划到 2020 年，在国际和国内前沿科技研发等方面累计投资 2 100 亿里亚尔（约 560 亿美元），并在沙特本国创造 11 000 个高技术职位。

此外，沙特将在红海边与埃及、约旦交界处建 Neom 城，这将成为沙特的一个经济特区，享有独立的税法和经济体系，并将在能源与水、流动性、生物科学、食品、媒体、娱乐、先进制造业、数字科学、生活质量 9 个领域领先世界，此项目负责人是沙特王储穆罕默德 · 本 · 萨勒曼。2017 年 10 月沙特王储穆罕默德 · 本 · 萨勒曼在利雅得举行的国际投资会议上声称，Neom 项目正在建设中，预计 2025 年完成第一阶段，沙特将持续投入 5 000 亿美元用于 Neom 城市建设，资金主要来源于沙特公共投资（PIF）。

为促进沙特出口，2017 年沙特出口发展局宣布成立进出口银行，资本金为 300 亿里亚尔（约 80 亿美元）资本。

创业孵化

在创业孵化方面，沙特的 Badir 孵化器计划（Badir Program for Technology Incubator），源于 2007 年沙特阿卜杜阿齐兹国王设立的科技发展计划，现已经发展为成熟的孵化器，为高科技企业创业提供创业孵化器服务，包括通信与信息技术，生物技术，本地化项目和高新制造业等。

沙特阿拉伯的一些高校也设立了企业孵化器、创业加速器。2013 年沙特阿美石油公司（Saudi Arabian American Oil Company，ARAMCO）与法赫德国王石油与矿业大学共同建立了创业孵化器，为创业项目提供培训、融资等支持。阿卜杜拉国王科技大学的创业加速器项目（Accelerators）是帮助一些学生从早期阶段把技术成功商业化，并在一定程度上形成了“沙特阿拉伯制造（Made in Saudi Arabia）”的文化。阿卜杜勒阿齐兹国王大学（King Abdulaziz University）在创业教育方面与美国百森商学院也有合作，双方共同建立了创业加速器项目（King Abdulaziz University Business Accelerator），为创业者提供包括知识、技能等方面的培训。这个项目会请本地和跨国企业的专家参与培训。

2018 年 4 月，沙特中小企业局制定并颁布企业孵化器规章，孵化器需要申请该部门颁发准许证，许可证申请者必须是政府企业公司或者协会，其他申请条件包括由管理部门关于开设孵化器的可行性研究以及孵化器场地等硬性条件要求。

交流平台

2017 年 10 月沙特王储启动了未来投资倡议会议，第一届的未来投资论坛召开，重点讨论未来产业的发展趋势。沙特未来投资倡议，是由沙特公共投资基金（PIF）发起的全球性倡议，旨在建立一个世界高层领导者、创新者和投资人的交流平台，以寻求全球范围合作，实现可持续发展，发展新兴产业。该倡议有三个主要目标：投资促进经济转型，使技术成为机会的来源，发展人类能力。2017 年 12 月，沙特国王顾问，麦加省省长哈立德 · 费萨尔王子举办“沙特初创企业论坛 Startup 100”活动，由初创企业企业家、创业投资人、孵化器机构、经济学者等参与，目的是鼓励沙特初创企业的发展。

创业教育

沙特阿拉伯有一些专门的项目、基金和组织专门针对青年和女性提供创业培训服务。沙特高校将创业教育纳入课程设置，有的高校还将“创新生态系统（Innovation Ecosystem）”作为高校创业教育的重点，国际交流以及同国外高校合作是沙特高校创业教育的另一特点。

Prince Mohammad Bin Fahd Abdulaziz Program for Youth Development 是穆罕默德·本·法赫德王子和达曼技术学院（College of Technology in Damman）合作建立的，旨在支持青年发展的项目，向失业青年群体提供职业培训、提高就业的能力和帮助他们创业。该项目已经帮助 4 万多名青年解决了就业问题，有超过 35000 名青年接受过培训。

The Centennial Fund（TCF）是一个非政府组织，致力于帮助沙特的青年弱势群体，通过教育培训、资金支持等方式帮他们创办企业或者就业。TCF 目前有 2 000 多个帮助青年的项目，已培训了 3 万人。

沙特人力资源发展基金每年会举办夏季培训计划，雇佣人数在 25 人及以上的企业将雇佣并培训一定数量的男女青年，让他们学习必备的技能，人力资源发展基金将承担他们的培训费用。2018 年，这一基金支持的参与培训计划的中小企业超过 3 000 家。

2018 年初，沙特教育部提出沙特创业家计划（Riyyadi），旨在在青年中培养创业和投资的意识和技能。该计划由教育部实施。该计划的主要目标分别是在学生中传播创业和投资文化；通过教育实现创业战略；培养合格的投资者和创业培训师；鼓励创业和投资的计划与竞赛。Riyaadi 下属有 Riyaadi Skills 网课平台，Riyaadi Olympiad 创业大赛，Riyaadi Store 向创业学生提供设备以及场地，Riyaadi Tube 创业视频分享网站。

嘉瓦赫公主名下的 Princess Jawaher’s Mashael Al-Khair Center 有培训沙特女青年的专项基金，目标是减少女性的失业和改善她们的生活条件，并致力于培养女性创业和自立的文化。基金开发了培训女性领导力的项目，还有针对不同技能的培训项目，比如护士、育婴等。

本·苏丹·阿卜杜拉阿齐兹王子妇女发展基金给予创业女性建议和指导，并提供一定的资金支持。该基金发起了一个 Intilaqati Program 项目，帮助年轻女性建立自己的小企业，为她们提供包括创业可行性研究、财务、技术、市场、法律等多个方面的培训指导。

法赫德国王石油与矿业大学设有创业教育学院（Entrepreneurship Institute），提供多个创业教育培训项目。其中的 Entrepreneurial Emerging Leaders（EEL）Program 面向全校开放，涵盖 Act Build and Learn（开发产品学习）、Create

Entrepreneurs（成为创业者）、Innovation Driven Entrepreneurship（创新驱动创业）、Entrepreneurial Marketing（创业市场）、Entrepreneurial Accounting and Finance（创业会计财务）、Business Plan Workshop（商业计划专题研讨）、Entrepreneurial Leadership Workshop（创业领导力专题研讨）创业领域的内容。

阿卜杜拉国王科技大学致力于建立一个“创新生态系统（Innovation Ecosystem）”，包含创业企业、创业者、投资人等，帮助创业者把好的创意变成好的企业。学校为创业学生提供培训、辅导和资金方面的支持，以及专利的评估和保护，并在创业培训方面设立了各有侧重点的项目。New ventures school（新企业学校）项目，主要是请有实践经验的创业者为学生讲解产品开发和商业化的过程。这个项目会请多种背景的嘉宾演讲，包括学校的老师、有国际背景的创业者和沙特一些相关行业领先组织的代表。Innovation，Creativity，Entrepreneurship and Design（ICED）in the Desert，由不同类型企业的专家给学生培养专业技能，提高学生创业技能或者就业的竞争力。Lean startup（精益创业）项目，则注重提高创业的成功率。

穆罕默德王子沙尔曼商业和创业学院（Prince Mohammad Bin Salman College（MBSC）of Business & Entrepreneurship）是一所新建的私人高等教育机构，对创业教育很重视。MBSC 和美国百森商学院（Babson College）在创业教育领域紧密合作，教学方法上采用百森商学院的体验教学法（experiential learning），注重学习与实践的结合。学院还会给学生提供人际网络拓展的机会以及提供专人辅导（mentors）。MBSC 的教师会被送到美国百森商学院进行创业教育方面的培训。

土耳其

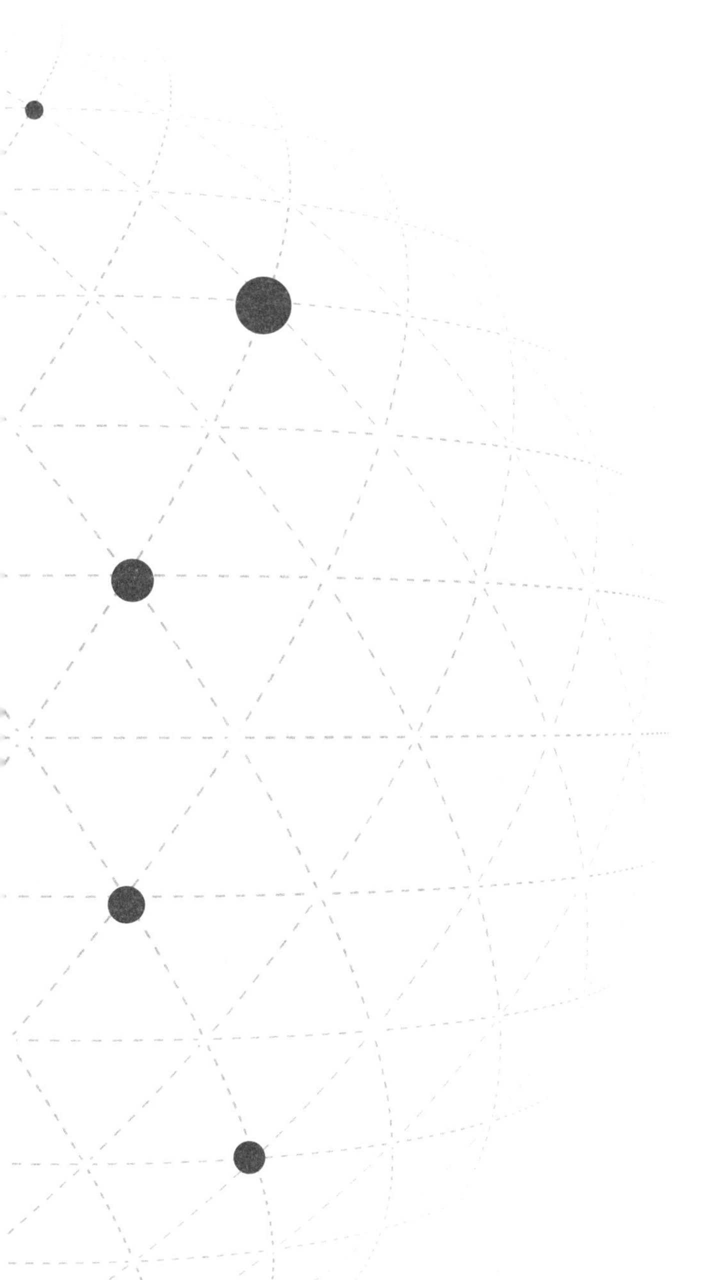

概要

土耳其[①]在《创业发展协议（Developing the Entrepreneurship Protocol）》（2012）中确定了创业和中小企业的发展战略规划。土耳其中小企业发展管理机构（KOSGEB）、土耳其发展部（Ministry of Development）和土耳其科学技术最高委员会（SCST）是土耳其主要负责支持创新创业和中小企业发展的政府部门。

在财税和金融支持方面，土耳其政府为扶持创业企业的启动提供财政补贴，如土耳其中小企业发展管理机构（KOSGEB）对创业者提供启动资金。还针对研发、创新创业企业和中小企业发展采取了减费、降税的激励措施，重点支持青年企业家、从事研发的私营机构、教育机构和高科技公司。另外，土耳其政府设立了信用担保基金（Credit Guarantee Fund，KGF），扩大新创企业和中小企业的融资渠道，并对出口企业、女性和青年企业家、商人和工匠类微型企业以及农业和投资领域给予特别支持。非政府组织土耳其技术开发基金会（Technology Development Foundation of Turkey，TTGV）向初创企业提供多样化的融资渠道解决融资问题，在2017年新推出HIT项目重点支持健康科技初创企业。针对创投发展，土耳其政府采取了税费减免、扩大对创投基金的支持规模等措施。2017年，政府允许土耳其财政部直接投资创投基金，并允许在2023年底之前向创投基金投资总额不超过20亿土耳其里拉（约5.3亿美元）。也是在2017年，土耳其财政部承诺向土耳其增长与创新基金（Turkish Growth and Innovation Fund）注资6 000万欧元（约2.7亿土耳其里拉，7 164万美元）。

在创业者服务方面，全球家园（TIM-TEB Global House）对初创企业提供资金支持、市场拓展等服务，以帮助初创企业拓展海外市场。土耳其政府对孵化器进行标准化管理并提供资金扶持，并对技术开发区管理公司、园区内的初创企业以及创新研发、投资活动提供财政补助、税费减免等支持。在土耳其，系列活动、大赛对促进创业者之间的交流，引导土耳其和国际社会各界力量支持土耳其的创新创业和初创企业的国际化起到了积极的作用，如土耳其商业计划大奖赛、土耳其创新周活动、生而全球化

① 土耳其是依据企业的雇用人数、营业额以及资产负债表来定义中小微企业的，与欧盟的定义标准相同。根据SBA（Small Business Act for Europe）2017年的报告，中小企业（SME）数量占比99.8%，雇用人数占比73.5%，增加值占比53.5%。

伊斯坦布尔（Born Global Istanbul），以及政府鼓励支持初创企业参加欧洲企业促进奖（European Enterprise Promotion Awards）。

土耳其中小企业发展管理机构（KOSGEB）自 2000 年起便在全国实施创业培训课程，是非正式（学校）创业教育培训的重要行动者。通过土耳其创业和创新高校指数（EIUI），土耳其国内高校的创业教育已经有了较大改善，不仅有创业方面的课程，还积极支持创业孵化。土耳其中学教育里也加入了创业教育。土耳其较为注重通过创业大赛和创业榜样的宣传、以及创业教育来传播创业文化，提高人们的创业意识。

政府服务

土耳其国家教育部（Ministry of National Education）、科学工业和技术部（Ministry of Science，Industry and Technology）以及土耳其科学技术研究理事会（TUBITAK）在 2012 年初签订了《创业发展协议（Developing the Entrepreneurship Protocol）》，制定了土耳其创业和中小企业的发展战略规划。

土耳其中小企业发展管理机构（The Medium Industry Development Organization，KOSGEB），主要职责是提高中小企业的“在土耳其经济中的份额和效率”，并增强其竞争能力。中小企业发展管理组织（KOSGEB）于 1998 年设立了创业发展理事会，并在十年后修订了企业创立法，将支持创业纳为其主要任务之一。土耳其中小企业发展管理机构（KOSGEB）主要从创业培训（启动培训）、启动资金、企业孵化器、商业计划大奖赛提供对创业和中小企业的支持。

土耳其发展部（Ministry of Development）针对中小微企业提供资金支持，在 2008—2016 年间，共支持了 1 061 个项目，金额累计 2.4 亿土耳其里拉（约 6 450 万美元）。除提供财政支持外，土耳其发展部（Ministry of Development）还计划成立年轻企业家中心，向创业者提供工作场所、培训和信息咨询服务，以及市场拓展服务。

财税和金融支持

土耳其政府为扶持创业企业的启动提供财政补贴

土耳其中小企业发展管理机构（KOSGEB）对创业者提供启动资金（Start-up Capital）扶持，包括最高金额为 5 万土耳其里拉（约 1.3 万美元）的启动补助（Startup Grant），以及最高金额为 10 万土耳其里拉（约 2.6 万美元）的无息创业贷款，具体扶持取决于新创企业的地理位置、补贴受益人是否属于特殊人群如妇女或残疾人人群。

土耳其政府针对研发、创新创业企业和中小企业发展采取了减费、降税的激励措施，重点支持青年企业家、从事研发的私营机构、教育机构和高科技公司

根据 2016 年 1 月修订的 Law No. 6663，从企业创立的日历年开始，对 29 岁以内的青年创业企业家 7.5 万土耳其里拉（约 1.98 万美元）以内的收入，三年内免征个人所得税。此外，土耳其政府还规定以简单方法计算收入的纳税人有权在其申报的商业收入中减少 8 000 土耳其里拉（约 2 000 美元），且没有时间限制。企业所得税法（Corporate Income Tax Law No.552）规定，在企业所得中扣除企业成立和编制费用，同时还规定企业的创投类投资可从企业应税收入中扣除，但金额不得超过申报收入的 10%。

根据 2008 年发布的第 5746 号法律（支持研究、开发和设计活动的法律），土耳其政府向从事研发的私营公司提供税收优惠，包括涵盖研发、设计支出的税费扣除、保险费用支持（雇主缴纳一半，直到 2023 年为止）、所得税扣除（根据教育水平不同可高达 95%）、免交印花税和关税豁免（针对与研发和/或设计活动相关的进口货物）。此外，雇用基础科学毕业生的私营部门研发中心可获得相当于 2 年最低工资总额的补助金。截至 2018 年 5 月，土耳其共有 906 个私营部门研发中心和 220 个私营部门设计中心，大约有 48 000 名研发人员和 4 000 名设计人员。私营部门研发中心已经提交了 7 000 多项专利，获得了 2 000 项专利权。私营部门设计中心共有 77 项专利申请和 112 项专利授权。

根据“所得税法”（Income Tax Law）中“托儿所和日托中心及教育培训企业收入免税”（Income Exemption for Nursery and Day Care Centers and Education and Training Enterprises）章节，私人托儿所以及日托和学前教育、小学教育、特殊教育和中等教育私立学校免除五个税收期的运营收入的所得税可获得豁免。拥有工业登记文件并实际从事生产活动的中小型企业（SME），可以在接下来的三年内申请高达 75%的企业税率折扣。

针对向国外提供技术转让的高科技企业，以及为技术转让提供金融和法律咨询服务的公司，免收法律规定的费用。免收出口样品、宣传材料以及参加外国展览会的等各项相关费用，以支持拓展海外市场。

土耳其政府设立信用担保基金（Credit Guarantee Fund，KGF）为中小企业提供贷款担保

扩大新创企业和中小企业的融资渠道，并对出口企业、女性和青年企业家以及农业和投资领域给予特别支持。对于商人、工匠这类微型企业也提供担保贷款给予支持。

土耳其政府于 2016 年底宣布通过信用担保基金（KGF）新创造 2500 亿土耳其里拉（约合 662 亿美元）的信贷额度，出口信贷额度可达 100%。信用担保基金（KGF）为土耳其的中小企业以及非中小企业提供贷款担保，为女性提供的最大担保额度为 100 万土耳其里拉（约 26 万美元），中小企业最大担保额度为 1 200 万土耳其里拉（约 318 万美元）；对出口企业 100% 的贷款提供担保；对女性和年轻企业家的担保比例为 90%，农业领域和投资领域的中小企业为 85%，其余领域的中小企业担保比例为 80%。

《关于中小企业的定义、资格和分类条例》（2005 年）规定了商人和工匠企业（Tradesmen and craftsmen's enterprises）属于“微型企业”。土耳其政府对这类微型企业的支持措施主要有：商人和工匠贷款担保公司（Tradesmen and Craftsmen Loan Guarantee Cooperatives，TCLGC）提供担保贷款，如企业贷款、就业支持贷款、出口商设施贷款、机动车贷款等，哈克银行（Halkbank）提供商业补贴贷款等。

此外，土耳其技术开发基金会（Technology Development Foundation of Turkey，TTGV）向初创企业提供融资平台和 HIT 计划解决融资问题

土耳其技术开发基金会（TTGV）成立于 1991 年，非政府组织（NGO），主要支持土耳其私营部门的技术研发和创新，包括促进技术商业化、工业创新、区域和行业特定创新、创业投资和基金管理。

Ideanest 是土耳其技术开发基金会（TTGV）的中介服务之一，拥有 25 年的咨询和财务管理经验，特点是将受益人与出资人进行匹配。在 Ideanest 平台，土耳其技术开发基金会（TTGV）专家对各个项目进行评估，为早期技术创新创业提供咨询服务。通过 ideanest 平台，项目所有者和研究人员可以为自身的特定需求筹措必要的资金。

考虑到技术初创公司不同的项目需求，土耳其技术开发基金会（TTGV）在 2017 年底开发并推出名为 HIT 的“初始市场进入投资计划”（Initial Market Entry Investment Program），为技术初创企业的商业化进程提供支持，重点支持健康科技初创企业。项目申请人已经完成了产品概念验证阶段、具有竞争潜力，并即将达到产品市场渗透阶段的初创企业可加入 HIT 计划，该计划为每个初创企业提供最高 5 万美元资助来加速初创企业市场进入过程。如果初创企业在加入项目后的五年内接受了独立投资人提供的资金，那么土耳其技术开发基金会（TTGV）有权作为合伙投资人参与投资，基于投资人对该企业的估值，以 10% 的折扣率最高投入 100 万美元。

土耳其政府通过税费减免、扩大对创投基金的支持规模等措施促进创投的发展，为创新创业企业提供多样化的融资渠道

天使投资人投资中小企业的资本可从年度税基中扣除 75%；如果所投资的中小企业的项目得到了科学、工业和技术部（Ministry of Science，Industry and Technology），土耳其科学技术研究理事会（Scientific and Technological Research Council of Turkey）和中小企业发展组织（Small and Medium Enterprises Development Organization）的支持，扣除率将达到 100%，减税措施将适用至 2023 年。2013 年 2 月至 2018 年 6 月期间，已有 457 名天使投资人的 34 项投资项目享受了共计 11 739 206 土耳其里拉（约 310 万美元）的税费减免。

土耳其政府成立母基金（fund of funds），并在 2017 年修改了财政部对母基金出资的法律，允许土耳其财政部直接投资创投基金，且在 2023 年底之前向创投基金投资总额不超过 20 亿土耳其里拉（约 5.3 亿美元）。之前的规定是不超过 5 亿土耳其里拉（约 1.32 亿美元）。该举措扩大了对创投基金的支持规模，为早期公司或专注于技术和创新的启动公司拓展融资渠道。

此外，土耳其财政部承诺向土耳其增长与创新基金 Turkish Growth and Innovation Fund（欧洲投资基金，European Investment Fund，于 2016 年 5 月建立的母基金）投入 6 000 万欧元。该基金主要吸引外国基金对土耳其的投资，预计可带动约 4 亿欧元的投资。

创业者服务

市场支持

土耳其出口商协会（Turkish Exporteres' Assembly，TIM）和土耳其经济银行（Turkish Economy Bank，TEB）在 2015 年联合推出的全球家园（TIM-TEB Global House），不仅作为孵化中心对高附加值且有出口潜力的地方创新企业和初创企业进行支持，还为现有的技术公司提供商业管理咨询和培训等服务，帮助这类企业加速发展，拓展海外市场。全球家园（TIM-TEB Global House）目前在土耳其包括伊斯坦布尔（Istanbul）在内的十个主要城市设立，从初创企业到大型技术出口公司都可以得到全球家园（TIM-TEB Global House）提供的服务，如，政府和私人资金支持、与企业合作的机会、客户关系和网络支持、宣传和营销等管理服务，海外市场拓展服务等。

创业孵化

土耳其政府对孵化器进行标准化管理并提供资金扶持，并对技术开发区管理公司、园区内的初创企业以及创新研发、投资活动提供财政补助、税费减免等支持。

土耳其中小企业发展管理机构（KOSGEB）为孵化器运营制定了标准，符合评估标准的孵化器可使用商标 İŞGEM®，孵化器承租公司可获得创业资金扶持，如设立成本补助 65 万土耳其（约 17 万美元），运作成本补助 20 万土耳其里拉（约 5.3 万美元）。İŞGEM®（企业孵化器）是土耳其中小企业发展管理机构 KOSGEB 的注册商标，土耳其中小企业发展管理机构（KOSGEB）对此有“品牌保护权”。企业孵化器只有在符合土耳其中小企业发展管理机构（KOSGEB）标准并获得授权的情况下，才能使用 İŞGEM 名称。

土耳其“技术开发区（TDZ）法”（2001 年）（“Technology Development Zones（TDZ）Law”）将土耳其技术开发区定义为：某些高校校园、高新技术研究机构或开发中心内部或附近的、集学术、经济和社群结构为一体的场所。

土耳其政府对技术开发区管理公司、园区内的初创企业以及园区内的研发、设计和软件活动提供财政补助、税费减免等支持措施。例如，土耳其科学工业和技术部（Ministry of Science，Industry and Technology，MoSIT）承担技术开发区管理公司无法提供的资金，如基础设施、行政办公楼、孵化办公楼的部分施工费用，作为对开发区管理公司的补助。技术开发区管理公司可免缴包括印花税在内的税费。针对初创企业的措施有，办公室租金 50% 折扣优惠，如果初创公司的项目属于政府研发支持计划，办公室租金可享受 75% 折扣。除此之外，2023 年之前，园区内研发公司的设计、软件和研发活动可免缴所得税和公司税，研发人员、研究人员和软件开发人员免缴任何税款。对技术开发区内公司进行投资的公司也适用于上述税务减免，这种新的激励政策称之为“直接创业资本”（Direct Venture Capital）。

交流平台

土耳其利用各类创新创业赛事聚集和整合人才、技术、资本、市场等各种创新创业要素，搭建服务创新创业的交流平台，提供金融投资、技术转移、展览展示、市场对接等各类服务，引导土耳其和国际社会各界力量支持土耳其的创新创业和初创企业的国际化。

商业计划大奖赛（Business Plan Award），由与土耳其中小企业发展管理机构（KOSGEB）合作的高校每学年组织一次，参赛者是在正规教育框架下修读“创业”课程的学生。获一、二、三等奖的学生如果能够在 24 个月内创立自己的公司，分别可获得 25 000 土耳其里拉（约 6 600 美元）、20 000 土耳其里拉（约 5 300 美元）和 15 000 土耳其里拉（约 4 000 美元）的奖金。

土耳其出口商协会（TIM）自 2012 年起在伊斯坦布尔和安纳托利亚的各个城市举办土耳其创新周活动。2017 年的创新与创业周活动，共有来自 31 个国家和 200 多个机构的 200 名特邀发言人参加，总参与人数达到了 60 000 人。在这些活动中，大学院校有机会在研发中心展台展示他们的创新项目。在技术、土耳其发明家、发明历史、设计、院士实业家会议等主题方面举行了多个小组讨论、会议、网络会议和研讨会。

在创新和创业周期活动有一个重要的活动——生而全球化伊斯坦布尔（Born Global Istanbul），目的是使土耳其成为国际化的创业中心，并通过该活动将国内的全球化公司带出去，把所有创业公司和投资者聚集在一个平台上。作为创业公司和科技公司最重要的交汇点之一，生而全球化伊斯坦布尔被设计成一个能为初创企业家提供投资者和支持服务的合作平台。经过预评估后，将有 60 名国内企业家和 60 名全球企业家参加，他们会在评审大赛的陪审团和投资者面前展示自己的项目。众多关于从创意到投资过程的各种主题活动也会同时举行，如研讨会、小组讨论、访谈、主要孵化中心、大学、技术平台、技术公司、创业展台、投资者网络、基金组织和国家展台。

土耳其政府鼓励初创企业参加欧洲企业促进奖（European Enterprise Promotion Awards）。土耳其中小企业发展管理机构（KOSGEB）是该奖项计划的国家协调员，负责颁发奖项，并在欧洲层面提名 2 个国家级参赛作品。欧洲企业促进奖旨在表彰和认可欧洲最成功的企业和创业推动者，展示最佳创业政策和实践，提高企业家精神的附加值并鼓励和激励潜在企业家。该奖项共有六个类别：提升企业家精神；投资创业技能；改善商业环境；支持企业国际化；支持绿色市场发展和资源效率；负责任和包容性的企业家精神。这一类别的奖项还认可促进失业群体，特别是长期失业者、合法移民、残疾人或少数民族等弱势群体的创业精神。评审团大奖可以来自以上任何类别，并将加入被认为是欧洲最具创造性和鼓舞性的创业计划。

创业教育

土耳其中小企业发展管理机构（KOSGEB）自 2000 年起便在全国实施创业培训课程，是非学校创业教育培训的重要行动者

土耳其中小企业发展管理机构（KOSGEB）确立了培训标准（培训内容、持续时间及实施方法）以及培训师标准，地方合作伙伴包括土耳其就业机构 ISKUR、市政府、商会、非政府组织、高校等实施培训活动。如果是土耳其中小企业发展管理机构（KOSGEB）授权的培训，结业生有资格获得土耳其中小企业发展管理机构（KOSGEB）的创业资金扶持。2016 年 1 月，土耳其就业机构总局（İŞKUR）和中小企业发展组织（KOSGEB）签订了“有关应用创业培训的合作协议”（Cooperation Protocol on Applied Entrepreneurship Training）。在合作协议规定的原则框架内实施的创业培训课程至少为 32 小时。这些创业培训可以与胜任的高校、私人教育机构、专业商会和协会、公共机关和事业单位、以及协会和基金会合作完成。创业者在获得培训证书之后，或者计划在孵化器启动创业，可以在线申请新创业支持（New Entrepreneur Support），可获得支持的资金上限是 15 万土耳其里拉（约 4 万美元）。2017 年 94 016 人修读了创业培训课程。过去 10 年内，共有 324 997 人受益于该创业培训课程。

土耳其科学技术研究理事会（TÜBİTAK）编制了土耳其创业和创新高校指数（EIUI）

指数编制指标主要集中于高校促进和支持创新的方法，指数编制的目的是增加高校之间以创业和创新为导向的竞争，衡量高校在创业和创新方面的绩效，并为创业和创新发展作出贡献。该指数包括 5 大评比项目在整体上衡量高校校内创新和创业活动：（1）科学技术研究能力；（2）知识产权池；（3）合作和互动；（4）创业和创新文化；（5）经济贡献和商业化。“创业和创新文化”评比项目下探讨了高校校内、以及对外为其他系统参与者提供的创业和 / 或创新课程和教育活动的数量，作为衡量高校创业人才培养活动的措施。

通过土耳其创业和创新高校指数（EIUI），土耳其国内高校的创业教育已经有了较大改善，不仅有创业方面的课程，还积极支持创业孵化。

萨班哲大学（Sabanci University），2015 年和 2016 年连续两年被评为土耳其创业型大学第一名。该大学的创业加速平台 SUCool，主要支持早期的技术创新型创业企业。SUCool 为入驻的创业企业提供培训、辅导、办公空间、法律咨询、介绍客户和投资人、介绍多个地区的国际创业生态系统，如硅谷、伦敦、柏林等。SUCool分批次对创业团队进行辅导，一般每批选 10 个创业团队，目标是确定每个团队项目的商业模式。优秀的团队有机会到硅谷或伦敦等合作方学习（比如，团队第一名可以到美国 MIT 的 Global Founders’Skill Accelerator 学习，团队第二名可参加新加坡国立大学创业研究中心的夏季项目），并可进入 INOVENT 孵化中心进行下一个阶段的工作。创业辅导由有经验的学院教师或者业界知名专家担任。创业者通过培训，可以学习从产生创意到产品推向市场之间的真实过程，培养创业思维，了解产品开发、市场及客户需求等。

毕尔肯大学（Bilkent University）有一个科技园 Cyberpark，目标是成为激励技术创业者的创业发展中心。Cyberpark 有面向创业者的多个项目，比如 UTTP 是一个给技术创业者提供技术转让和商业化培训的项目。CAP（Cyberpark Accelerator Program）是一个与美国创业孵化平台（Innosphere）合作的项目，面向产品销往美国的土耳其创业企业，主要是 ICT 公司且已经完成研发，产品待出售。CAP 可以帮创业者对接美国的买家，提供国际贸易方面的指导，以及搭建社交网络。2018 年 CAP 和美国硅谷 Plug and Play 创业创新平台合作，开展了为期 14 周的项目，分别在土耳其和硅谷。这个项目得到了土耳其中小企业发展组织（KOSGEB）的支持。

中东科技大学（Middle East Technical University）在 2015 年和 2016 年连续两年被评为土耳其创业型大学第二名，第一名是萨班哲大学（Sabanci University）。学校有一个创业研究和应用中心（Entrepreneurship Research and Application Center），给学生开设一些创业方面的课程，主要内容包括创新、创业、领导力、对商业创意的评估、土耳其的优秀创业者等。创业教育课程对非商学院学生开放，有的项目只面向非商学院学生。

土耳其中学教育里也加入了创业教育

土耳其在初中阶段每周课程表中会安排一个课时的创业课。课程内容已经于 2018 年更新，且此次更新后，该课程内容已被提交至教育委员会，待委员会决议确定。在教育委员会相关单位的参与下，于 2017 年 11 月填写了“有关小型企业法的政策评估问卷”。问卷包含“创业培训和教育课程、教师培训项目中的创业教育、基于创业的项目”等内容。有关“小型企业法”的政府专题会议于 2018 年 3 月举行。会议讨论了以下论题：终生创业学习策略，创业基本技能，包括课程内容和终生学习观，教师对预备层面和学习过程的贡献，技能数据，培训，投资的一致性和供应链，女性创业，数字化经济和信息平台，经济改革计划技能，绿色经济、智慧专业化，监控和评估。

土耳其较为注重通过创业大赛和创业榜样的宣传、以及创业教育来传播创业文化，提高人们的创业意识

由土耳其创业基金会（Turkish Entrepreneurship Foundation）发起的START创业教育项目，目标就是在高中建立创业文化。该组织计划给5所公立高中和5所私立高中分别提供创业培训，在培训期间，会组织创业企业实地参观，与创业者聚会，培养中学生的创业精神。在创业榜样方面，有不少对女性创业榜样的宣传，比如2017年就有关于土耳其最成功的女企业家的报道，有的女性创业者从剑桥的博士生转到开餐厅，有的创业者把有机农业和旅馆结合起来，打造成土耳其最有特色的生态旅游基地之一，无论这些企业家从事餐饮业还是葡萄酒制造业，都标志着女性能够打破传统偏见，发挥才能，成就自己的一番事业。这对于潜在创业者无疑有着很好的激励作用。

意大利

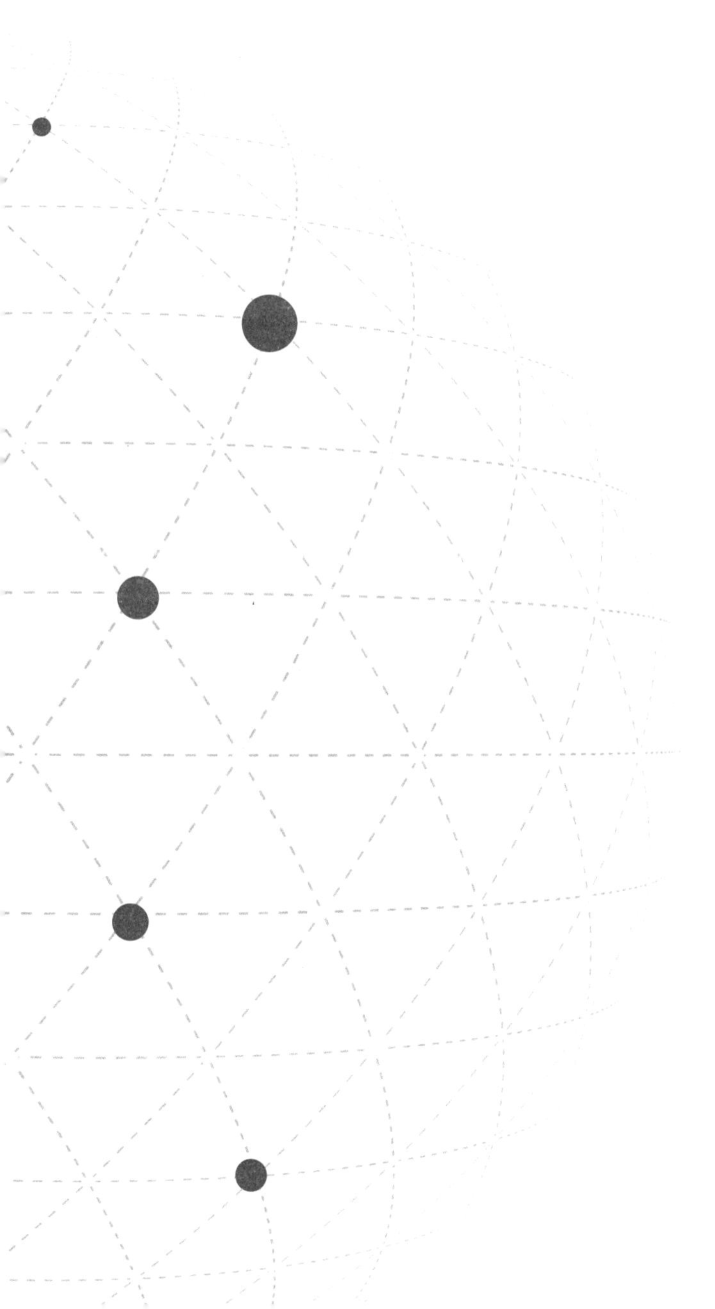

概要

意大利[①]通过《扶持中小企业创新与发展法》和《创新创业法》等鼓励中小企业采用先进技术和进行技术创新，激发创新创业的活力。意大利在2016年提出工业4.0国家计划（National Plan“Industria 4.0”），旨在推动新产业的数字化，增强意大利工业的竞争力。配合工业4.0国家计划，意大利政府2017年预算案（2017 Budget Law）中制定了刺激创投发展、促进创新创业发展的措施。Decree-law no. 3 of 24 January 2015则从减少注册费用、提高注册效率和在线注册等方面对公司注册流程进行改革。意大利经济发展部、国际贸易部和经济财政部主要负责中小企业和创新创业方面的事务。

意大利政府以财政补贴的方式支持创新创业企业和中小企业品牌国际化，增强其国际竞争力和影响力，Trademarks +3于2018年3月开放申请。意大利工业4.0国家计划（National Plan“Industria 4.0”）对创新创业企业以及中小企业提供税务减免和优惠政策，刺激创投发展，促进中小企业的研发和创新活动。例如，自2017年起对创新创业企业以及中小企业的资本投资者实施30%个人所得税或企业所得税扣除，实施Super- and Hyper-Depreciation新税收制度，增加新机器设备折旧计算的名义购买成本，减少企业应税收入，对R&D项目给予税收优惠（R&D credit）等。创新创业企业和创新中小企业政策（Innovative Startups Policy/Innovative SMEs Policy），对创新创业企业和中小企业免征印花税、商业登记费用和商会年费，以及一定额度的增值税，提供拓展国际市场服务费折扣，并通过允许在线进行股权众筹、设立SME Guarantee Fund等途径扩大创新创业和中小企业的融资渠道，解决融资问题。

意大利政府重视中小企业的技术研发和创新。2015年稳定法对于企业的研究与创新（R & I）增量投资实施税收抵免，减少区域税。2015年专利框（Paten Box）加强对知识产权的保护。为支持中小企业的知识创新和成果转化，意大利政府设立了技术创新基金（FIT），并设立研发基金（FAR）基金鼓励国家科研机构和企业联合进行

① 按照欧盟制定的中小企业标准，即企业雇员少于250人的企业属于中小企业，2015年意大利全国共有约424万家中小企业，占全国企业总数99.9%。

科研开发。为促进中小企业电子商务的发展，意大利政府在2014年开始实行中小企业代金券制度。2017年，意大利政府宣布延续自主创业签证（Italia Startup Visa）项目和初创中心（Italia Startup Hub）项目。

意大利政府通过各种政策和行动促进青年创业，打造青年创业的文化。例如，制订发展国家青年计划（National Youth Plans）、成立青年部（Department for Youth）、国家青年机构（National Youth Agency），和非政府组织如Confindustria等合作。欧盟层面的欧洲社会基金（the European Social Fund）、Youth Employment Initiative，the Youth Guarantee等也增强了意大利支持青年创业的力度。意大利对青年创业的支持主要向创新型高科技项目倾斜。意大利大学设置创业相关课程，促进学生和科研人员创业的发展，如博洛尼亚大学的技术创业教育课程，帕多瓦大学新设的创业与创新专业的研究生培养项目等。意大利在国家层面有技术和职业教育方面的发展路径，虽然还没有关于创业教育的相关战略，但也取得一些进步。

政府服务

意大利有关于中小企业的专门法律。《扶持中小企业创新与发展法》（1991年），鼓励中小企业采用先进技术和进行技术创新，促进中小企业结构调整。2012年颁布《创新创业法》，旨在激发中小创新型企业的创新创业活力。

意大利在2016年提出工业4.0国家计划（National Plan "Industria 4.0"），旨在推动新产业的数字化，增强意大利工业的竞争力，并制定系列激励创投发展的措施，如仅适用于创新创业企业和中小企业的股权投资财政激励、针对其研发活动的资产折旧和税收优惠等。意大利政府认为同欧洲其他国家如法国、德国和西班牙等比较①，其创投规模存在很大差距且在不断扩大，配合工业4.0国家计划，在2017预算法（Budget Law）中启动为初创企业提供资助的意大利初创企业融资计划（Refinancing of Smart & StartItalia），以及对在意大利战略领域进行重大投资的非欧盟公民发放两年期的新型签证。这类投资包括向创新创业企业不低于50万欧元的资本投资，而对其他类型企业则要求不低于100万欧元。

2015年1月24日《第3号法令》（Decree-law no. 3）则从减少注册费用、

① 根据《European Venture Capital Report（EVCR）2016》，意大利创投规模从2015年的9 800万欧元增加到2016年的1.62亿欧元，同期法国为27亿欧元，德国为20亿欧元，西班牙为6.11亿欧元。

提高注册效率和在线注册等方面对公司注册流程进行改革。新流程除了注册文件和印花税外，其他所有流程均免费。另外新流程注册步骤减少，且不需要第三方来核实身份，可以通过电子签名来注册，并通过了标准的企业章程和法规，有利于快速起草公司注册文件。新流程还允许创始人在线上注册公司。

意大利经济发展部、国际贸易部和经济财政部主要负责中小企业和创新创业方面的事务，如研究中小企业发展情况、制定相关的政策、反馈中小企业情况和意见、简化行政申办手续等。

财税和金融支持

意大利以提供补贴的方式支持创新创业企业和中小企业品牌国际化，增强其国际竞争力和影响力

注册商标 +3（Trademarks +3）于 2018 年 3 月开放申请。该计划向在欧盟知识产权局（European Union Intellectual Property Office，EUIPO）、世界知识产权组织（World Intellectual Property Organization，WIPO）申请注册的中小企业提供总额 3 825 000 欧元的补贴。为促进中小企业品牌国际化，提高中小企业创新能力和竞争力，增强其国际竞争力和影响力，意大利政府在 2015 年开始实施 TRADEMARKS +2 计划，鼓励中小企业在欧盟知识产权局（EUIPO）和世界知识产权组织（World Intellectual Property Organization）注册商标，根据计划最高给予两万欧元的补贴。

意大利国家计划工业 4.0（National Plan “Industria 4.0”）对创新创业企业以及中小企业提供税务减免和优惠政策，刺激创投发展，以及中小企业的研发和创新活动

从 2017 年开始，创新创业企业以及中小企业的资本投资者可获得 30% 的个人所得税或企业所得税的扣除，之前最高只有 25% 和 27%。该激励措施适用于创投、集合投资 Collective Investment Undertakings（CIUs）、资产管理公司和主要投资于新创的创新企业和中小企业的投资公司。

超级和过度折旧（Super- and Hyper-Depreciation）新税收制度，分别增加了 40% 和 150% 新机器设备折旧计算的名义购买成本，使得企业的应税收入大幅度、长时间减少。新的机器设备使用 super-depreciation 或 hyper-depreciation 取决于设备种类。物联网、大数据、云计算和增强现实技术等有形资产和互联设备采用

hyper-depreciation（150%），其余资产将采用 super-depreciation（40%）。

对 R&D 项目给予税收优惠（R&D credit）。2017 年至 2020 年内，增加 R&D 成本支出的公司，将会得到 50% 新增成本支出的税收抵免（从应纳税额中扣除），每年最多抵免 2 000 万欧元，而这之前最高只有 25% 和 500 万欧元。

意大利政府推出的创新创业企业和创新中小企业政策（Innovative Startups Policy/Innovative SMEs Policy），为创新创业企业和创新中小企业提供税费豁免优惠以及融资支持措施

创新创业公司以及经过认证的孵化器，可以免缴印花税以及进行商业登记所产生的费用，也无须缴纳商会（Chambers of Commerce）的年费，享受最高豁免 5 万欧元增值税的待遇，帮助创新创业公司在创业投资的脆弱阶段避免流动性风险。与创新创业企业不同，中小企业享受的待遇没有时间的限制，因为在商业注册部的特定部门登记，中小企业免缴印花税。

对投资创新创业企业 / 创新中小企业的公司或者个人给予公司所得税或个人所得税的税收优惠，免征公司 / 个人投资额 30% 的所得税，公司最高豁免上限为 180 万欧元，个人最高上限为 100 万欧元；创新创业企业 / 创新中小企业能够在经授权的网站上进行股权众筹，政府经过程序简化使得众筹过程能够全程在线进行，并且新增了两类投资者：一种是应要求的职业投资人（professional investors on request），另一种是支持创新的投资人（investors in support of innovation），包括天使投资人。

意大利贸易局 Italian Trade Agency 为创新创业企业 / 创新中小企业提供国际市场上的业务帮助，创业企业能够享受这项服务的收费 30% 的折扣

意大利中小企业担保基金（Guarantee Fund for Small and Medium Enterprises，FGPMI）向中小企业提供融资担保，最高担保比率为 80%，最高担保金额为 250 万欧元。2013 年意大利政府规定对中小企业担保基金（FGPMI）实行标准化和简化运作，优化对创新创业企业和获得认证的孵化器的融资担保，不仅免掉了授信所需费用，还为这类企业提供担保优先通道，如不再要求采用其他评级。如果已经获得银行信用评级，申请优先提交到基金管理委员会审批，可以通过申请企业主的个人担保提高授信额度。自 2013 年发放第一笔担保到 2017 年 6 月 30 日，共发放了 3 062 笔担保，惠及 1 748 家创新创业企业，担保金额约 7.4 亿欧元。其中，在过去四年内担保授信总额度约为 3.23 亿欧元，而在过去一个日历年度里，创新创业企业在担保下新获银行贷款达到 2 亿欧元。

创业者服务

意大利政府重视中小企业的技术研发和创新，通过税收抵免、设立基金如技术创新基金（FIT）、研发基金（FAR）等途径来激励中小企业的研发、创新活动，并以代金券方式支持中小企业发展电子商务。

2015年稳定法（Stability Law L190 / 2014）引入了25%的税收抵免，用于2015—2019年期间企业对R & I的增量投资。如果新投资与雇用高素质人才有关，税收抵免将增加到50%。作为同一项“稳定法”的一部分，政府已向永久雇用新员工的私营雇主提供总额为47亿美元（约35亿欧元）财政奖励。“稳定法”还减少了对生产活动的区域税。2015年专利框（Paten Box）通过对工业，商业和科学领域的法律保护领域中的知识产权，工业专利，商标，设计和流程的使用所产生的费用提供奖励。

意大利技术创新基金（FIT），支持中小企业的知识创新和成果转化，鼓励建立行业研究中心。该基金由意大利原生产活动部（现经济发展部）负责监管，主要支持研究成果的工业化和商品化开发项目，以发展新技术、新工艺、新产品为目的。该基金对符合标准研究活动的支持主要由以下几种形式：补贴融资，针对费用低于300万欧元的研究项目，提供50%的研究费用补贴贷款，贷款利率为参考利率的20%。利率补贴：针对费用超过300万欧元的研究项目，利率补贴覆盖研究费用的50%，支付提前进行，按照银行贷款支付日的现行参考利率进行贴现。对研究费用的直接补贴，除上述两种支持方式外，对研究费用的20%给予直接补贴，这种支持形式也可以是增加小企业名义成本20%或中型企业名义成本10%的补贴。

意大利研发基金（FAR），鼓励国家科研机构和企业联合进行科研开发，为生产技术的改进提供技术支持。该基金由意大利教育、大学与科研部进行管理，主要资助企业独立承担的应用研究项目、国家研究计划、应用研究中的国际合作项目和一些授权实验室从事的应用研究项目等。只有由企业和大学或科研单位组成的科研联合体可以申请此资助，单独一方无权进行申请。资助形式一般是低息贷款，贷款额原则上不超过全部研究经费的55%，但对中小企业比例可达65%。企业可申请部分赠款，但额度不能超过贷款额的50%。若企业申请全部赠款，则赠款一般不超过全部研究经费的35%，但对于中小企业，比例可达40%。基金的10%可用于技术培训。

为促进中小企业电子商务的发展，意大利政府在2014年通过了实行中小企业代金券的条例，规定通过电子代金券的方式发放中小企业优惠券，中小企业可以用于开发电子商务解决方案、提供宽带连接互联网、为员工提供合格的培训等。每家企业可以享受不超过 1 万欧元的代金券，最高抵扣合格费用总额的 50%。

意大利政府在 2017 年宣布继续自主创业签证（Italia Startup Visa）和 Italia Startup Hub 这两个项目。

自主创业签证（Italia Startup Visa，ISV）项目于 2014 年启动，凡持赴意大利创业签证的外国人均可以进入意大利独立开办企业，或与他人合资创业。签证流程实现了完全在线申请，申请完全免费，可以完全用英文完成，并允许业务团队提交联合申请。截至 2017 年 6 月 30 日共收到 252 项自主创业签证（Italia Startup Visa）申请，151（59.9%）项申请获批准，申请被拒绝的原因主要是项目缺乏创新性。在 2017 年前 6 个月收到 91 项申请，较之 2016 年全年 99 项申请增长显著。2015 年为 44 项，2014 年为 18 项。

同年底启动的意大利初创中心计划（Italia Startup Hub program），允许持有意大利居留许可的非欧盟国民在许可证期满后可将居留许可转换为“启动自营职业许可证”（Permit for Startup Self-Employment），以便留在意大利并启动创新型企业。截至 2017 年 6 月 30 日，共收到了 6 份申请，两个来自韩国，两个来自伊朗，一个来自美国，一个来自马来西亚。所有申请都获得批准，并最终成立了两家初创公司，Recyclinnovas.r.l. s. 和 Armnets.r.l。

创业教育

意大利历史上曾经有着非常鼓励创业的文化，当前的意大利政府也认识到了青年创业的重要性，并致力于通过各种政策和行动促进青年创业，打造青年创业的文化。

在过去十几年中，意大利政府提出了发展国家青年计划（National Youth Plans）、成立了青年部（Department for Youth）、国家青年机构（National Youth Agency）。其中，国家青年机构（National Youth Agency）在促进青年创业文化方面起到重要的作用，比如提出“激励年轻人的主动性、创造性和创业精神”。意大利政府也会和非政府组织（non-governmental organizations）合作推动创业文化的建设，比如公共 NGO 组织 Confindustria 和青年企业家组织共同发起了国家商业计划大赛。欧盟层面出台的支持青年创业的政策和措施，比如欧洲社会基金（The European Social Fund）、Youth Employment Initiative，The Youth Guarantee 等，增强了意大利支持青年创业的力度。意大利对青年创业的支持主要向由大学毕业生创办的创新型高科技项目倾斜，比如像 Smart StartUp 这种大型培训项目、非政府组织发起的项目（公共：Unioncamere and the Chambers of

Commerce，Confindustria's Young Entrepreneurs'Network； 私 人：Italia Camp，Confcommercio）都支持这类创业者。

意大利大学设置了创业相关的课程，以促进学生和科研人员创业的发展。博洛尼亚大学的工程与建筑学院开设了名为技术创业（Technology Entrepreneurship M）的创业教育课程，目标是培养学生的创业意识（awareness on entrepreneurship）、识别技术创业机会的能力等。帕多瓦大学在 2018 年开设了创业与创新专业的研究生培养项目，主要目标是培养未来的创业者和经理人。课程包括理论知识学习，也有通过实践学习的环节（learning-by-doing）。

创业教育在意大利的中学还处于较为早期的阶段，意大利在国家层面有技术和职业教育方面的发展路径，虽然还没有关于创业教育的相关战略，但也取得一些进步。如 The Jobs Act（Decree 15 June 2015，n. 81）要求增加高中教师的创业相关培训。一些中学也开展了创业试点工作，在劳动和社会政策部（Ministry of Labour and Social Policies）的赞助下，Italia Lavoro 为中学和大学提供技术支持，通过增强职业指导、加强学校和当地产业界联系以提高学生从学校到工作的转变能力。意大利国家商会联合会（Unioncamere）设立的“学校、创造力和创新”奖是针对小学和中学创业教育的年度竞赛奖，以促进年轻人及其学校的创造力、创新能力的提升。

印度

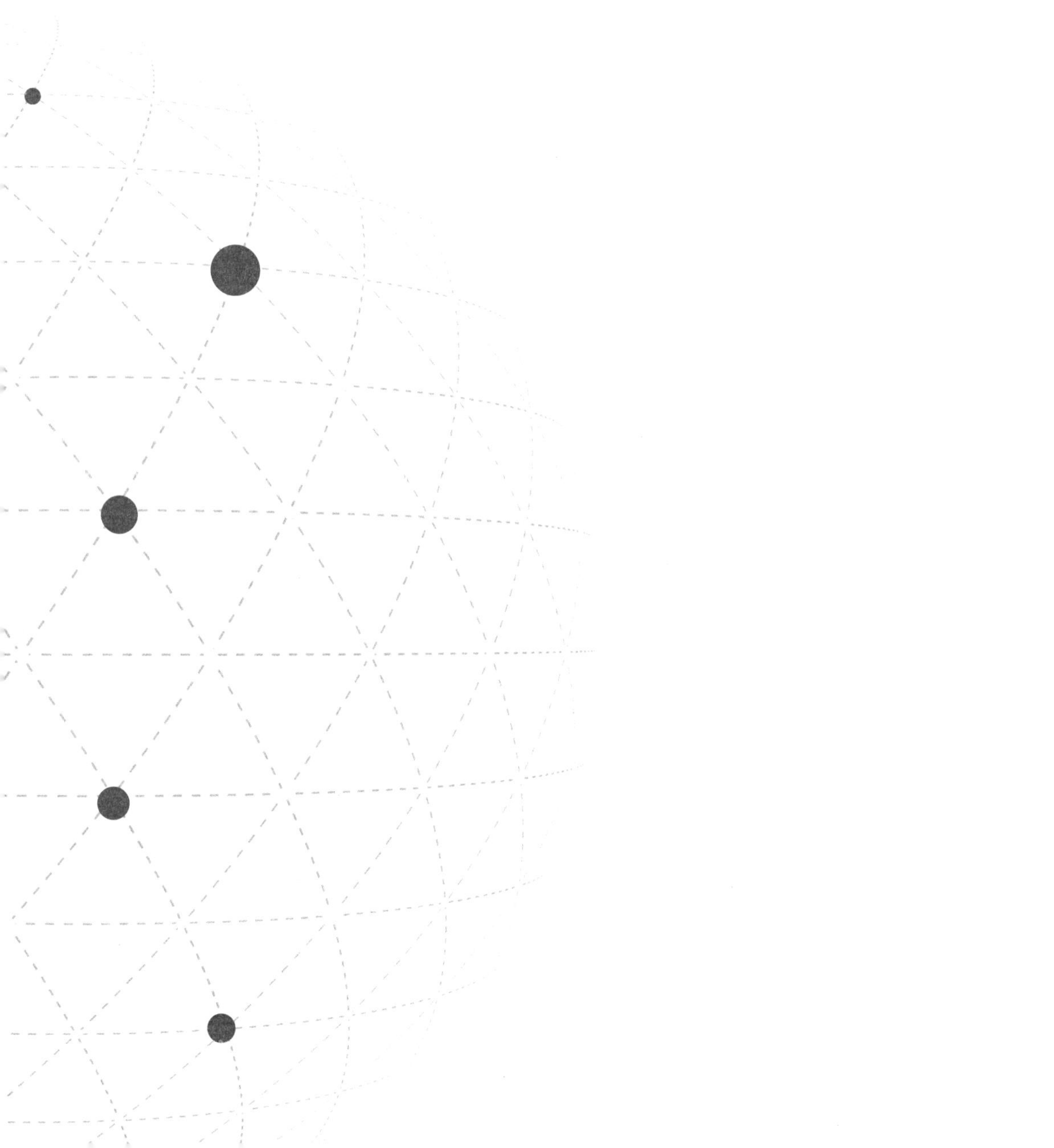

概要

在 G20 各成员中，几乎都有专门的政府部门负责中小企业，但除了印度以外，还没有哪一个成员国把微型企业也放在政府机构的名称中。

印度的中小微企业部（MSME）根据《印度中小微企业发展法》（2006 年）而设立，下设发展专员办公室（Office of Development Commissioner）和企业发展服务部门（IEDS）为中小微企业提供创业培训、技术和管理咨询等服务。印度中小微企业部（MSME）在线投诉监控系统（CPGRAMS）有效地监督、提高了政府部门对中小微企业的服务效率。印度的中小企业共有约 4 250 万家，占全国企业总数 95%，约有 1 亿 600 万员工，占印度劳动力的 40%。

为了以创新创业来推动印度经济持续发展，印度政府在 2016 年提出 Start Up India 的创新创业计划

印度政府采取财政补贴、提供税收优惠政策，发展信用担保以扩大融资渠道，并以设立母基金的形式发展创投，以促进创新创业和中小企业发展。符合要求的中小微企业可以获得印度政府提供的 National Small Industries Corporation（NSIC）原材料援助补贴和营销援助补贴，Zero Defect&Zero Effect Scheme（ZED）项目帮助中小微企业提高产品质量、生产工艺等，成为政府供应商以扩大市场。此外不同类型的孵化器也有不同比例的补贴。印度 2017 年财政预算提出了针对中小企业的税收优惠政策，如将公司税率从原来的 30% 下调到 25%，减免资本利得税等。为扩大融资渠道，在印度政府支持下中小微企业信用担保基金（CGT-MSE）规模扩大到初始规模的三倍到 750 亿卢比（约 11.7 亿美元），非银行金融公司（NBFCs）也被纳到该基金计划中。此外，印度政府推出了旨在缓解印度中小企业融资压力的”Framework for Revival and Rehabilitation of MSMEs”。印度政府联合国家信用担保信托公司 National Credit Guarantee Trust Company（NCGTC）和印度小产业发展银行 Small Industries Development Bank of India（SIDBI）设立了初始本金 250 亿卢比（约 3.9 亿美元）的创投母基金以推动创投的发展。

在对创业者提供服务方面，印度政府利用电子平台以提高服务效率和质量，2016年印度中小微企业部（MSME）要求印度中小微企业在线完成注册信息，以帮助政府监督各项促进中小微企业发展计划、方案等的执行情况。印度政府的技术中心系统项目（TCSP）通过成立新型技术中心等为创业提供技术支持，该项目得到世界银行的贷款，体现了其创新的国际化趋势。印度政府对重点通过加大政府采购和帮助初创企业、中小企业拓展海外市场来支持初创企业和中小企业发展。印度政府颁布政府采购令规定政府和公共部门从中小微企业的采购配额，并启动 National Scheduled Caste/ Scheduled Tribe Hub 计划帮助中小微企业获得政府和公共部门采购订单。Marketing Assistance Scheme 通过举办海内外展会并提供补贴的形式为微型、中小型企业提供营销支持。印度政府通过设立新型研究院、覆盖面广泛的孵化器来建设创新创业基础设施和环境，孵化器的国际化作为新创企业和中小企业链接全球知识网络的重要渠道在印度也开始得到重视。印度政府的 ASPIR 计划在印度成立 100 个孵化器，并在 2016—2017 财年启动了印度科技部国家创新发展与治理计划（NIDHI）建设新型研究院。2017 年 9 月，首家中印互联网孵化器“竺道实验室”在印度首都新德里成立。

印度政府通过直接补贴的形式促进本国创业培训的发展，并和企业尤其是跨国企业合作提供创业培训项目。如，Assistance to Training Institutions（ATI）计划（2016 年），与三星（Samsung Electronics）合作为印度青年提供维修技术培训。并设立专门的创业教育培训机构，如国家创业和小企业发展研究所（NIESBUD）、印度创业研究所（IIE）。以印度创业发展学院（Entrepreneurship Development Institute of India，EDII）和印度理工学院为代表的印度高校，不仅自身提供创业教育课程和项目，也和政府部门、企业合作向青年人、大学生和女性等特定人群提供创业培训。印度高校设立不同类型的孵化器，如印度理工学院的技术孵化器（Technology Business Incubator），举办创新创业活动等对于促进高校创新创业、培养创业精神、建立创业文化起到积极的作用。

政府服务

印度关于中小微企业的立法有《印度中小微企业发展法》（The Micro，Small and Medium Enterprises Development（MSMED）Act，2006）。Start Up India 是印度政府在 2016 年提出的创新创业计划，旨在通过促进创新创业来帮助印度经济持续发展。该行动计划关注三个方面：简化与可操作，例如降低行政负担，简化流程等；资金支持和激励，例如提供母基金，创业信用贷款等；学界业界合作与孵化，例如组织创业展示会、设立孵化网络等。

根据《印度中小微企业发展法》（2006 年），印度中小微企业部（Ministry of Micro，Small and Medium Enterprises，MSME）成立，由 Ministry of Small Scale Industry（SSI）和 Ministry of Agro & Rural Industries（ARI）合并而成。

发展专员办公室（the Office of Development Commissioner）作为中小微企业部（MSME）下设部门，为中小微企业提供创业培训、技术和管理咨询、出口援助、信用贷款等服务，以及帮助中央和地方政府制定适合中小微企业发展的政策等。印度中小微企业部（MSME）2016 年底成立印度企业发展服务部门 Indian Enterprise Development Service（IEDS），该部门有 600 余工作人员。

中小微企业部（MSME）通过中小微企业在线投诉监控系统 Centralized Public Grievance Redress and Monitoring System（CPGRAMS）为中小微企业提供有效服务。截至 2018 年 3 月，该系统已经受理 8 400 宗投诉 / 建议，其中 8 345 份已解决或采纳。此外，印度各省（State）成立了一个或者数个 Micro and Small Enterprises Facilitation Councils（MSEFCs）主要解决政府对中小微企业延迟付款争议。截至目前，印度全国已有 49 个 MSEFC 机构。2016 年 9 月，长期没有更新过的 MSEFC 规则被修订后发行。

财税和金融支持

印度政府通过 National Small Industries Corporation（NSIC）向中小微企业提供原材料援助补贴和营销援助补贴。为了帮助中小微企业提高产品质量、生产工艺等，成为政府供应商以扩大市场，印度政府还推出 Zero Defect&Zero Effect Scheme（ZED）项目。此外，还对孵化器提供不同比例的补贴。

National Small Industries Corporation（NSIC）原材料援助补贴计划，为中小企业购买原材料提供资金支持，帮助中小企业更专注于提高产品质量。采购原材料的资金援助最长达到 90 天，该计划还帮助中小企业批量购买、获得现金折扣，负责进口材料的所有程序以及所有文件、信用证的签发。

National Small Industries Corporation（NSIC）营销援助补贴计划，评估市场动态，获取、分析潜在客户的信息，帮助中小企业寻找合作生产者、合资伙伴、进出口客户的机会，提供技术转让的平台。

Zero Defect&Zero Effect Scheme（ZED）项目，旨在帮助中小微企业提供产品质量、生产工艺等，以扩大市场，成为政府供应商，拥有更多的知识产权，开发新产品和新流程等。通过了 ZED 评估的企业，能够大幅度减少生产浪费、提高生产力、扩大 IOP（Institute of Physics）市场，成为 CPSUs（Central Public Sector Undertaking）的供应商。政府会对中小微企业的认证费分别给予 80%、60%、50% 的补贴；通过咨询顾问 QCI/NPC 提高评级的企业，政府还将对咨询产生的费用进行微型企业 80%、小型企业 60%、中型企业 50% 的补贴，对于 SC/ST（Scheduled Castes and Scheduled Tribes，注：印度政府另一项计划，见下文）企业家，政府还会提供额外的补贴。

2014 年至 2016 年期间，为了推广创业文化、鼓励创新创业，印度政府设立了 80 多个 Livelihood Business Incubators，对企业的工厂、机械成本给予 100% 与 100 万卢比（约 1.56 万美元）孰少的补贴，对于在 PPP 模式下与 National Small Industries Corporation（NSIC）建立的企业孵化器，将会对工厂、机械成本给予 50% 与 50 万卢比（约 7 800 美元）孰少的补贴。

印度 2017 年财政预算中，提出针对中小企业的税收优惠政策。2015—2016 财年营业额 5 亿卢比（约 780 万美元）内的国内中小企业的公司税率下调 5 个百分点，从原来的 30% 下调为 25%。在印度中小企业交易所上市的公司，能够享受长期资本利得税减免 100% 和短期资本利得税减免 85% 的优惠。结转 MAT（最低替代税 minimum alternate tax）的时限从 10 年提高到 15 年，帮助企业进一步减少未来的纳税义务。营业额低于 2 000 万卢比（约 31 万美元）的中小企业，推定税（presumptive tax）予以减免 2% 的待遇。这也是对印度 Startup India 中相关计划的落实。

在印度政府的支持下，截至 2016 年底，中小微企业信用担保基金 Credit Guarantee Trust Fund for Micro and Small Enterprises（CGT-MSE）规模从 250 亿卢比（约 3.9 亿美元）增加到 750 亿卢比（约 11.7 亿美元）。同时，为了扩大中小微企业的融资渠道，非银行金融公司 Non-Banking Finance companies（NBFCs）也纳到该基金计划中。2014—2018 年，CGT-MSE 共支持贷款 516.5 亿卢比（约 8 亿美元），2017—2018 年全年为 300.2 亿卢比（约 4.68 亿美元），创 CGT-MSE 成立以来单年最高纪录。该基金是印度政府为了确保信贷资金流中小微企业而设立的，贷款机构的免抵押贷款计划覆盖年营业额 2 000 万卢比（约 31 万美元）以内的小微企业。

印度中小微企业部（Ministry of MSME）2015 年 5 月颁布《中小微企业复兴框架法案》（Framework for Revival and Rehabilitation of MSMEs），该法案就初期压力识别（Identification of incipient stress）、中小微企业委员会（Committees for Stressed Micro，Small and Medium Enterprises）等方面提出银行具体操作

措施，旨在进一步缓解印度中小企业融资压力，促进微小中型企业的推广和发展。

根据 Start Up India 中关于发展创投的措施，印度政府通过国家信用担保信托公司 National Credit Guarantee Trust Company（NCGTC）和印度小产业发展银行 Small Industries Development Bank of India（SIDBI），设立初始本金 250 亿卢比（约 3.9 亿美元）的创投母基金，在未来四年每年提供 50 亿卢比（约 7 800 万美元）以推动印度的创新创业。该母基金由业界、学界和初创公司代表构成的董事会管理，人寿保险公司（Life insurance corporation）也是母基金共同投资人，母基金最多投资 VC 份额的 50%。

创业者服务

信息服务

印度中小微企业部（Ministry of MSME）于 2016 年 7 月制定并颁布《中小微企业发展（信息完善）条例》（the MSME Development（Furnishing of Information）Rules，2016），要求印度中小微企业在线完善企业信息。该举措可以帮助印度政府监督各项促进中小微企业发展计划、方案等的执行情况，并且便利中小微企业实时更新企业信息，以便及时获得政府采购订单。截至目前，该系统已经有 13.2 万个注册用户。印度中小企业部 Ministry of MSME 还推出 MyMSME 在线服务和移动手机端服务，中小微企业和创业者可以随时查询、跟踪印度政府各项促进中小微企业发展计划的内容、进展等。

技术服务

印度中小微企业部实施 Technology Centre Systems Program（TCSP），将在印度全国范围内成立 15 个新型技术中心 Technology Centres（TCs），同时将位于布巴内斯瓦尔、孟买、奥兰加巴德（Bhubaneswar，Mumbai，Aurangabad）等地的技术中心 Technology Centres（TCs）进行升级，该项目成本预算约为 220 亿卢比（约 3 433 万美元），包括世界银行 2 亿美元的贷款援助项目，给创业和中小微企业服务提供技术支持。

市场支持

印度政府颁布的政府采购令《Central Government Public Procurement Policy for Micro and Small Enterprises Order 2012》，规定政府和公共部门从中小微企业的采购配额为 20%。2016 年 10 月启动 National Scheduled Caste/

Scheduled Tribe Hub 计划，由 National Small Industries Corporation（NSIC）运营管理，截至 2018 年第一季度，该计划实施了 98 项供应商发展项目以支持中小微企业成为政府公共部门供应商。同时，为了解决对中小企业付款延迟的问题，印度中小企业部于 2017 年开通“MSME SAMADHAAN”网站门户，以支持中小微企业、中央政府和省政府等共同监控对中小企业支付情况。

Marketing Assistance Scheme，是通过 National Small Industries Corporation（NSIC）为微型、中小型企业提供营销支持。具体措施有在国内外组织国际技术展览会，支持中小企业参加国际国内展览和贸易展览会，每年 11 月在印度国际贸易博览会（IITF）期间组织“Techmart”展览，以及以共同赞助的形式支持其他组织 / 行业协会 / 机构开办展览。该计划所包含的“商务洽谈会”则将大宗买家 / 政府部门（如铁路、国防、通信部门和大型公司）与微、中小型企业集中在一个平台上。该计划还开展 Intensive Campaigns 和营销推广活动。针对上述活动，National Small Industries Corporation（NSIC）对中小微企业提供不同比例的补贴。2014—2018 年，该计划累计支付 5.3 亿卢比（约 830 万美元）补贴，支持 22 337 家中小微企业参加了 848 场国际国内展销会和商务洽谈会。

创业孵化

印度中小微企业部在 2015 年 3 月开始实施促进创新、乡村工业和创业计划（A Scheme for Promoting Innovation，Rural Industry & Entrepreneurship，ASPIR），计划成立 100 个邻里创业孵化器（Livelihood Business Incubators（LBIs））和 20 个技术创业孵化器（Technology Business Incubators（TBIs）。截止到 2018 年 3 月，已经建成 62 个 LBIs，其中 33 个开始孵化。在已经完成孵化的 17 000 企业中，30% 已经成立自己的企业或者开始正式运营。此外，还建成 8 个 TBIs，收到 55 条可行方案。

印度科技部国家创新发展与治理计划（NIDHI）在 2016—2017 财年启动，在此计划下投入 9 亿卢比（约 1 400 万美元）在印度理工学院（甘地纳格尔）建设了研究园，与英特尔和印度理工学院（孟买）共同启动联合孵化计划，支持硬件与系统领域创业。财年内，印度科技部还启动了残疾人和老年人技术支持计划。

2017 年 9 月，首家中印互联网孵化器“竺道实验室”在印度首都新德里成立。“竺道实验室”将基于中国高速发展中的互联网经验来研究相似度极高的印度市场，同时孵化和加速印度优质创业项目，探寻印度下一个独角兽企业。

艾哈迈达巴德印度管理学院印度国家创业网络（National Entrepreneurship Network，NEN）的发起单位之一。学院同印度政府部门共同建立了创新、孵化和创业中心（Centre for Innovation，Incubation& Entrepreneurship，CIIE），主要支持技术创新类型的创业。从 2007 年至今，已经培训了 500 多家创业企业，其中 100 多家企业获得了种子基金的投资。CIIE 平台上有多个给创业者提供不同类型支持的项目，Innocity 是一个根据创业者的需求基于多方面支持的项目，包括来自成功创业者的辅导、与投资人的对接等；HTSAS（How to start a startup）是成功创业者的系列演讲项目，覆盖创业的各个方面；World Agri-Tech Innovation 则注重搭建农业科技领域的全球网络，为创业者寻找客户资源和合作伙伴。CIIE 还与相关方合作成立了多个投资基金，比如 BHARAT Innovation Fund，投资一些有创新型技术的早期创业企业。

交流平台

2017 年 1 月，在印度中小企业部召集和组织下，29 名来自 17 个 Indian Ocean Rim Association（IORA）成员国的代表在新德里就各成员国中小企业领域的合作达成谅解备忘录。2016—2017 财年，印度科技部举办了印英技术峰会（India-UK Tech Summit），启动了联合研究项目印英清洁能源研发中心（India-UK Clean Energy R&D Centre）和 Anti-Microbial Resistance initiative。

创业教育

印度政府通过直接补贴的形式促进本国创业培训的发展，并和企业尤其是跨国企业合作提供创业培训项目，设立专门的创业教育培训机构，如国家创业和小企业发展研究所（National Institute for Entrepreneurship and Small Business Development，NIESBUD）、印度创业研究所（Indian Institute of Entrepreneurship，IIE）。

印度中小微企业部设立 Assistance to Training Institutions（ATI）计划（2016 年），给在中小微企业部等官方组织备案的培训组织发放补贴，促使其给创业者提供创业技能的培训项目，符合要求的培训组织可以得到最高 2 500 万卢比（约 39 万美元）的补贴。2014—2018 年，共有 7 404 个创业开发项目（Entrepreneurship Development Programmes（EDP））/ 创业技能开发项目（Entrepreneurship Skill Development Programmes（ESDP））的 207 235 个参加者获得了 17.4 亿卢比（约 2 724 万美元）的补贴。

印度中小企业部同三星（Samsung Electronics）签署备忘录，共同成立 10 所三星技术学校，为印度青年提供维修技术培训。截至 2018 年 3 月，共 2 175 接受培训，其中 1 538 人已经被雇佣。印度政府计划将来在 Jamshedpur 和 Bengaluru 再成立两所技术学校。2017 年，印度中小企业部还和 SAP India 签署备忘录，在 5 个技术中心 Technology Centres（TCs）实施 SAP B1 计划：就业培训计划。合作实施类似培训计划的公司还包括 ASEA Brown Boveri（ABB），Schneider Electric India 等知名跨国企业。

国家创业和小企业发展研究所（NIESBUD），下属印度中小微企业部（MSME），从事创业相关的培训、咨询、研究和出版工作。提供包括培训师培训项目（Trainers' Training Programs，TTPs）、管理发展项目（Management Development Programs，MDPs）、面向部门主管和高级行政人员的培训项目（Orientation Programs for Head of Departments and Senior Executives，HODS）、创业一兼技能发展项目（Entrepreneurship-cum-Skill Development Programs，ESDPs）在内的，以及专门为不同目标群体设计的培训活动。并且，还开发了关于创业发展的英语和印度语数字化学习模块（E-Module），以及网络安全、通信技能、Java 开发、数学建模、Web 设计和云计算等方面的 8 个数字化学习模块（E-Module），设有为来自不同国家的学员而举办的、为期 8 周的培训项目。

印度创业研究所（IIE），下属技能发展和创业部（Ministry of Skill Development & Entrepreneurship），主要向中小微企业提供培训、研究和咨询服务，侧重于企业家精神发展。定期召开区域和国家两级创业相关研讨会和讲习班，包括分享交流创业经验，围绕一些议题开展讨论，如世贸组织及其对中小企业部门的影响，促进妇女创业等，也包含特定行业如手工造纸、食品加工业创业的认识。此外，还组织企业家们聚会，了解企业家启动项目和管理项目时遇到的问题。另外，还有关于创业教育的互动会议，主要讨论创业要素在学术课程中的必要性和重要性。

以印度创业发展学院（Entrepreneurship Development Institute of India，EDII）和印度理工学院为代表的印度高校，不仅自身提供创业教育课程和项目，也和政府部门、企业合作向青年人、大学生和女性等特定人群提供创业培训。印度高校设立不同类型的孵化器、举办创业大赛等对于创新创业、培养创业精神、建立创业文化起到积极的作用。

印度政府农村创业项目（从 2016 年 1 月到 2020 年 3 月），帮助农村地区的青年创办可持续发展的自我雇佣型的企业，同时也帮助农村创业者搭建与银行及金融机构的对接网络。印度创业发展学院（EDII）被选为该项目的国家资源组织（National

Resource Organization，NRO）成员，目前已经在 11 个邦启动了这个项目。EDII 还和埃森哲合作，为偏远地区的青年提供创业辅导，帮助他们建立小微企业，目标是在印度的 5 个邦，通过 75 个项目培养 3 000 人。

2018 年印度科技部和印度创业发展学院（EDII）合作，在印度有发展潜力的 40 个地区给 7 000 个年轻人提供创业培训。

国家科技创业发展委员会（the National Science and Technology Entrepreneurship Development Board，NSTEDB）、科技部发起了一些创业教育项目，印度创业发展学院（EDII）负责相关的实施和落实工作。其中一个项目是创业意识培训营（Entrepreneurship Awareness Camp，EAC），面向工程技术类的大学毕业生或者大学最后一年的学生，培养他们的创业意识，把创业作为就业的一种选择。项目为期 3 天，由各个邦（State）的分支机构或者合作机构提供师资。创业发展项目（Youth Summer Camp on Entrepreneurship）也是面向科技类专业的毕业生的项目，提供较为详细的创业培训，为期 6~8 周。

Trade Related Entrepreneurship Assistance and Development（TREAD）提出通过非政府组织（NGO）为女性创业者提供帮助。印度创业发展学院（EDII）也有一个面向女性科学家或者技术专家的创业培训项目，主要是让女科学家能够对创业更加敏感，进而付诸创业实践行动。

印度理工学院的创新创业平台 SINE（Society for Innovation and Entrepreneurship），提供针对不同类型创业企业的项目，如 Plugin Program 项目，是由科技部、Intel 公司以及 SINE 合作的专门支持硬件设计开发企业的项目，为期一年，主要目标是帮助硬件创业企业完成产品开发并把产品商业化，给企业提供国际化的资源对接机会。主要关注的领域包括人工智能、机器学习、区块链、物联网等。NIDHI-EIR Program 也是由科技部支持的项目，鼓励有创新想法、有技术基础的年轻人创业，对于入选的创业者，这个项目每月提供 1 万至 3 万卢比的支持（约 156 美元 ~468 美元），为期 12 个月，并且会有成功的创业者给予商业模式、战略等方面的指导。另外，该学院还有一个专门的技术孵化器（Technology Business Incubator），为学校多个工程学科的学生和教职工的创业项目提供支持，包括航天工程、化学工程、计算机、电子工程、机械工程等。学生创业组织 Entrepreneurship Cell（E-Cell），举办各种丰富的活动如年度国际创业大赛 Eureka，商业创意大赛 Ideaz，创业论坛，成立学校的创业俱乐部 InCorpora，组建全球创业网络 GEN（Global Entrepreneurship Network）等，这些活动对于培养学生的创业精神、建立创业文化起到积极的作用。

印度尼西亚

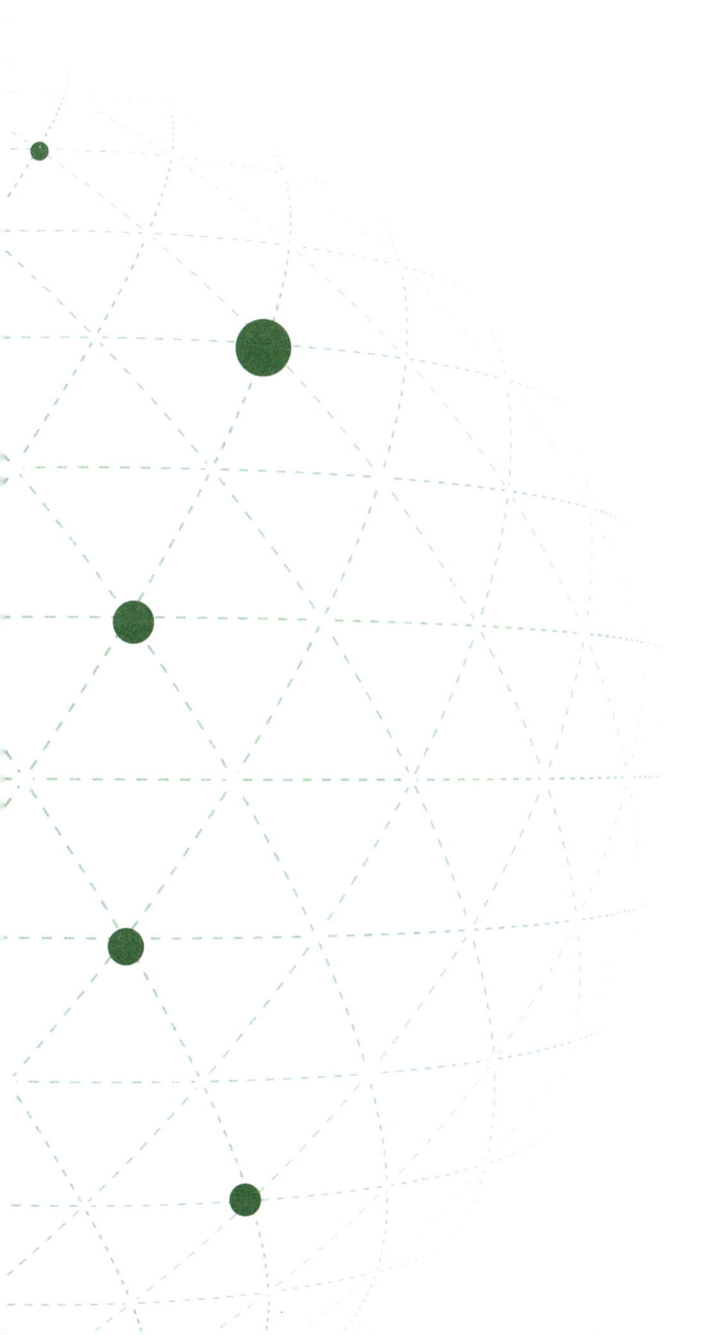

概要

印度尼西亚[①]《公司法》和《中小企业法》是印度尼西亚政府支持印度尼西亚创业和中小企业发展的基本法。

印度尼西亚政府重视中小企业对经济的拉动作用，在经济刺激计划中安排了扶持中小企业发展的措施，自 2016 年以来，印度尼西亚通过降低法定资本额、改善营商环境等措施支持创业和中小企业发展。在这之前，印度尼西亚政府曾发起全国创业运动、颁布小额信贷机构法和国家融资战略来促进中小企业和创业的发展，并致力于简化注册流程和经营许可的工作。印度尼西亚中小企业合作部（Ministry of Cooperatives and SMEs）主要负责印度尼西亚中小微企业的事务。

在财税服务方面，印度尼西亚政府采取了一系列措施以减轻中小企业负担，扶持创业和中小企业的发展。2018 年年初，下调中小企业所得税优惠税率、对外商投资项目实行税务减免；2017 年，对中小企业原材料进口免征关税；2016 年，减少中小企业所缴纳税种。为鼓励创业投资公司支持新兴中小微企业，印度尼西亚政府还在 2018 年初推出针对创投的所得税优惠政策。

印度尼西亚通过主要服务于中小企业的商业银行为中小微企业提供融资支持，印度尼西亚人民银行（Bank Rakyat Indonesia，BRI）和 PT Bank Danamon Indonesia Tbk（BDI）在其中扮演了重要角色。PT. Askrindo（Persero）主要为银行向中小微企业的贷款提供担保，以扩大中小微企业融资。近年来印度尼西亚的创业投资也取得发展较快。

印度尼西亚数字经济增长潜力可观，对此，印度尼西亚政府实施印度尼西亚宽带计划，优先进行网络基础设施建设，并鼓励本国在数字经济领域的创业和发展中小微企业。正在实施的 Palapa Ring 项目将给印度尼西亚提供更快的宽带服务，印度尼西亚人民银行（BRI）的 Indonesia Mall 的网站、Tokopedia 平台等互联网平台也有利于中小微企业使用互联网拓展市场。在印度尼西亚，有各类孵化器为创业者提供创业孵化服务，主要活跃在数字初创企业、数字金融企业和数字媒体领域。另外，印度尼西亚政府部门还倡议建设企业家社区、通过举办活动为创业者提供信息、技术、资

① 2017 年印度尼西亚共有 5 926 万家中小企业，占全部企业数量的 99.9%。

源的交流平台。

在印度尼西亚，国际组织和跨国公司积极促进当地的创业教育和培训，设立了不同的项目，向青年、女性等特殊人群和高成长企业提供创业培训有，2016 年国际劳工组织（ILO）的绿色创业项目（Indonesia Green Entrepreneurship Program），Google 发起的女性创业培训项目“她愿”（Womenwill），总部在美国的非营利组织在印度尼西亚的活动。另外，印度尼西亚有越来越多的高校开展创业教育，同时也开始了针对中学教师提供创业教育的项目。

政府服务

印度尼西亚《公司法》（2007 年）、《中小企业法》（2008 年）（SME law 20/2008）确定了印度尼西亚中小企业的定义、法律地位，以及印度尼西亚各级政府对中小企业的基本政策和管理措施，是印度尼西亚政府支持印度尼西亚中小企业发展的基本法。

近年来，印度尼西亚政府在经济刺激计划中安排了扶持创业和中小企业发展的措施，通过降低法定资本额、改善营商环境、提高新创企业和中小企业融资的机会、简化注册流程和经营许可等措施来促进创业和中小企业发展。

印度尼西亚政府在 2016 年颁布新规，把成立有限公司的法定资本降低至 20 万卢比（约 15 美元），此前的最低资本要求是 3 800 美元，以降低创业成本。根据新规，在成立有限公司当事人可以提供证明拥有相同金额的净资产，可以豁免 3 800 美元的最低资本要求，但资产证明必须在签署注册成立公司后 60 天内提交法律及人权部（MOLHR）。

2017 年的第 16 期经济刺激计划[①]，主要目标是改善和加快各项投资许可证办理，从而改善企业创业环境，实现企业和创业的行政许可便利。该经济刺激计划推行新的服务制度，即利用高科技技术处理综合许可证申请和服务，许可证申请手续通过网上提交，改善和加快各类投资许可证办理效率。为提升印度尼西亚在经商便利条件（EODB）[②] 方面的排名，印度尼西亚政府废除了对企业贸易商业许可（SIUP）延期的要求，企业不再被要求就其贸易商业许可进行延期。

印度尼西亚政府在 2018 年初对外宣布，将尽力改善营商便利条件，并在这几年内逐

① 2015 年，印度尼西亚政府出台第 4 期经济刺激计划，增加了对中小企业的小额贷款支持等措施，第 4 期经济刺激计划的主要目标是就业最大化，通过激发企业活力和扩大投资促进就业。

② 根据世界银行营商便利指数（EODB），印度尼西亚 2018 年排名为 72，2017 年排名为 91。

渐改善经商规定，印度尼西亚经济统筹部将优先改善包括创业、纳税和跨境贸易事宜等在内的营商便利条件。2018 年 4 月，《州长条例》（Gubernatorial Regulation No. 30/2018）允许初次创业的企业家将他们的住所作为办公的场地。同月，“中小企业电商计划”（Ayo UMKM Jualan Online）（Let SMEs Sell Online）启动，政府机构以及交易市场登录网上平台，帮助新创企业和中小企业能够在线运营、增加盈利。该计划目标是在 2020 年以前在线运营的中小企业达到 800 万家。

全国创业运动（National Entrepreneurship Movement，GKN）由印度尼西亚中小企业与合作部（Ministry of Cooperatives and SMEs）于 2011 年发起，印度尼西亚政府提供创业培训、合作与环境发展项目（Environmental Development Program，PKBL），企业社会责任融资（Corporate Social Responsibility Financing），小企业贷款支持等。印度尼西亚政府在 2012 年颁布小额信贷机构法（MFI Law 1/2013）和国家融资战略，协调各政府机构提高中小企业融资的机会。

印度尼西亚政府从 2010 年开始进行简化注册流程和经营许可的工作，并在全国推广一站式企业注册制度（One-Stop-Shops），让创业者更容易得到注册所需的信息。2014 年，印度尼西亚颁布了总统第 98 号条例（President Regulation No. 98），小微企业可以通过一页纸的申请，通过更加简化的流程和更低的费用，来注册新的法律实体。

印度尼西亚中小企业合作部（Ministry of Cooperatives and SMEs）负责印度尼西亚中小微企业的事务，在 24 个省设有 49 个服务中心，有 293 位专家为中小企业提供咨询、指导等服务。印度尼西亚投资统筹局（BKPM）是所有商业牌照和许可证的一站式办理中心，法律及人权部（MOLHR）、贸易部（The Ministry of Trade）为创业和中小企业提供名称核批、永久商业经营牌照及公司注册证书核批等服务。

财税和金融支持

印度尼西亚政府通过降低企业所得税、减少应缴纳税种、免征相关关税来支持本国创业和中小企业发展，并对创业投资实施免征所得税的优惠激励措施。

印度尼西亚政府在 2018 年初将中小企业企业所得税优惠税率从 1% 下调至 0.5%，并规定年营业额不超过 48 亿卢比（约 35 万美元）的中小企业可享受该优惠税率。2016 年初，印度尼西亚政府颁布的第 12 号经济政策法案（12th Economic Policy Package）减少了中小企业所要缴纳的税种，从原先需要缴纳的 54 项税收减少为 10 项，并且全部能够在线缴纳。

同时，印度尼西亚政府还宣布在印度尼西亚新设立的外商直接投资项目，若投资额在 1 000 亿卢比（约 740 万美元）至 5 000 亿卢比（约 3 700 万美元）之间，将可获减免企业所得税 50%，为期 5 年。在这之前，印度尼西亚已实施法例，为投资额在 5 000 亿卢比（约 3 700 万美元）或以上的外商直接投资项目提供 100% 企业所得税豁免优惠。

在 2017 年初，印度尼西亚政府宣布对出口型中小企业进口的原材料和其他物料豁免关税。根据新通过的《出口货物豁免进口物料关税令》，符合资格的公司必须至少有 75% 的产品出口。此举将可使该类企业的生产成本减低 25%，最终促进出口。符合资格的中小企业也可向印度尼西亚的出口融资机构印度尼西亚进出口银行申请低息贷款。

为了鼓励创业和中小型企业持续发展，尤其推动电子商务企业的投资，2018 年初印度尼西亚政府向专为创业企业提供融资的创业投资公司给予免征所得税优惠。印度尼西亚财政部表示，政府不会把创业投资公司持续向创新企业发放贷款作为征收所得收入的对象，这是印度尼西亚政府为促进创业投资发展采取的第一套激励措施，以提高投资创新创业企业的动力，尤其是发展新型网络企业。

印度尼西亚通过主要服务于中小企业的商业银行为创业企业和中小微企业提供融资支持，并提高中小微企业贷款担保额度，扩大创业企业和中小微企业的融资。其中，印度尼西亚人民银行（Bank Rakyat Indonesia，BRI）、PT Bank Danamon Indonesia Tbk（BDI）、PT. Askrindo（Persero）扮演了重要角色。另外，创业投资的发展也为印度尼西亚的创业发展提供了多样化的融资渠道。

印度尼西亚人民银行（Bank Rakyat Indonesia，BRI）重点贷款客户包括微型企业、小型企业和中型企业。截至 2017 年 12 月，印度尼西亚人民银行（Bank Rakyat Indonesia，BRI）2017 年全年发放贷款 739.3 兆卢比（Rp739.3 trillion）（约 546 亿美元），同比增长 11.4%，其中 73.5% 是中小微企业贷款（2016 年为 72.5%），全年实现盈利 29.04 兆卢比（约 15 亿美元），成为印度尼西亚连续 13 年保持盈利的银行，中小微企业是其利润的主要贡献者。印度尼西亚人民银行（Bank Rakyat Indonesia，BRI）成立于 1895 年，1969 年正式开展小额信贷业务，向农村提供政策性金融服务，1985 年重组后将业务定位于小额信贷，2003 年在雅加达公开上市。

PT Bank Danamon Indonesia Tbk（BDI）成立于 1976 年，1998 年亚洲金融危机中被印度尼西亚政府接管，将业务主要定位于中小企业信贷。2017 财年，BDI

的中小企微企业银行业务实现了中小微企业贷款 29.2 兆卢比（Rp29.2 trillion）（约 21.6 亿美元），同比增长 10%。2017 年 BDI 还推出“印尼金融链接”（Danamon Connect），针对企业尤其是新创企业和中小微企业以及金融机构提供便利的综合金融交易服务模式。

PT. Askrindo（Persero）成立于 1971 年，向银行提供中小微企业贷款担保（People’s Enterprise Credit，KUR），以扩大中小微企业融资，促进印度尼西亚中小微企业的发展。此类担保用于中小微企业的流动资金和投资贷款，最高额度可达到 500 万卢比（约 3.7 万美元）。2017 年，印度尼西亚中小企业合作部（Ministry of Cooperatives and SMEs）将中小微企业贷款担保（People’s Enterprise Credit，KUR）额度提高到 110 兆卢比（Rp110 trillion）（约 81.1 亿美元），同比增长 10%，适用的利率为 7%（2016 年 1 月已从 9% 降低为 7%）。

近年来印度尼西亚的创投发展较快。2012 年 VC 投资总额 4 400 万美元，2016 年为 14 亿美元，2017 年前 8 个月达到 30 亿美元。从 2012 年到 2017 年 8 月，58% 的资金流向了电子商务类的创业公司，交通类创业公司为 38%，其他占比 5%。

创业者服务

印度尼西亚人口 2.6 亿，其中约 9 340 万为互联网用户，其数字经济增长空间可观。印度尼西亚政府优先进行网络基础设施建设，并鼓励本国在数字经济领域的创业和发展中小微企业。在印度尼西亚，有各类孵化器为创业者提供创业孵化服务，也主要活跃在数字初创企业、数字金融企业和数字媒体领域。另外，印度尼西亚政府部门还倡议建设企业家社区、通过举办活动为创业者提供信息、技术、资源的交流平台。

技术服务

印度尼西亚政府在 2014 年发起的印度尼西亚宽带计划，预计计划建设的宽带基础设施将为 52%印度尼西亚的人口提供移动互联网接入。计划总预算为 278 万亿卢比（约 205 亿美元），其中 10%来自政府拨款。计划还将广泛改善全国的电子政务网络、数据中心、无源基础设施、无线连接设施等。

印度尼西亚政府 Indonesian Communication and Information Ministry 正在实施的 Palapa Ring 项目，由三个部分组成（西部、中部和东部），是印度尼西亚政府优先基础设施项目之一。该项目包含一个巨大的海底光缆网络，将给印度尼西亚整个群岛提供光纤网络主干，提供更快的宽带服务。

2017 年，印度尼西亚人民银行（Bank Rakyat Indonesia，BRI）建成名为 Indonesia Mall 的网站，鼓励中小微企业使用互联网平台拓展产品市场。Tokopedia 平台，在印度尼西亚共拥有 200 万个用户，通过平台直接将 6 000 万件商品销售给顾客，绕过了中间商并克服了传统商业面临的物流难题。印度尼西亚政府认为这种商业模式的出现有助于创业和中小微企业的发展。

创业孵化

Indigo 孵化器是印尼电信公司（Telkom）的创业孵化器项目，支持数字初创企业的发展。初创企业可以获得 6 个月的孵化支持和服务，如市场准入、商业和技术咨询，以及 2.5 亿卢比（约 1.8 万美元）的启动基金，并有机会获得印尼电信公司（Telkom）20 亿卢比（约 14.7 万美元）的高级融资。印尼电信公司（Telkom）是印度尼西亚最大的电信公司，拥有 1.5 亿家客户群、多国业务，以及 100 多家公司子公司。

曼迪利数字孵化器（Mandiri digital incubator）由印尼曼迪利银行（Mandiri Bank）组建，与 Indigo 孵化器合作为创业者提供一对一的专业指导，在 6 个月的孵化后获得支持资金。该孵化器的目的是打造世界级的金融数字产品，促进印度尼西亚经济发展。

Skystar Ventures 是 2013 年底开始的孵化器项目。这个孵化器支持和数字媒体相关产品和服务的初创公司，包括发行、出版、社交媒体和电子商务。Skystar Ventures 提供从 6 000 万卢比（约 4 400 美元）到 9.6 亿卢比（约 7 万美元）的初始投资。

雅加达创业者学院（Jakarta Founder Institute，JFI）目前有近 40 名导师，每名学员平均都会有 2 名导师指导。参与者每周需要参加研讨会，向导师汇报并接受有关特定主题的培训，并按期完成商业计划。该机构现已募集到 7 000 万美元资金。

交流平台

印度尼西亚企业家社区（Indonesia Entrepreneur Center，IDEC）是印度尼西亚政府的一项倡议，希望通过建立企业家社区创造创业生态系统，让任何人在任何地方都可以访问到创业知识，加速印度尼西亚企业家的成长，并通过创业提高印度尼西亚社会经济的发展。

印度尼西亚人民银行（BRI）实施了一些举措来支持创新创业。如举办 Coworking Festival 2017，在印度尼西亚境内设立 Coworking Space，为创业者和小微企业提供创业培训和创业空间，并搭建中小微企业和创业者提供交流经验、分享潜在商业机会的平台。

PLUS（Platform Usaha Sosial）是一个在线网络，帮助印度尼西亚企业家获得所需资源。帮助他们与可以支持他们成长的导师，专家和资本建立联系，并在网站上提供免费学习材料。PLUS 在印度尼西亚建立了一个开放的企业搜索目录。PLUS 的使命是为印度尼西亚的企业家建立发展社区，为他们提供学习资源，以及通过在线平台培训，提供资金和其他支持的机会。

创业教育

在印度尼西亚，国际组织和跨国公司积极促进当地的创业教育和培训，设立了不同的项目，向青年、女性等特殊人群和高成长企业提供创业培训。另外，印度尼西亚有越来越多的高校开展创业教育，同时也开始了针对中学教师提供创业教育的项目。

青年失业和环境污染是印度尼西亚同时面临的问题。为了促进问题的解决，2016 年国际劳工组织（ILO）在印度尼西亚当地发起了印度尼西亚绿色创业项目（Indonesia Green Entrepreneurship Program），主要目标是在印度尼西亚鼓励和培养环境保护领域的创业者，特别是青年群体。包括男性和女性，城市和农村。主要关注六个具体行业：食品和农业、可再生能源、旅游、垃圾处理、运输、创意产业。整个项目的培训内容，分成几个模块，包括一个通用模块、五个与行业相关的模块、一个教师的模块和 50 个案例研究。

女性创业培训项目“她愿”（Womenwill）是一个由 Google 发起的全球性的帮助女性创业的项目。主要利用 Google 的互联网技术优势，帮助女性更好地在线学习或者通过在线工具提高经济效益。“她愿”（Womenwill）在印度尼西亚的项目为女性创业者提供了线上和线下的培训机会，让这些创业者学习数字营销技能。2017 年，有 8 000 多名印度尼西亚女性参加了“她愿”（Womenwill）在印度尼西亚 6 座城市举办的线下会议，通过会议，女性创业者不但可以学习知识技能，还可以拓展人脉，互相激励。此外，在印度尼西亚 10 座城市的女性创业者可以在线参与“数据门”（Gapura Digital）培训项目，每周学习企业经营的知识，可以在网上论坛里分享观点和经验。

Endeavor 是一家总部在美国的非营利组织（non-profit organization），致力于协助有高成长潜力的创业公司发展。Endeavor 在全球有来自 880 家公司的 1 400 多名创业者（2017 年数据），创造了 60 万个工作岗位。在印度尼西亚，Endeavor 评估了 2 000 多家创业公司，从中挑选了 35 名创业者进行培训。该组织帮助创业者的主要方式，是通过其组织资源帮助创业者拓展全球化的资源网络，提供市场、电子商务、销售、人才管理、融资等方面的辅导，以使企业可以更快速地发展。

印度尼西亚有 2 900 多所高等院校，每年有超过 100 万毕业生。印度尼西亚教育部把高校学生的创业教育列入战略发展计划的内容，并提供一定的资金支持。为促进就业，越来越多的高校开展创业教育及相关活动。

印度尼西亚大学（UI）创业发展研究中心（CEDSUI）为学生提供创业培训项目，项目可分为四类，第一类是点燃创业 IGNITE Business Class，目标是培养创业者的技能，项目结束后有机会接触投资人；第二类是商业计划大赛辅导（Business Case Competition Mentoring），目标是让学生通过准备比赛，学习相关创业技能，会有专人提供辅导，争取赢得比赛；第三类创业者网络（UI Entrepreneur Networking），目标是拓展创业者的人际网络，互相分享知识和经验；第四类是公司访问（Company Visit），参与者有机会访问本地公司或者外资企业，通过与企业近距离的接触学习创业和管理的相关知识。

万隆理工大学商学院开设了创业方向的本科专业，还会给学生提供实践锻炼的机会，主要目标是培养学生识别机会和创办企业的能力，注重创新和实践，为印度尼西亚的经济发展作贡献。为了培养学生的创业精神，学院组织创业专业的学生参观考察企业，比如 2017 年 7 月，学院组织学生到印度尼西亚茂物（ Bogor）地区参观了由校友创办的度假村、手提袋工厂、牛奶加工厂等，学生可以了解创办人创办企业的初衷，以及创办企业和管理企业中的问题和经验，学生把这些内容消化吸收，可以应用到自己创办企业的过程当中。

在印度尼西亚也有针对青少年的创业培训项目，如宏利印尼（Manulife Indonesia）和 Putera Sampoerna Foundation School Development Outreach（PSF SDO）共同发起了青少年创业者发展项目（Development Program for young entrepreneurs），这个项目主要是为中学的老师提供创业教育方面的培训。除了教师给学生开设创业教育课程，宏利印尼的员工也会给学校老师和学生家长普及经济方面的知识。这些举措有利于培养印度尼西亚的创业文化和氛围。

英国

概要

据统计，英国 99.3% 的私营企业是中小微企业（2014 年），约占私营部门营业额的一半。中小企业可以按照营业额、雇员人数和总资产划分。通常，只要符合以下三个标准中两个的企业即为中小微企业：营业额低于 2 500 万英镑，雇员少于 250 人，总资产小于 125 万英镑。

建设完善的法律环境、提高政府服务效率是英国创业和中小企业服务的重要方面。2015 年 7 月，英国政府颁布了《Small Business，Enterprise and Employment（SBEE）Act 2015》，以促进、保障中小企业的发展。这是在新版《2006 年公司法》颁布的基础上的一次新进展。另外，2016 年英国合并成立了商业能源和工业部 Department for Business，Energy & Industrial Strategy（BEIS）。该机构是目前英国中小企业专门管理机构。

英国政府在不断对中小企业实施税务减免和优惠政策。这些政策主要包括：降低税率，提高税收起征点等。2016 年 11 月，英国政府宣布继续实行阶段性减税，计划在 2020 年将中小企业企业所得税税率降低至 17%，2017 年初又将纳税起征点从 6 000 英镑调整为 12 000 英镑。英国政府还通过为中小企业提供贷款担保、激励创业投资等各种途径来帮助中小企业解决融资问题。

英国政府在 2016 年设立“国家生产力投资基金”（NPIF）、“产业战略挑战基金”，优先发展科技创新，加快科研成果转化，鼓励企业创新。英国政府承诺继续加大研发投入，以保持在科技创新方面的优势。为了从强制信息共享和对接融资供需两方面来帮助中小企业从其他信贷服务方获取融资，英国政府在 2016 年底进一步明确了《中小企业（金融平台）管理条例》中指定银行和指定金融平台名单，在引导企业加大研发投入和提升创新能力方面，英国政府进一步提出要完善政府采购制度，发挥政府采购的作用，并在 2017 年初发布《现代产业振兴战略：绿皮书》（Developing a Modern Industrial Strategy）。

在创业孵化方面的进展富有特色。英国约克公爵安德鲁王子在 2014 年设立的“龙门创将”创业孵化公益平台已经在全球范围内举办了创新创业大赛，影响深远。英国知识产权局（Intellectual Property Office）等多个政府部门和商业银行合作推出中小企业成长加速器（Growth Accelerator）计划，向中小企业和新创企业提供业务指导，帮助企业快速平稳发展。

英国政府把主动性和创业引到学校教育体系，并把创业教育纳入大学核心课程体系，现已形成较为完善的创业教育体系和课程特色，大学设有专门的创业教育机构如企业孵化中心（The United Kingdom Business Incubation，UKBI）、创业中心等，开设针对特殊群体的创业课程，如女性创业以及少数民族创业课程等，并支持社会组织开展富有特色的活动来倡导创业文化和教育，面向社会特定人群如退伍军人等提供创业服务支持。

政府服务

建设完善的法律环境、提高政府服务效率是英国创业和中小企业服务的重要举措

2006年英国议会通过《2006年公司法》。这是《1985年公司法》之后的新公司法。之前英国已经出台多部关于中小企业的法律法规，内容涉及防止大企业并吞小企业、保护小企业专利、鼓励促进科研成果向中小企业转让，以及解决小企业间债务等方面。

2015年7月，英国政府颁布《小企业、创业与就业法等2015》（Small Business，Enterprise and Employment（SBEE）Act 2015），从金融支持、监管改革、政府采购、教育等各方面提出计划措施来促进中小企业的发展。金融支持方面主要是采取具体措施改善企融资渠道，如：要求大公司和上市公司报告其付款政策和做法，从而更好地承担起付款责任；要求各银行通过Credit Reference Agencies（CRAs）与其他放款人分享其中小微企业客户的数据，并要求CRAs确保所有贷方都能平等地获得这些数据；加大对英国出口企业的出口融资支持等。监管改革方面的主要内容是要求政府减少繁文缛节，提高服务效率，例如，简化企业注册流程，提高注册数字化水平；提高监管机构行政问责制的效率和透明度；对于新规给企业带来的负担提供透明性报告，确保未来政府将继续注重放松管制和减少监管负担，并向企业保证所有新规将受到定期审查等。政府采购则强调政府应采取措施为小企业消除不必要的障碍，使整个公共部门的采购做法更加精简和有效。另外，法案还提出将向教育系统和培训提供者提供支持，从而最有效地支持学生取得积极的教育和培训成果，包括可持续就业等。

英国政府成立中小企业专门管理机构由来已久。在20世纪70年代，英国贸工部中小企业管理局负责管理和扶持中小企业的发展，目前是由英国商业能源和工业部（Department for Business，Energy & Industrial Strategy，BEIS）负责，其前身便是英国贸工部。英国商业能源和工业部（BEIS）于 2016 年 7 月由 Department for Business，Innovation and Skills（BIS） 和 Department of Energy and Climate Change（DECC）合并而成，有一位部长专门负责包含小企业、消费和公司责任相关事务，下设有小企业委员会 Small Business Commission（SBC），其办公机构遍及全国，主要负责解决私营部门逾期付款和不良付款，由委员会指定并委派小企业专员具体执行工作。

财税和金融支持

20 世纪 80 年代，英国政府免掉了中小企业的投资收入附加税和国民保险附加税。在此之后，英国政府持续对中小企业实施税务减免和优惠政策，主要措施包括：降低税率，提高税收起征点等。2016 年 11 月，英国政府宣布继续实行阶段性减税，计划在 2020 年将中小企业企业所得税税率降低至 17%。2017 年初，英国政府推出总额 89 亿英镑、为期 5 年的减税计划。该计划重点支持中小企业，永久性加倍减免中小企业所得税，纳税起征点调整为 12 000 英镑，从 2017 年 4 月开始执行。这是自 2016 年将纳税起征点调整为 6 000 英镑后的进一步上调。该计划将使英国 60 万家中小企业享受免税待遇。

英国政府通过为中小企业提供贷款担保、激励创业投资等各种途径来帮助中小企业解决融资问题

2016 年 11 月，英国政府在 2017 年政府预算中将中小企业贷款担保计划 Enterprise Finance Guarantee（EFG）Scheme 延期 4 年，预计可支持中小企业贷款 20 亿英镑。中小企业贷款担保计划（Enterprise Finance Guarantee（EFG）Scheme）的前身是 Small Firms Loan Guarantees（SFLG）Scheme，创立于 1981 年，2009 年被 EFG 取代。在 EFG 下，超过 40 家金融机构向其中小企业客户发放贷款。2009 年以来，共向 28 000 家中小企业提供融资支持 30 亿英镑。

英国创业投资激励政策比较完善。有针对个人投资者直接投资非上市公司的激励政策，企业投资计划（The Enterprise Investment Scheme（EIS））和种子企业投资计划（The Seed Enterprise Investment Scheme（SEIS））；以及侧重鼓励个人投资者通过创业投资信托间接投资小型非上市公司的激励政策，创业投资信托（Venture capital trust（VCT））。

企业投资计划（EIS）主要涉及个人所得税和资本利得税税收优惠政策。其中，个人所得税减免政策适用 30% 的所得税扣除率，投资上限为每年 100 万英镑，所得税扣除上限为每年 30 万英镑。如果投资者在处置股票时出现亏损，该亏损额可用于抵减处置年度或之前任意年度的收入，从而减少个人所得税应纳税所得额。资本利得税包含抵免和递延纳税两项优惠。如果投资者没有取得个人所得税减免，并在 3 年后处置该股权投资，将豁免资本利得税。资本利得递延纳税政策适用的递延金额并无限制，且该政策适用于被投资企业有关联或无关联的自然人投资者以及受托人。

种子企业投资计划（SEIS），涉及个人所得税、资本利得税和再投资的税收优惠。对持有至少 3 年的股票，符合条件的个人投资者认购的股票可享有认购金额 50% 的税收减免，可享有税收优惠的股票认购额上限为每年 10 万英镑。

创业投资信托（VCT）涉及企业所得税、个人所得税和资本利得税税收优惠。创业投资信托从投资者获得的收益可免交企业所得税。个人投资者在认购新股时可享有个人所得税优惠，股息、红利所得税减免，资本利得税减免，资本利得税递延优惠。

为了鼓励和支持年轻人创业，2012 年，英国政府推出创业贷款（Start Up Loan）计划，成立创业贷款公司（Start Up Loans Company），最初面向 18~24 岁人群，为其可行性商业计划提供 5 000 英镑以内贷款，目前该额度已经提高到 25 000 英镑，除提供贷款之外，Start Up Loans Company 还提供咨询、创业导师等创业指导服务。截至 2016 年 8 月，Start Up Loans Company 贷款总额达到 2.5 亿英镑，创造了 4.5 万个就业岗位。

创业服务

技术服务

英国政府重视技术创新对于创业和中小企业的促进作用。在 2016 年底英国政府承诺到 2020 年，每年将增加 20 亿英镑的研发投入，同时提出在未来 5 年设立“国家生产力投资基金”（NPIF），总额达 230 亿英镑，优先发展科技创新和基础设施建设。另外，国家生产力投资基金将在 2020—2021 年前额外提供总计 47 亿英镑的研发经费，以保持“脱欧”后英国在研发和创新方面的优势。英国政府还将成立“产业战略挑战基金”，加快科研成果转化，通过税收优惠等手段鼓励企业创新。

随着互联网的发展普及，网络知识和技能对于创业和中小企业发展愈发重要。2013 年，英国政府推出总额 1 亿英镑的宽带连接计划（Broadband Connection Vouchers scheme），为小企业提供 3 000 英镑的宽带安装补贴。Go ON UK 运营的 SME Digital Capability Program，则帮助小企业获得互联网方面的技能。

信息服务

在英国中小企业信贷市场上，中小企业的融资需求以及信贷记录、结算账户等有利于信用风险评估的信息仅在传统金融机构间封闭共享，那些非传统金融机构的新型金融机构由于缺乏对这类信息的获取，而无法有效弥补中小企业的融资需求缺口。

2015 年，英国政府发布《中小企业（信用信息）管理条例》，规定在中小企业同意后，指定银行必须向指定征信机构（Experian，Equifax，Creditsafe）报送企业基本信息以及贷款、结算账户等信息，该强制信息共享措施可帮助新型金融机构获取中小企业客户信息、提供融资支持。

2015 年，英国政府还发布了《中小企业（金融平台）管理条例》，并在 2016 年 11 月明确该条例中指定银行（Designated Banks）和指定金融平台（Designated Finance Platforms）名单，要求即日起九大银行[①]集团要将其拒绝放贷的中小企业的信息推送给三大融资平台[②]，推送的信息包括企业信息和融资信息等，从对接融资供需双方来帮助中小企业从其他信贷服务方获取融资。

市场支持

英国政府通过政府采购有限照顾中小企业，建设单一政府采购门户（asingle procurement market-place）Contracts Finder，提高公共招标部门工作效率等措施来加大政府采购对中小企业的支持。

2017 年 1 月，英国发布《现代产业振兴战略：绿皮书》（Developing a Modern Industrial Strategy），提出完善政府采购制度，发挥政府采购引导企业加大研发投入和提升创新能力的作用。2015 年初英国政府颁布修订后政府采购条例《the Public Contracts Regulations 2015》（PCRs 2015），修订后条例要求政府招标方在 Contracts Finder 门户网站上披露详细招标信息。随后英国政府重新推出 Contracts Finder 门户网站，该网站是公共部门招标的唯一门户，它允许供应商基于行业、地理位置和价格等要素来查询招标项目，以及招标合同细节，并且不需要任何费用。与此同时，英国政府还颁布新版 Pre-Qualification Questionnaires（PQQs），简化公共采购部门的招标工作，提高工作效率，如采用供货商自我申请来评估其资格，

① 九大银行集团：联合爱尔兰银行、爱尔兰银行、巴克莱银行、克莱德斯戴尔银行、北方银行、汇丰银行、劳埃德银行集团、苏格兰皇家银行集团和英国桑坦德银行。

② 三大融资平台：Funding Xchange、Funding Options、Business Finance Compared。

只要求中标人提供相关证明文件等来减轻企业负担。2016 年 7 月，英国政府发布《Procurement Policy Note – Legal requirement to publish on Contracts Finder》（PPN），要求政府招标方在 Contracts Finder 门户网站上公布低门槛采购机会和合同情况，以帮助中小微企业便捷获得政府采购订单。

创业孵化

Pitch@Palace 意为“在王宫呈报”，中文名为“龙门创将”，是由英国约克公爵安德鲁王子于 2014 年创立的创业孵化公益平台。该项目致力于汇聚各领域最具影响力的行业领袖，为创业者提供强有力的创业支持。创立以来，Pitch@Palace 在全球扶持了超过 300 个创业项目，建立了超过 5 850 个有效的价值链接。多个创业项目成功被苹果、推特等国际知名企业收购，并获得总计超过 5 亿英镑的投资。自 2015 年起，Pitch@Palace 全球创新创业大赛陆续在马来西亚、非洲、爱沙尼亚、拉丁美洲等国家和地区开展。

英国知识产权局（Intellectual Property Office）等多个政府部门和商业银行合作推出中小企业成长加速器计划（Growth Accelerator），向中小企业和新创企业提供业务指导等以帮助企业快速平稳发展。这项计划由英国知识产权局（Intellectual Property Office）、设计委员会（Design Council）、贸易投资署（UK Trade and Investment，UKTI）、出口融资部（UK Export Finance，UKTI）共同负责，并和英国商业银行合作。通过向中小企业提供量身定制的业务指导和发展战略，配备专门的导师，加速器计划帮助企业扫除在融资、领导和管理能力、商业化创新、战略发展和实施等方面的障碍，帮助企业完成加速增长目标。

交流平台

英国民间在政府的支持下开展的一些活动，在促进企业家和创业者交流、激励大众创业方面富有特色。StartUp Britain 是由几位企业家发起的全国性的活动，开始于 2011 年，这个活动包含一个名为“StartUp Britain Bus”的全国性项目，致力于促进企业家和创业者交流，为创业者提供企业创办、发展方面的支持和服务。Business in You，则是用成功企业家的故事来激励创业者和潜在创业者如何将实现自己的商业想法。

创业教育

英国政府在《1988 教育改革法案》中把主动性和创业引到学校教育体系，现已形成较为完善的创业教育体系和课程特色。

The Council for science and technology 的专家 2016 年 10 月给英国首相致信建议大学把创业教育纳入大学核心课程体系，特别是对 STEM（Science Technology Engineering Mathematics）专业的学生，该建议已得到英国首相的肯定。英国高等教育质量保证机构（QAA）发表《创业与创业教育》报告，认为创业教育的目标是产生创业效能，即创业意识、创业思维和创业能力（QAA，2012）。在该报告的指导下，英国高校的创业教育课程分为两类："关于创业"（about courses）和"为创业"（for courses），帮助学生深入理解创业，提高未来成为企业家的洞察力和实践能力。到目前为止，英国高校已经构建起包括"创业意识""创业通识"和"创业职业"三层次创业课程体系，并且各大学内部还设有专门的创业教育机构如企业孵化中心（The United Kingdom Business Incubation，UKBI）、创业中心等。

牛津大学有一个创业中心（Entrepreneurship Centre），面向牛津的学生、校友、教职员工进行创业教育和提供相关支持。创业中心汇聚大学、产业界、政府人士，讨论分析关于当前创业的热点问题。创业中心还组织创业教育培训的项目，比如 VIEW 项目（Venture Idea Exploration Workshop），教学生一些创业的理论，锻炼一些创业需要的技能如演讲、市场研究、做商业计划等。该中心还建立了创业者的校友网络平台 Oxford Entrepreneurs，为创业者从成立企业到把企业做大做强提供各种支持。

剑桥大学创业中心目标是培养学生的创业精神和技能，并为学生提供各种资源。"Enterprise Tuesday"免费项目在每周二晚上邀请创业者、投资人来学校讲座，让学生了解真实的商业世界，并开拓人际网络。剑桥大学的"Accelerate Cambridge"是一个成立于 2012 年的加速器，为入驻团队提供三个月的培训，让团队避免犯一些常见的错误，链接需要的多种资源，加速企业的成立和发展。

有的高校还专门开设了针对特殊群体的创业课程，如女性创业以及少数民族创业课程等。在帝国理工大学，有一个面向女性学生的创业教育和比赛项目，WE Innovate。这个项目是 2014 年由 The Althea Foundation 和 Alexsis de Raadt St. James 支持发起的。The Althea Foundation 是一个社会慈善投资机构。参加项目的学生会通过一系列专题研讨会（workshop）提出和完善商业计划，会有专家的授课和一对一的辅导。项目结束以后，所有的学员都可以提交到 We Innovate 参赛。奖金最高 1 万英镑。这个项目每年都会举行。该项目涵括的创业领域比较广泛，比如在最近几年里，曾有一位环境工程专业的女博士获得冠军，她的创意是利用废弃原料制作防水混凝土添加剂。

另外，英国政府较早就已经开始了专门针对中小微企业的培训项目，以及面向社会特定人群的创业服务、支持项目。例如，英国政府在 2014 年初推出 The World-First Growth Vouchers（GVP）项目，为中小微企业提供专业的商业咨询、指导，截至项目关闭，共有超过 2.8 万家中小微企业参加了该项目。X-Forces，Start Up Loan 的合作机构，早在 2013 年就开始对退伍军人创业贷款给予重点关注。英国商业、创新和技能部（Department for Business，Innovation and Skill）、国家罪犯管理服务（National Offender Management Service）和创业贷款公司（Start Up Loans Company）于 2014 年开始合作，向刑满释放的囚犯提供创业、商业计划方面的培训。目前这些项目都在正常运转中。

附录

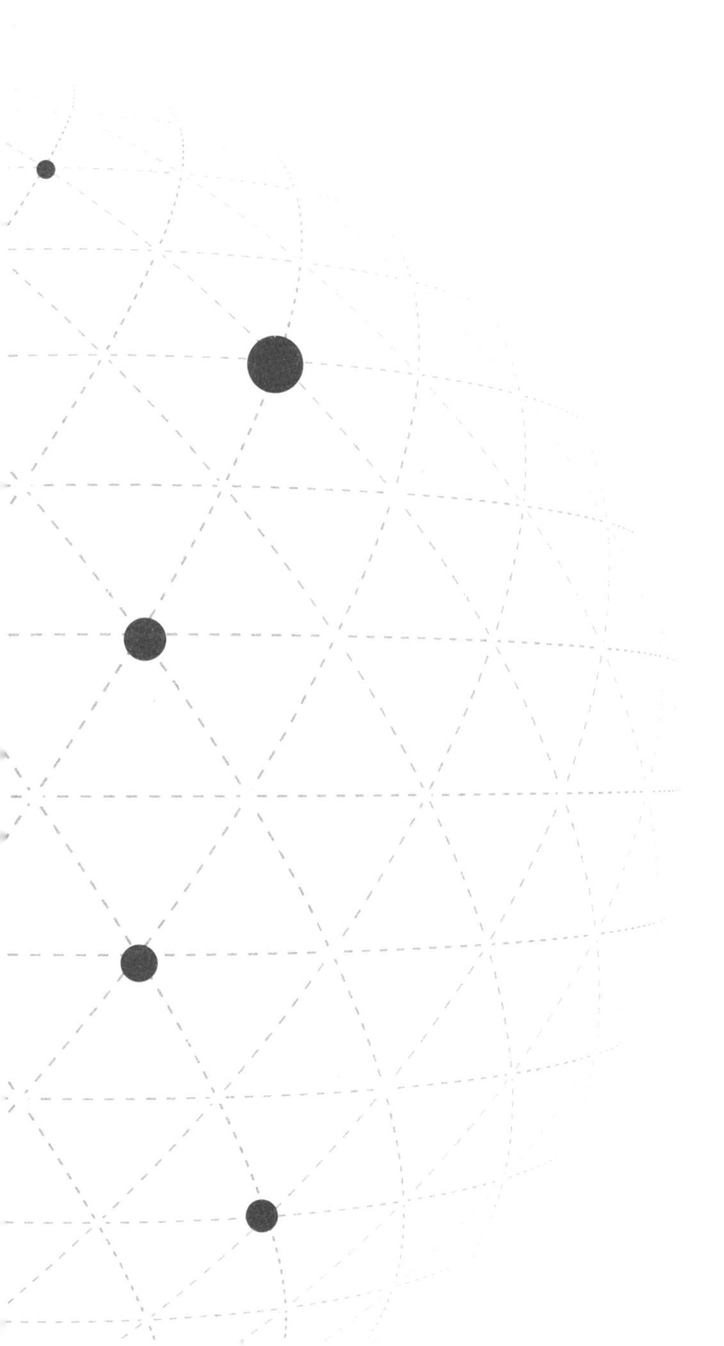

清华大学二十国集团创业研究中心

中心简介

《二十国集团（G20）领导人杭州峰会公报》提出：创业是创造就业机会、推动经济增长的重要动力。《2016 年二十国集团劳工就业部长会议宣言》指出“创业是推动全面就业、创造力、创新和经济增长的重要引擎。创业也有利于我们落实承诺，减少不平等，推动性别平等，提高弱势群体劳动参与率，促进银发经济”，并通过了《G20 创业行动计划》。

在《2016 年二十国集团劳工就业部长会议宣言》中同时提出，二十国集团欢迎中国在建立 G20 经济体创业研究方面发挥引领作用，成立研究中心。并在 G20 部长会议中，确定研究中心名称为二十国集团创业研究中心，英文为 Entrepreneurship Research Center on G20 Economies。研究中心作为《二十国集团创业行动计划》的实施方式之一，旨在加强 G20 成员间的信息交流，并成为扩大最佳实践共享的平台，为创业行动计划提供支持。

二十国集团创业研究中心，是为了推动落实二十国集团（G20）领导人杭州峰会达成的共识及峰会公报和 G20 劳工就业部长会议宣言的内容，发挥中国在 G20 创业行动计划中的领导作用，受人力资源社会保障委托，并与清华大学共同领导的研究中心。

我们的目标

搭建平台

我们为二十国集团成员实施创业行动计划提供有效的思想、信息和技术支撑平台。

共享资源

我们汇集 G20 各成员创新创业方面的信息，推动各成员在创业发展方面的信息分享和使用。

建立桥梁

我们作为《二十国集团创业行动计划》的枢纽，建立二十国集团成员间、创业研究机构、企业和企业家之间的合作网络。

推进合作

我们发挥中心的信息优势、思想优势和实践优势，进一步推动二十国集团成员间的创业合作，并通过创业带动就业。